伊礼智の住宅設計作法Ⅱ

新建新聞社

設計は難しい、でも、やっぱり楽しい。

はじめに

前著『伊礼智の住宅設計作法』の好評をうけて、2010年7月～2012年7月まで全21回、「新建ハウジング　プラスワン」にて続編の連載を続けました。

その連載をベースに編集し直し、新たな取り組みを加えてまとめたのが今回の本となります。

連載から数年の月日が流れていますが、今読み返しても自分の設計に対するスタンスに変わりがないことに安堵と同時に一抹の不安（成長していない？）を感じているところです。ここは開き直って、前著からの一貫性を持って続編をお届けできることに小さな達成感を感じることにしたいと思います（笑）。

『伊礼智の住宅設計作法』のシリーズは、当時の編集長であった三浦祐成さんの「伊礼さんが設計するような住宅を日本に増やしたい」との想いから、連載がはじまりました。雑誌の読者の多くは工務店に勤める方々……当時は建築家という肩書きを持つものが、工務店向けに連載をすることは抵抗感が強い時代だったと思います。

幸いにも、その頃のぼくは、工務店向けのセミナーの講師や講演会を頼まれる機会が増えていて、工務店向けに建築の話、設計の話をすることにまるで抵抗はありませんでした。むしろ、建築界ではまだまだ若造扱いの若輩者に、連載の機会を与えていただき、締め切りに追われながらも、幸福感を感じながら続けさせていただいたものです。


ぼくにとって、読者は誰でも良かったのです。

日本のどこかにぼくの設計に興味を抱いてくれて、毎月の連載を丁寧に読んでいただける方がいることがうれしく思えました。

できるだけ多くの方が理解できるように噛み砕き、具体的に語ることを心がけました。

それが功を奏したか？　書籍化されたとき、工務店の方はもちろん、若い建築家たち、さらには家づくりを考える一般の方々が手にしていただける本となりました。

一般の方々に建築や住宅の見方・感じ方を伝えることの重要さを改めて感じ、住まい手が変わることが工務店を変えていくことにつながることも知りました。

今回の続編も、プロのみならず住まい手にも、20年間取り組んできた住宅設計の作法（設計への姿勢、ノウハウ）を、写真をはじめとして図面や文章で、手を変え、品を変え、わかりやすく、楽しく伝えることができれば幸いです。


「設計は難しい、でも、やっぱり楽しい」……

これは生涯変わらないつぶやきになりそうです（笑）。

建築家　伊礼 智

禁煙 NO SMOKING

目次

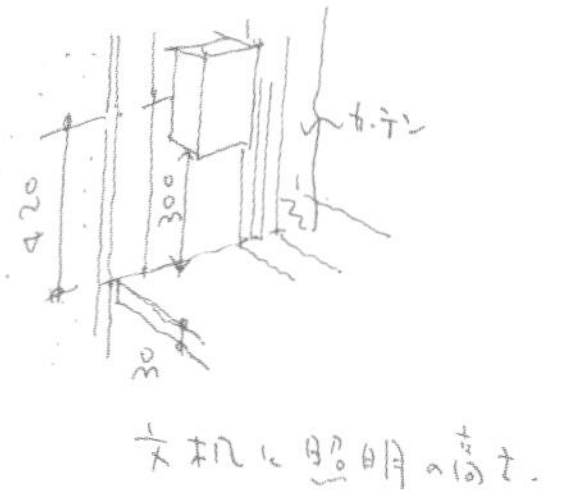

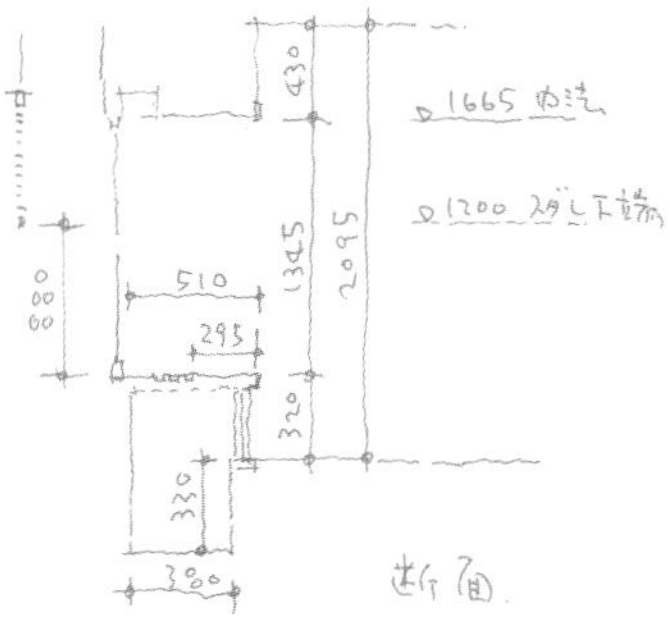

510
1345
2095
断面

第1章

Irei Satoshi's
House Design
RULE II

Q/A
01→02

CASE
01→02

建築の原点

沖縄、伊是名島・銘苅家（めかるけ）の雨端（アマハジ）。外部と内部がグラデーションを描くように緩やかに繋がる

Q.

伊礼さんの建築の原風景なるものは何ですか？

01

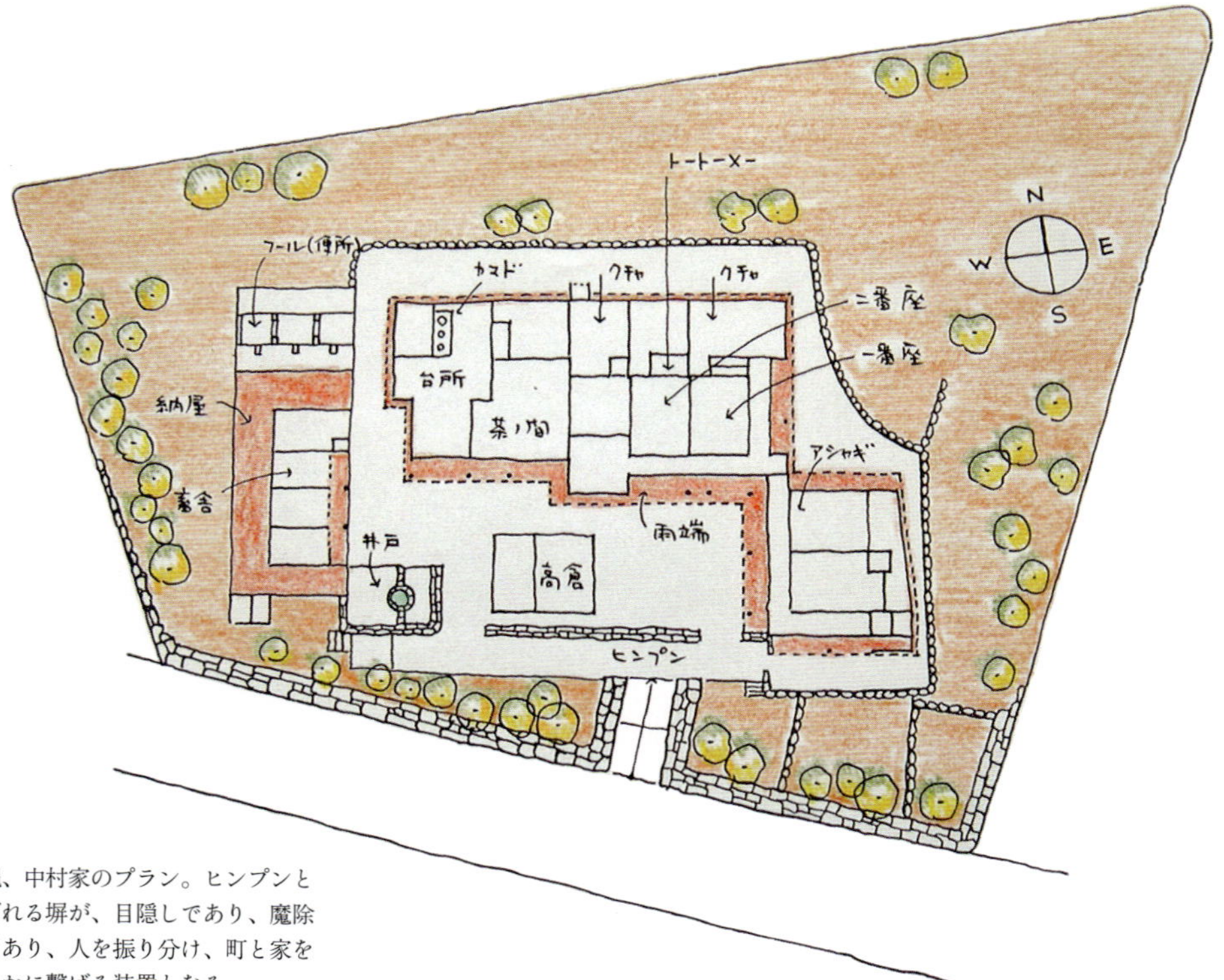

沖縄、中村家のプラン。ヒンプンと呼ばれる塀が、目隠しであり、魔除けであり、人を振り分け、町と家を緩やかに繋げる装置となる

A.

育った家が伝統的な沖縄の
民家の小さな家だったので
外部と内部の境界があいまいな空間、
緩やかに外部と内部が
繋がる空間が原風景です。

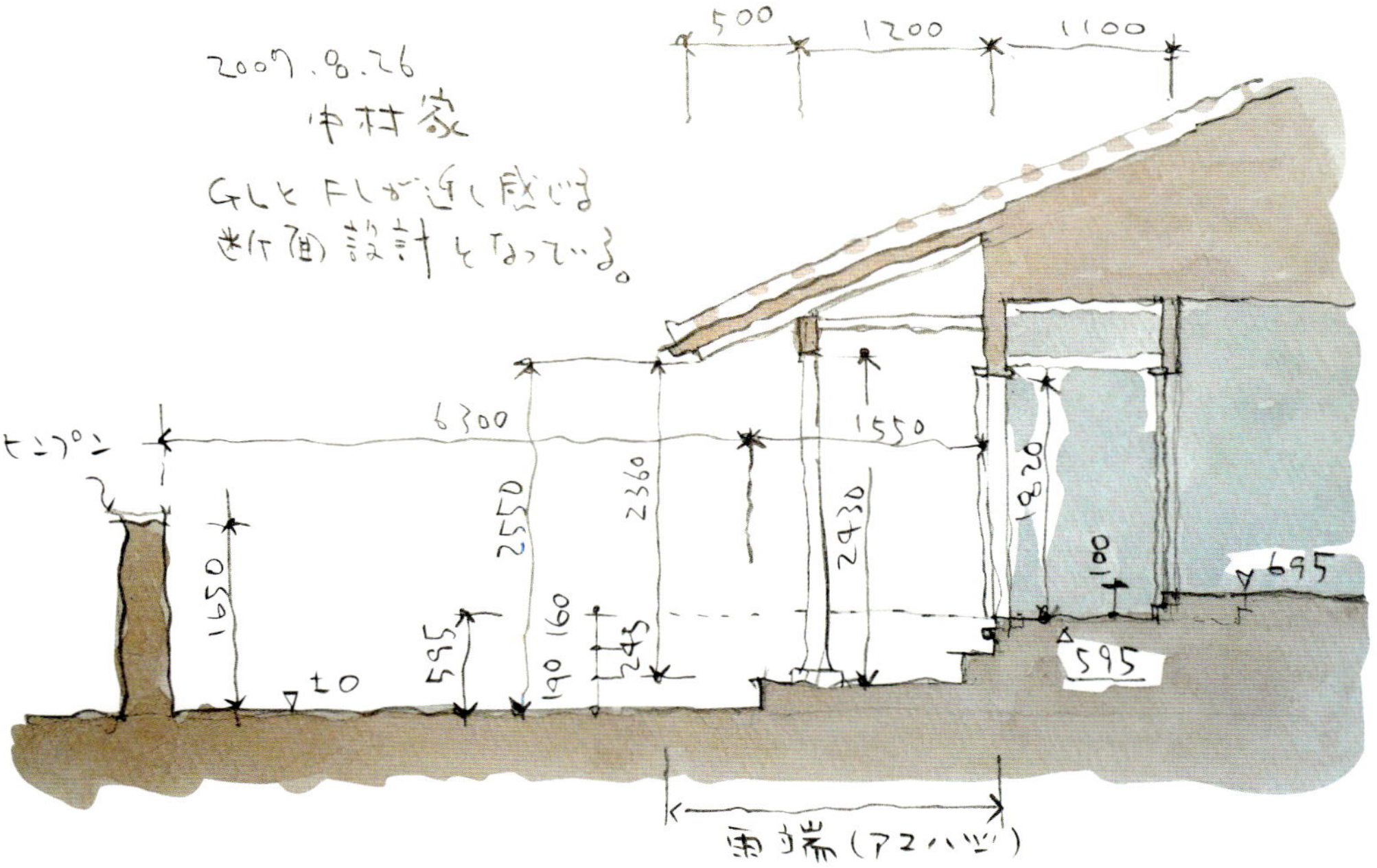

卒業設計の案を思い出しながら書いてみたスケッチ。伝統的な沖縄の外部空間のあり方を現代の沖縄の住まいに取り入れ、外部と内部が緩やかに繋がり、 あいまいな境界を持ち、開放的でありながらもプライバシーが守れる住環境を目指した

沖縄の外部空間を言葉で表すとすれば「あいまいな境界」、「緩やかな繋がり」と言えると思います。

沖縄の外部空間で、重要な役割を持っているのが「屏風（ヒンプン）」と呼ばれる衝立て状の塀。目隠しでもあり、魔除けでもあり、人を振り分ける装置でもあります。男性は「屏風」に向かって右（東側）へアプローチ、女性は左（西）へアプローチするルールがありました。ヒンプンを抜けると「雨端（アマハジ）」と呼ばれる軒下空間に繋がります。外と内の「あいだ」の半戸外、子どもたちの遊び場でもあり、大人たちのおしゃべりの場でもあります。「屏風」は「雨端」とともに、外部と内部、町と家を緩やかに繋げる装置であることに気づいたのです。それがぼくの卒業設計の切り口となりました。

外と内の「あいだ」、町と家の「あいだ」が沖縄の魅力ではないか？例えば、海と陸

の間に珊瑚礁があります。
　潮が満ちているときは海ですが、潮が引くと遠浅の珊瑚礁が現れ、そこは豊かな収穫の場となるのです。
　海と陸の「あいだ」が最も豊かである…そのような様々な「あいだ」の魅力がぼくの中に染み付いていて、普段の設計に現れていることは間違いありません。豊かなものは外部からやってくる…それをうまく取り入れ、制御することが、生きる上でも、設計の上でも大事なことだと思うようになりました。

沖縄、多良間島のリーフ。潮が引くと、珊瑚礁が現れる。陸と海の間が豊かな収穫の場となる。写真はヒトエグサ（あおさ）を採っているところ

町と家のあいだを考える

琵琶湖湖畔の家は風景を取り入れ、風景に溶け込むことを目指した。塀や門扉を避け、沖縄の銘苅家のように町と緩やかに繋がり、美しい佇まいになればと考えた

Q.
外構や植栽をデザインするときのポイントは何ですか?

A.
外部と内部が繋がって豊かな住空間が生まれると思います。内部と外部をどう緩やかに繋げていくか。植栽が建築を「風景化」させてくれて、町に馴染ませていくかを意識しています。

02

数年前から、予算がある場合は造園を荻野寿也さんへお願いすることが多くなりました。荻野さんとのコンビで仕事をするようになって、建築にも多くのヒントをいただき、もはや、荻野さんの造園なしでは伊礼建築は語れないのかもしれません(笑)。身体に染み付いた沖縄の原風景・町と家、外と内が緩やかに繋がっていく空間と荻野さんの庭は相性がいいのだと思います。

町と建築の「あいだ」を取り持ち、繋げるものが外構と言えるのかもしれません。

外構を設計する上で、沖縄の伝統的な民家に見られた衝立てのような塀「屏風(ヒンプン)」をよく用います。緩やかな境界をつくり、庭の奥行きをつくり出し、造園の背景を引き受けてくれるからです。

琵琶湖湖畔の家では「風景を取り入れ、風景に溶け込む」ことがテーマでした。荻野さんが琵琶湖湖畔の植生を読み解いて、湖畔の赤松を庭まで引き込むように植え、敷地南面の桜並木に呼応するように、庭に植えられていた3本の桜に手を加えつつ、新たに数本の桜を植えて、周辺環境と庭を繋げていただきました。北面の開口部は琵琶湖が見える景観と庭を楽しみ、南の開口部は冬場にたっぷりと太陽熱を入れ、落葉樹が日射を遮ってくれます。

「元吉田の家」は典型的なアプローチガーデンです。荻野さんと、桟橋を渡っているかのようなアプローチで!と話しながらまとめました。大谷石の地面から少し浮いたようなアプローチは木々のアーチをくぐりながら玄関にたどり着きます。2階リビングから見返したとき、アプローチが庭のような役割を持ち、遠くの林へと繋がります。

琵琶湖湖畔の家の南側外観（琵琶湖は北側）。日当りのよい南側はメインの庭ではなくて、ここではバックヤード。布団や洗濯物を干す場所としての役割を持つ

琵琶湖湖畔の家

風景を取り入れ、風景に溶け込む

CASE 01

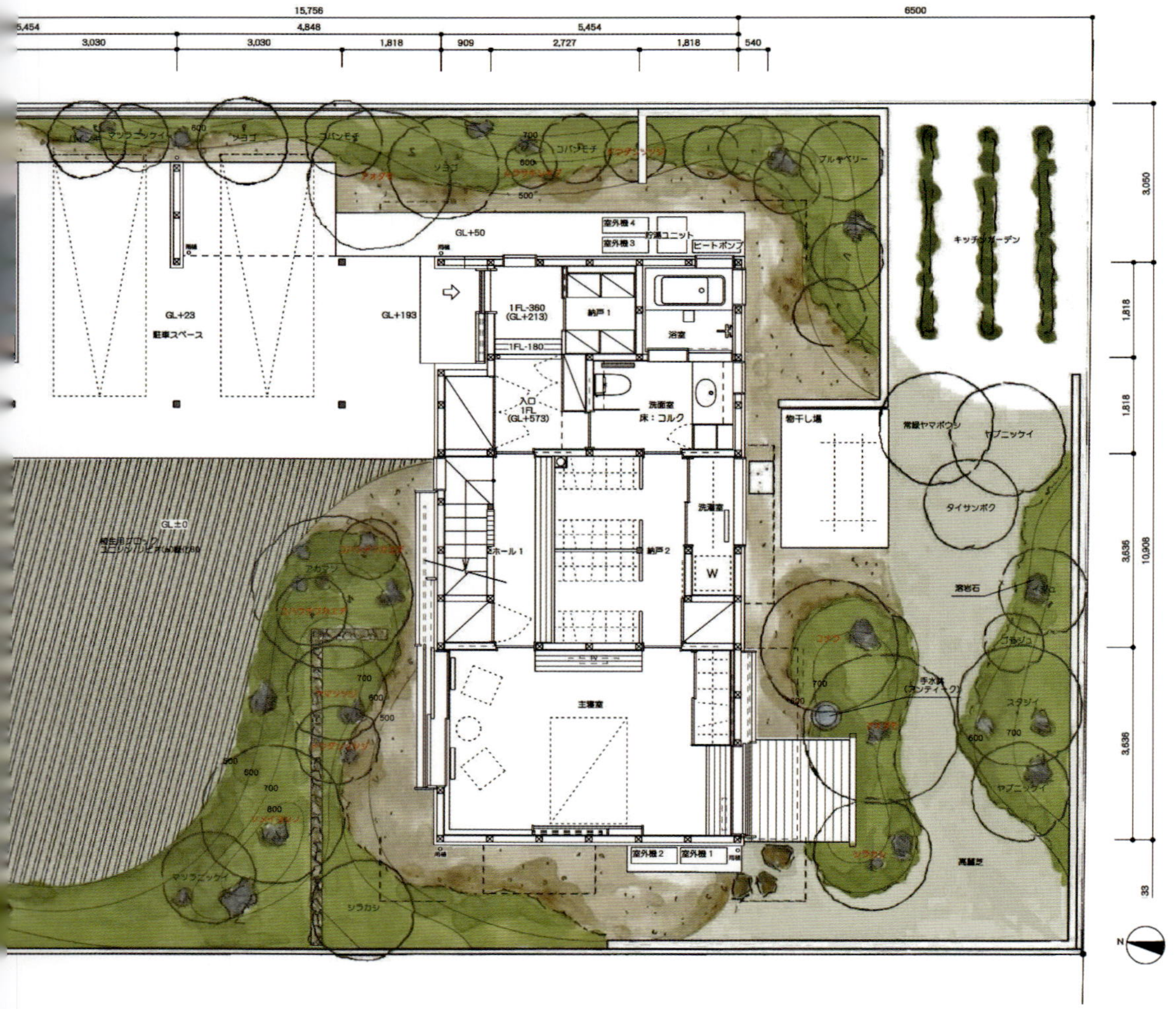

琵琶湖畔に建つ、夫婦二人のための住まいです。

「風景を取り入れ、風景に溶け込む住まい」を目指して、造園家の荻野寿也さんと共に取り組みました。風景に馴染ませるために、まず、母屋を敷地の南側に寄せて配置、ハナレは母屋から北側（琵琶湖側）へ伸びるように配置し、庭を囲みながら琵琶湖を望みます。車は一度庭へ乗り上げて、バックで車庫に入れ、町からも家からも車が見えないようにしました。

建物の高さを低くおさえ、さらに寄せ棟にしたことで周辺からいっそう低く感じることとなりました。寄せ棟の母屋と方形屋根のハナレの構成はどこか沖縄の伝統的な集落の屋根並みのよう。

荻野さんが琵琶湖畔の植生を読み解き、自生している赤松やハマゴウを庭へと繋げてくれました。敷地内には元々3本の桜があり、南側の桜並木と繋げるように枝ぶりを整えて残すことにしました。

母屋は表動線と裏動線（バックヤード動線）を持ち、それが繋がって廻れる動線となります。シンプルなプランの中に複雑に動き廻れる動線が組み込まれ、伸びやかな空間となりました。ハナレは住まい手の趣味部屋。横長の大きな開口を開け放つと目の前に琵琶湖の風景が望めます。

上／2階リビングから琵琶湖を望む。庭の植栽と湖畔の植栽が繋がっていく
下／寝室から琵琶湖方面を見る。桜の季節には庭が桜色に染まる。ハナレの目の前に桜が広がり、花見にもよい

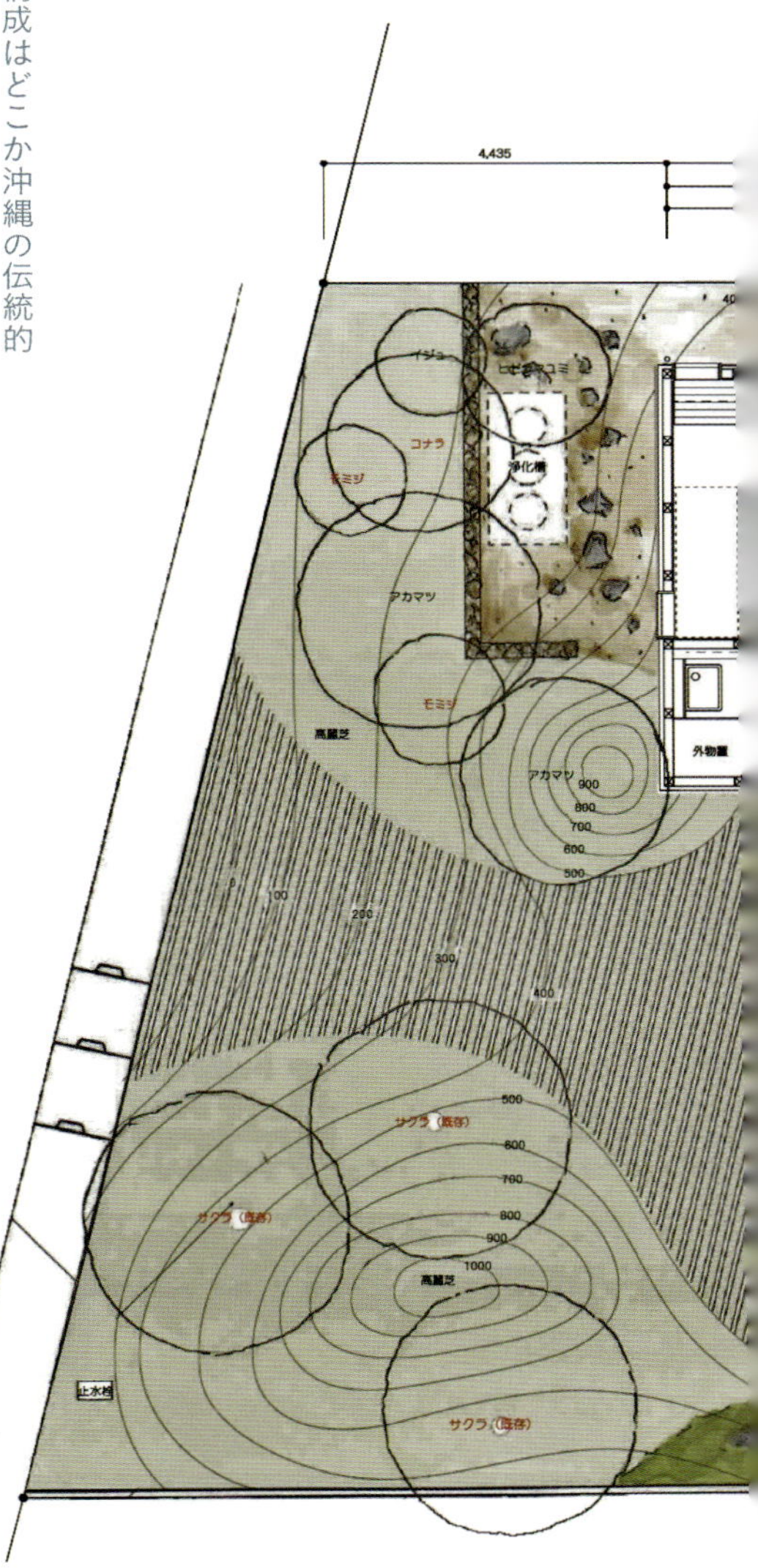

（事例紹介）

元吉田の家

吊橋のようなアプローチガーデン

「そよ風2」（空気集熱式ソーラーシステム）を搭載した延床30坪の小さな仕事場です。住まいを提供している工務店なので、住宅のような社屋で仕事をするべきだと提案しました。

造園家の荻野寿也さんとのやりとりで、吊橋を渡るようなアプローチをつくろうということになり、大谷石を浮かせて、緑の中に浮いた橋のようなアプローチガーデンが工務店の顔になればいいなあと願いました。

木々をくぐり抜けるようにアプローチして、2階の縁側から振り返ると奥行きのある庭となります。

2階の縁側の奥行きは1間（1818ミリ）、掃き出しのガラリが気持ちいい。このガラリは鍵を掛けることができて落下防止にも役に立ちます。

ガラリを閉じると昼間は外から中はあまり見えません。開け放つと目の前に植栽が揺らぎます。

いつもの荻野さんであれば斜めに広がるように樹木を打つはずですが、今回は道路向かいの国有地内にある林の、垂直に伸びる木々にあわせて垂直のラインを効かせています。

遠景の緑に近景の庭の緑を重ねることで風景となっていくからです。この臨機応変さが荻野さんの持ち味でもあります。

CASE 02

車3台の駐車場を確保するとほとんど庭のスペースが残らない。そこでアプローチを庭としてつくり込むことにした。まるで橋を渡るような感覚で緑の間をすり抜けていく

アプローチ床は地元茨城の大谷石。
厚み60ミリを50ミリほども落ちだ
すことで宙に浮いた感じを出す

2階の縁側からアプローチを振り返る。アプローチがちゃんとした庭となっている

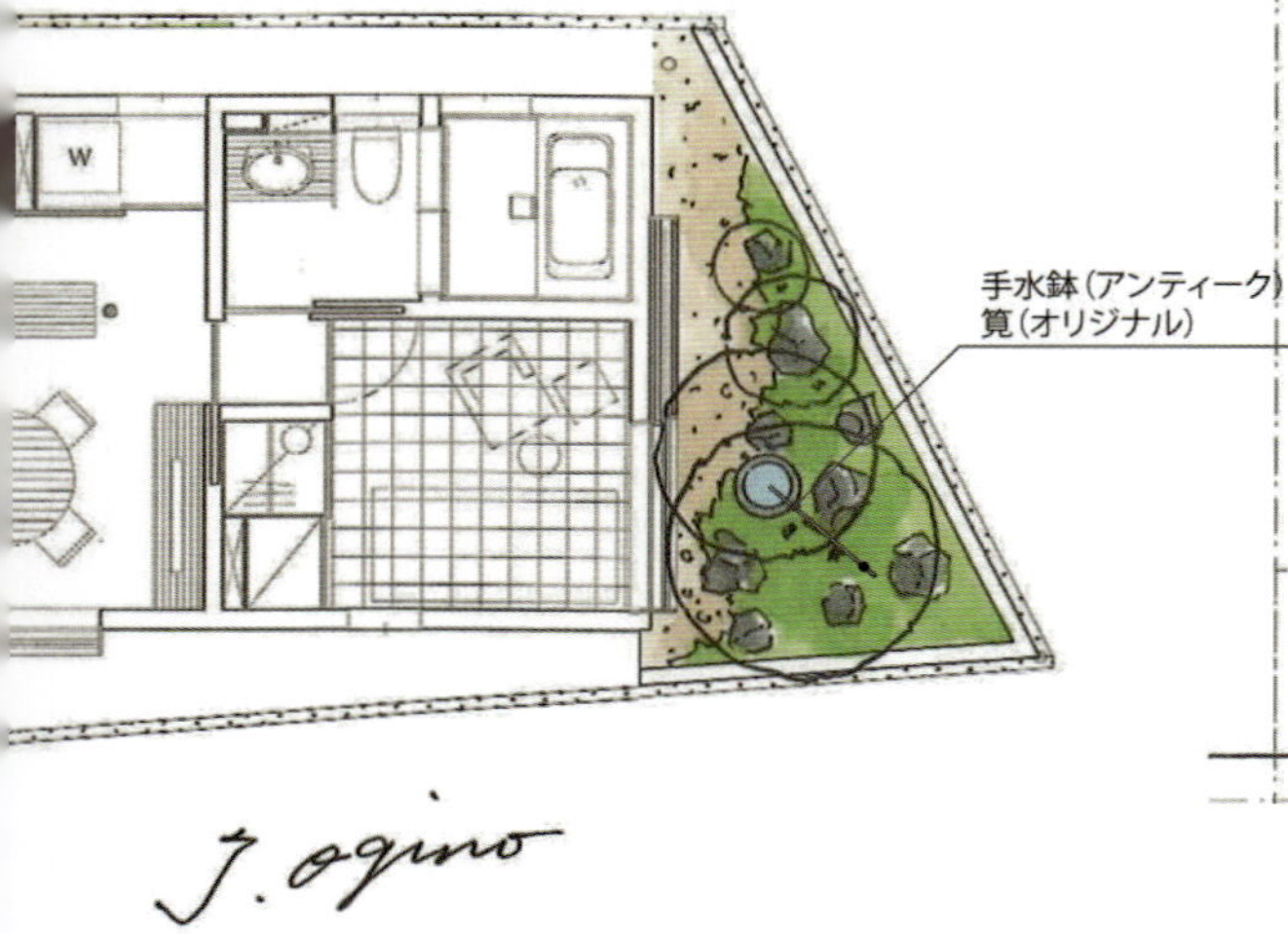

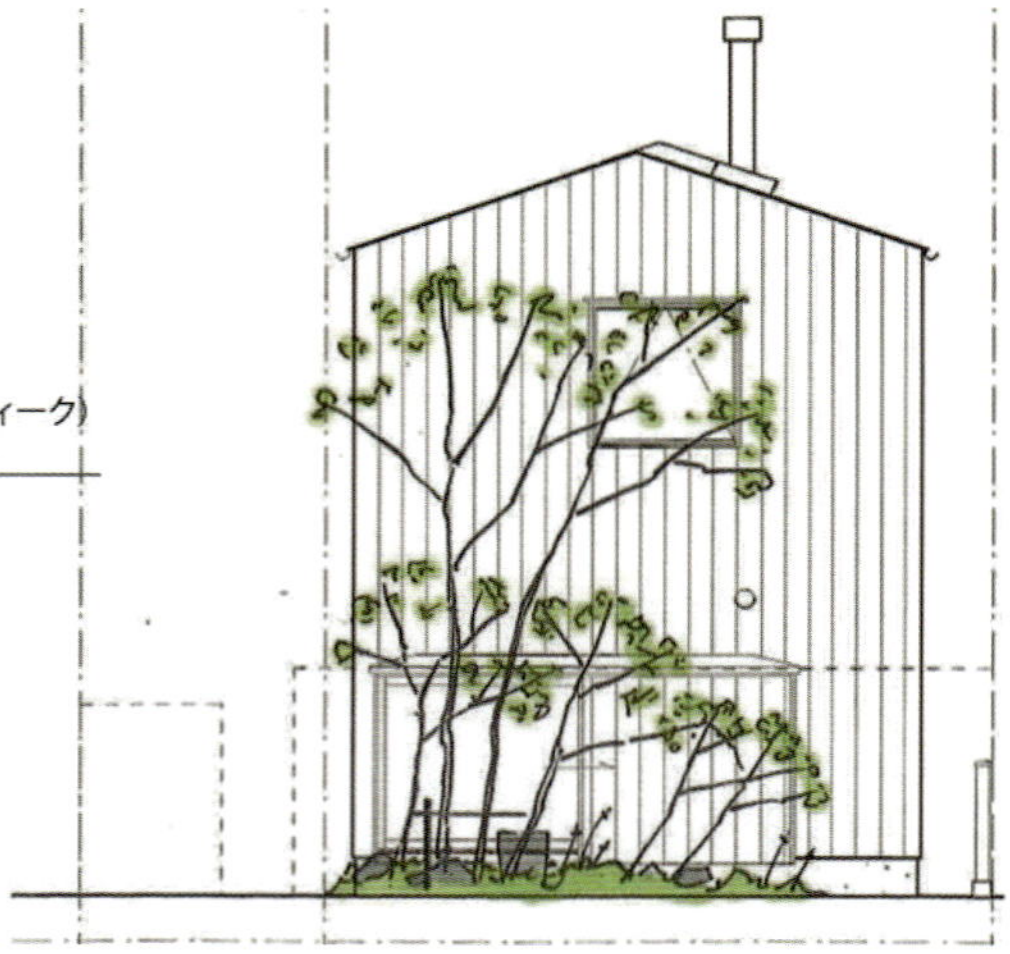

東側　立面図

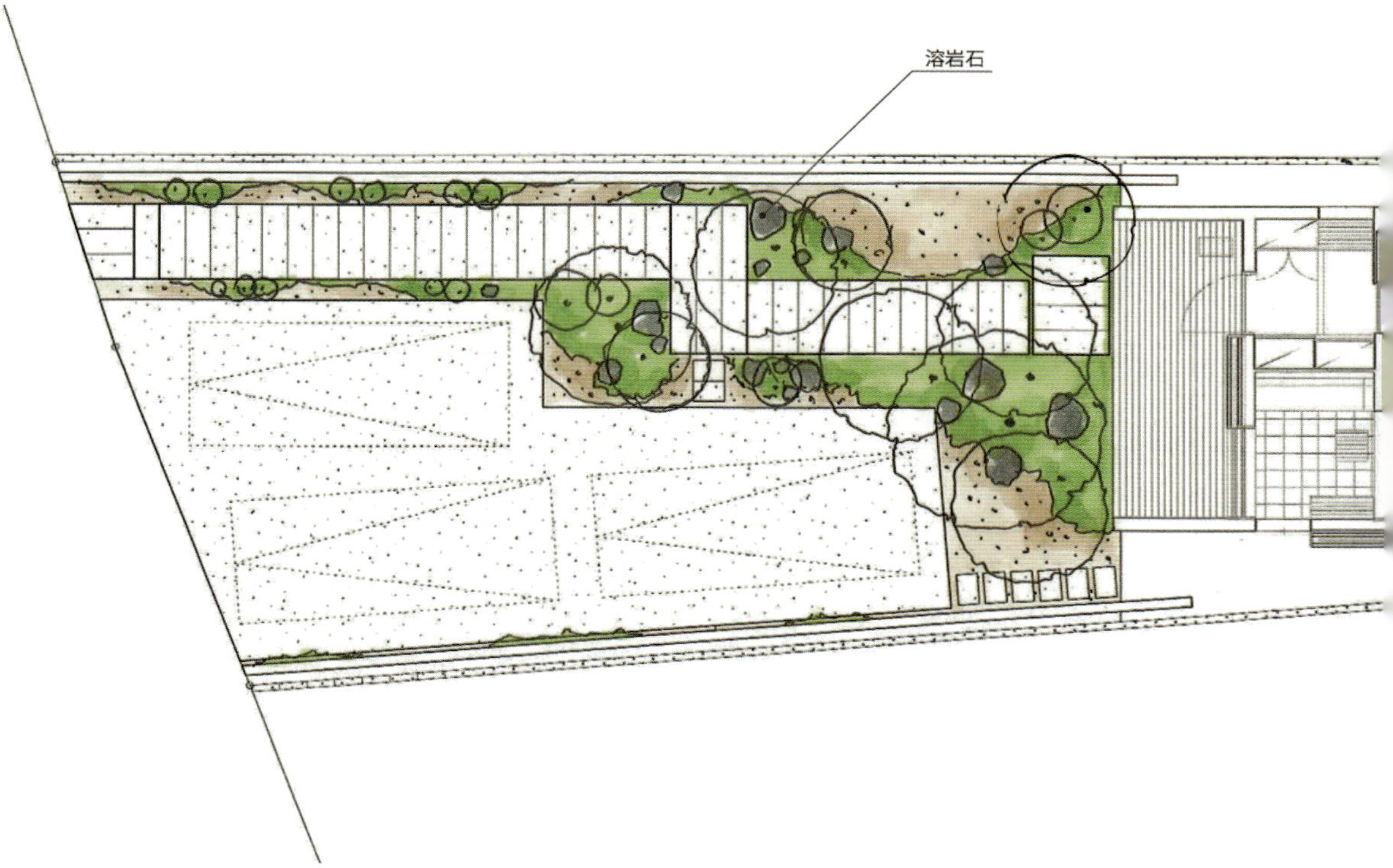

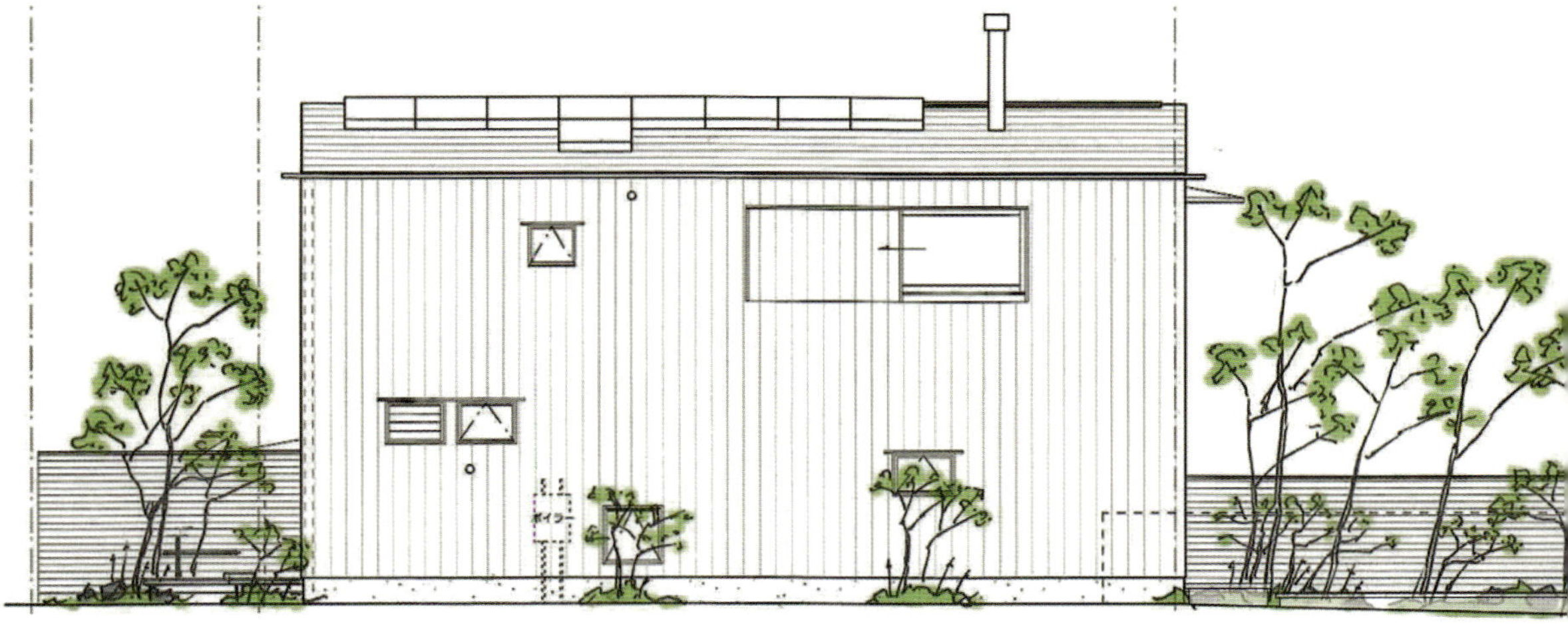

荻野寿也さんの作庭図。吊橋を渡るようなアプローチにしたいという着想から設計を進めた

2階のリビングから縁側を通して樹木を見る。道路を挟んでその先には国有地の林があり、その緑とアプローチの緑を繋げている

2階の縁側。2階なのに掃き出しとすることで2階のリビングの広がりを確保している。ガラリは日射遮蔽と視線の制御、落下防止にも寄与する

アマンダリ インフィニティプール

（インドネシア）

バリ島のウブドにあるアマンダリホテルはバリスタイルを確立したホテルとしても知られています。小さな村のような佇まいで、プールも地形に合わせて曲線を持つ小振りなもの。アユン渓谷に向かって大きく開き、エッジが消えてアユン渓谷と空が一体になる青緑のプールです。このようなプールはインフィニティプールと呼ばれ、今では世界中に普及しています。単に普通のプールの水面に風景が映ってエッジレスに繋がって見えるのではないことを実測してはじめて気づきました。

プールサイドでビールを飲みながら本を読んでいたのですが、プールの底が、なんかヘン!!と感じて、泳げないのにプールに入り、早速実測!!

すると「なるほど」と思える発見。プールの底の角がアール状になっているではないですか…それで線が消えて、きれいに風景と繋がることが分かったのです。アールでなかったら水面に底の水平ラインが見えてきてしまう。デザインの奥深さを知りました。

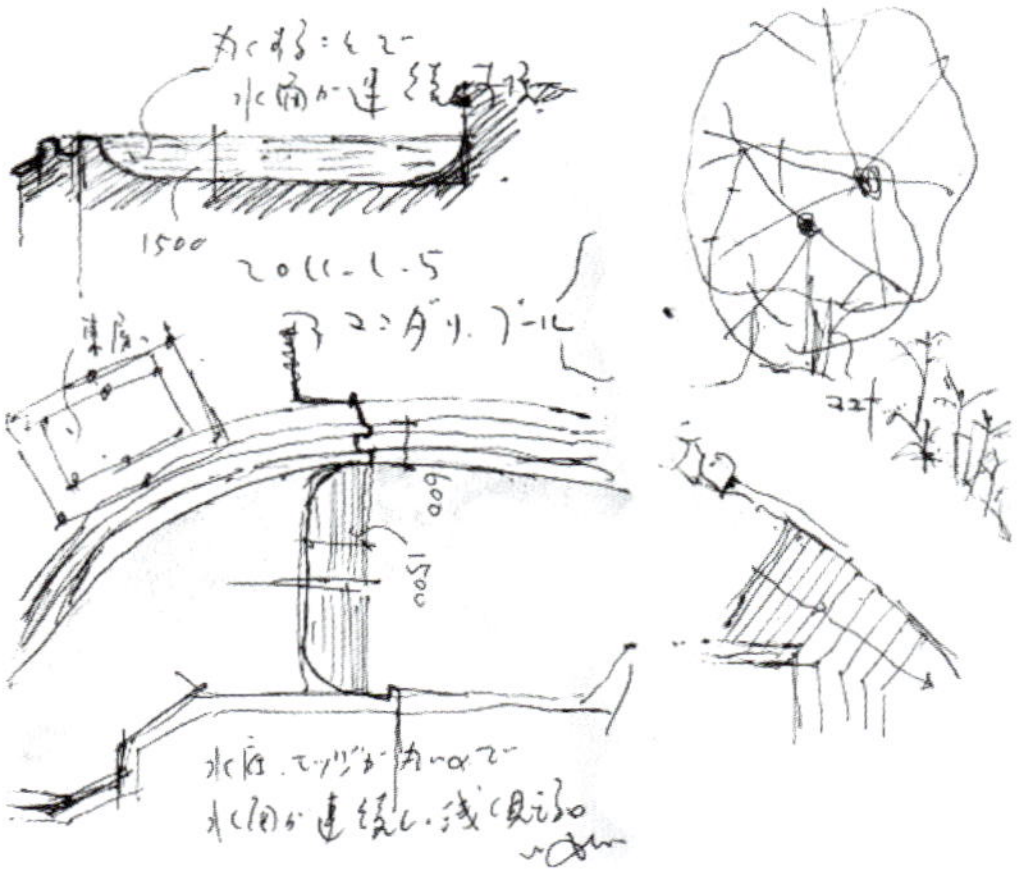

溢れた水を受ける排水溝も綺麗にデザインされている。常に溢れていないとエッジが出てきてインフィニティ(無限)効果が薄れてしまう

アユン渓谷に向かって開かれた小さなプールは風景に繋がり、無限に広がるようだ

たてもの情報

アマンダリ
所在地：バリ島・ウブド
設計：ピーター・ミュラー
開業年：1989年

第2章

Irei Satoshi's
House Design
RULE II

Q/A
03～20

敷地のポテンシャルを生かす

「守谷の家」。ハウスメーカーの分譲地に佇む、低い軒のプロポーションが印象的な住まい。沖縄・伊是名島の「銘苅家」を23年ぶりに訪れた際に「佇まい」について再考した経験を反映したもの。沖縄のヒンプンのような緩やかな目隠しと山取りした木々で町と応答する

Q.

敷地についてどう考えていますか？　敷地を見て断ることもありますか？
気候風土に合わせて設計を変えますか？

A.

敷地は設計の「場」そのものです。そこで考えるしかない…。
その上で気候風土・地域性に左右されない、
根源的な設計をしていきたいと考えています。

03

ぼくは日本全国どこへ行っても、できるだけ地域性を超えた設計をしたいと思っています。地域性を超えた魅力を提案できるから、仕事を頼まれるのでしょう。

気候や地域性は尊重します。しかし、地域性に左右されない根源的なことがものつくりの世界にはたくさんあると思うのです。クオリティ、完成度、美しさなど。また、地域性や慣習がそれらを阻害する原因になっていることもあります。できるだけ、どこへ行っても、「いつもの仕事を」と言えるように、自由にいたいと思います。

敷地はクライアントの要望よりも優先度が高いと考えています。敷地を見に行くときは今でもちょっとワクワク、ソワソワ、ウキウキします。

建築家が敷地を見に行くときは、その敷地だけではなく、周辺との関係を見て感じているはず。周りの関係の中でいい土地だなと思うこともあれば、何とも言い難い、手がかりが掴みにくい敷地もあります。これは自分には苦手かもしれない…クライアントもそうですが、敷地と自分の相性というのもあるような気がするのですが、この段階でお断りするということはあり得ません（笑）。ただ、敷地を見に行く前に一度クライアントにお会いすることにしています。住まいに対する思いをお聞きし、この人なら大丈夫と確信した後で敷地を見に行くのです。それでも、敷地を見たときにぱっと手がかりが見えればいいのですが、そうでないことも多い。そのときこそ自分の試練だと思っています。

敷地はぼくに決して不快感を与えるものではなくて（クライアントはあり得ます）、自分の引き出しの問題…力不足。神が与えた試練（笑）として受け取るようにしています。

「守谷の家」。沖縄のヒンプンのような目隠しで最低限のプライバシーを守っている

Q. 建て替えの際、既存の建物はどの程度参考にしますか？

A. まず、配置と面積を押さえます。これまでの住まいでの生活感覚（空間感覚）も設計条件のひとつだと思います。

— 04

「守谷の家」敷地写真。道路から遊歩道を見る。建物を通して視線が抜けるといいなあと思った

建て替えのときはどうしても古い家を無視できません。太陽や風の動きより気にしていると思います。太陽は分かりやすいですが、風は住んだ経験がない限り本当によく分からないものだと諦めています。

建て替え前ですと、まず配置と面積を押さえます。何間幅か?という程度ですが、きちんと押さえます。クライアントが今までどのような状況で、どれくらいの空間で暮らしていたかが気になってしまうのです。それがいいかどうかは分からないのですが…。

その理由は、ぼくが10年以上お世話になった建築家・丸谷博男さんのところでの修業時代の経験が影響していると思います。学校を卒業して最初に担当した住宅で、ぼくの進めていたプランを見て、丸谷さんがダメ出しをするのです。建物の幅が足りないと…。クライアントが今住んでいる住まいよりも空間の幅が狭いと感じれば、これは心地よいと思われないだろうという話でした。

その話はすぐにピンときました。住まい手の空間感覚をきちんと押さえた上で提案をするというのが、「設計の戦術」としてう

伊礼さんが描いた配置のイメージ。道路と遊歩道との関係

まいと思ったのです。決して実際の寸法の問題ではなくて総合的な感覚の問題だと思うのですが、丸谷さんはそのあたりをきちんと押さえた上で、思い切った提案をしていました。「敵を知る」ということになりましょうか？（笑）。それまで住んでいた住まいでの生活感覚も含めて設計条件であると考えています。

Q. 05

現況調査で確認すべきポイントは？

A.

まず、開口の拠り所を探ります。大事なことは敷地を見たときの自分の「引き出し」の中身。そのために眼を養うのだと思います。

ひとことで言うと、開口の拠り所をまず気にします。いい景色があるか？遠くまで見えるところはどこか？からはじめます。もちろん、インフラ（上水道、下水道、ガスなど）の位置、境界のポイントや隣地境界の塀の構成などは、ぼくでさえ、きちんと確認しております（笑）。現地では、写真は必ず撮ります。ご近所の建物の窓の位置などを後で確認したりするかもしれないからです。大きな画像サイズで撮っておくと、後でディテールを拡大して読み取れます。

現場でスケッチを描くとたまに、こんな配置だろうか？と「佇まい」が見えることがあって、そのときは持参した敷地図の中にいろいろと書き込みをします。ついでに周辺環境まで簡単にメモします。それでも現場にいる時間はせいぜい30分くらい。…なんともあっさりした現況調査です。設計の手がかりを見つけるための現調であれば、そのようなもので十分だと思うのです。

大事なことは、現場に行く前の、自分の「引き出し」の中身。こう来たらこの手、ああ来たらあんな感じでと、手品師のように繰り出せるか？ だと思います。そのためにどうしたらいいか…眼を養っておくしかありません。いいもの（建築）を見て、咀嚼（読みこなす、書き写す）しておくことです。

Q.

周辺の建物・町並みとの調和をどう考えていますか？

—06

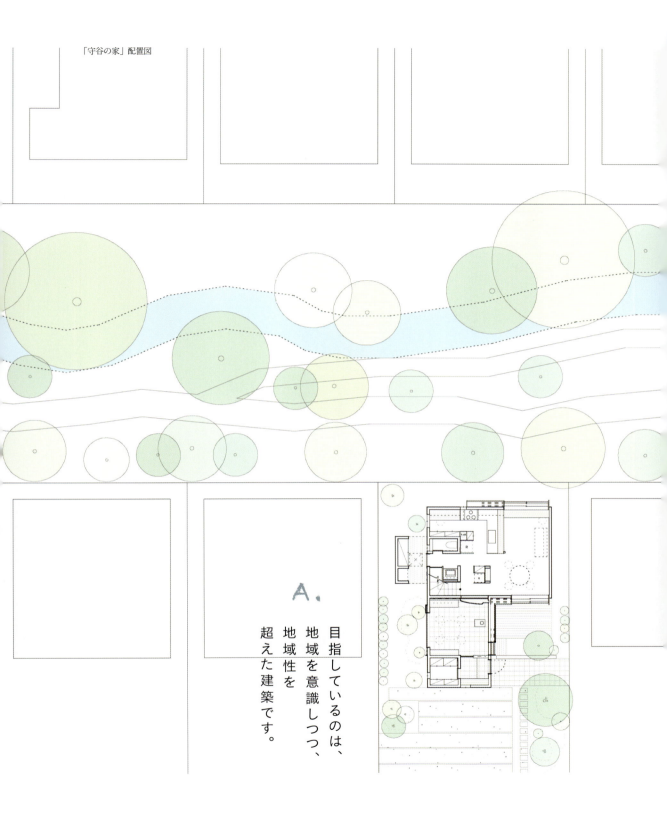

「守谷の家」配置図

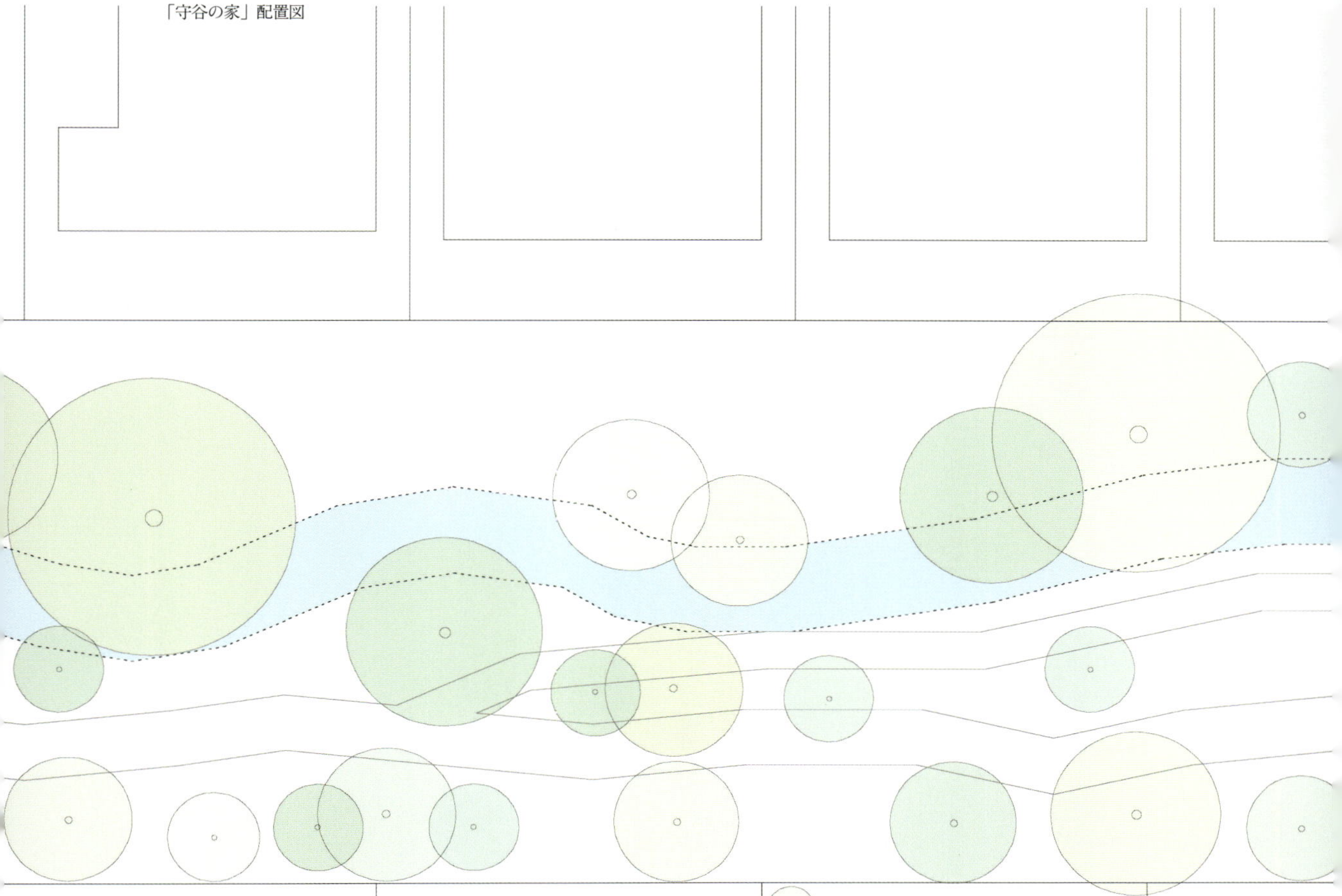

A.

目指しているのは、
地域を意識しつつ、
地域性を
超えた建築です。

地域性を超えた住宅・設計とは何か？どのようなものか？を考えていきたいと日頃から思っています。

ピーター・ズントー（Peter Zumthor）というスイスの建築家がいます。彼の建築を何度か見に行きましたが、地域の素材を使いつつも、決して地域の様式、周辺の建物に合わせた設計はしていないのです。しかし、その地の風景を取り入れ、彼の考えた建築が風景になっています。

ぼくは勝手に「名建築の条件」に挙げているのですが、その地の材料にひと手間かけて新しい表現をしていくということではないか？これにより、地域を意識しつつも、見事に地域性を超えた建築となっています。

ズントーのヴァルスの温泉施設の外壁は、地元の緑色の石をスライスして積層したもの。粗石積みの周辺民家を意識しつつ、繊細な表現に置きかえ、周辺の風景にとけ込む佇まいとなっています。

Q.

建物の配置に関しての考え方は？セオリーはありますか？

—07

A.

車があれば車をどこに駐めるか？からスタートしています。住まいは「動き」（動線）が大事な気がします。

住まい手が車をお持ちであれば、車庫の位置がとても重要だと思います。それで全体が決まると言ってもいいと思う。

車を駐めやすいのは敷地のどこか？どのような駐め方があるか？そのとき、玄関はどのような関係になるか？住まい手の「動き」をひとつひとつ洗い出していきます。いくつかの大きなパターンがあると思うのですが、フローに従ってやっているわけではありません。直感的に手を動かして描いていきます。そうするとだんだんプランがまとまり始めて、配置が見えてくるといった感じです。

住宅の場合は常に住まい手の要望があるので、手探りしながらまとめていくと言った方がぴったりです。具体的なセオリーがあるようでないようにも思います。ただし、車庫の位置からスタートしていることは間違いありません。運転免許の切り替えを忘れて免許失効中…車は運転できない身ですが（笑）。

住まいには落ちつきも大事ですが「動き」（動線）はもっと大事な気がします。

「守谷の家」道路から建物を抜けて
遊歩道が見える

Q. 土地を見て一番最初に描くエスキースのポイントは?

A. 豊富な経験に基づく「直感」を生かすこと。それを身につけるには、眼を養い、手を練る。これに尽きます。

08

プロ

棋士の羽生善治さんが興味深いことをおっしゃっています。対局のとき、どれだけ先を読むのかでなくて、最初に直感で3手くらいに絞るのだそうです。10万手先を読めたからといって、必ずしも強いとは限らないらしいのです。

設計も敷地を見たとき、こんな（設計の）組み立てかな?と、いくつかの方向性に絞っていると言っていいと思います。「入れ子」にすると面白そうだとか、ガレージ周りの動線の楽しさがポイントだとか、小さな家の中に長い動線を入れて。移動する楽しさを!とか、ソファは敷地のこの位置に置くぞ!とか…。

「守谷の家」外観のイメージスケッチ。軒をグッと低くおさえようと考えて描いた

敷地の考え方
佇まい再考

「候補の敷地があるので見て、買っていいかどうか判断してほしい」との連絡をいただいた。ハウスメーカーの住宅に囲まれた分譲地は、その奥（北側）に遊歩道があって、表の道路から裏の遊歩道へすうっと抜けていくような感覚がありました。遊歩道の吸引力が魅力的でした。

ちょうどその頃、とても心惹かれる住宅に再会しました。沖縄の北部、本部半島からフェリーで1時間ほどの所に伊是名島という小さな島があります。その島の銘苅家《めかるけ》という王家ゆかりの住まいを23年ぶりに見て来たのです。

銘苅家は昔と同じ…いや、こちらが成長した分だけ、眼が養われ、昔よりも美しい佇まいで再会できました。軒の低い佇まい、素朴だけれども品の良いオーラに包まれている感じがします。「佇まい」は英語で「atmosphere」。雰囲気、大気、空気、惑星を包むガス帯のことでもあるらしい。「良い佇まい」建築、環境、設備、そんなことを漠然と考えながら、まずは車の位置、玄関の位置というように進めています。

『海馬－脳は疲れない－』（著／池谷裕二・糸井重里、2005・新潮社）で話題になった池谷祐二さんの話によると、脳の中で大人になっても成長し続けるところが2つあるとのこと。知性の座である前頭葉と、いま注目されている綿条体というところ。綿条体とは自転車の乗り方とか、「やり方」を蓄えておくところのようです。「直感」というのはこの綿条体が司っているという説が発表されて話題となっているらしい。

「直感」は「ひらめき」とは違うらしく、「ひらめき」は後から考えると理由が分かるもの、「直感」はどうしてそうなのか理由がまったく分からないものだそうです。

「直感」と聞くと、限られた人に先天的に備わる美的意識のように思われがちです。でも実際は、小さな頃から訓練しているものから生まれるもの…。ちょうど自転車の乗り方と似ていて、何度も何度も、繰り返していると身に付く、努力のたまものなのだそうです。

何度も何度も、繰り返し繰り返し、いいものを見て（眼を養い）、飽きるほど繰り返し、手を動かして（手を練り）、得られた「直感」がエスキースに生きるのではないかと思います。セオリーがあるとすれば、眼を養い、手を練った「経験」がつくり出しているのでしょう。ぼくが車の位置から手を動かすという「セオリー」のようなものとか、いつも意識している「設計の標準化」というのは、そのような「経験」を「見える化」しようとしているのかもしれません。羽生さんや池谷さんのいう「直感」（経験）を駆使して、方向性と形が見えてきたエスキースを担当スタッフに渡して一緒に詰めていきます。渡すときにはきちんと言葉で。このような可能性もある、この方向で行きたいとか、きちんと説明します。自分とはまた別の、外部の「直感」（経験）も必要なのです。

沖縄・銘苅家の佇まい。素朴ながらも品がある。プロポーションの大切さを教えてくれる

素材などの様々な要素のバランスの良さから醸し出される、つくり手（設計者、施主を含む）の「良い意志」が現れると信じています。

ハウスメーカーの住宅街でそんな「佇まい」を伝えることが大事なように思えました。

住まい手は工務店を営んでおり、仕事柄、3台分の駐車スペースが欲しいとのことでした。まず、駐車場を出し入れしやすいように道路から最短距離の位置で決めると、残ったスペースで住まいを考えることになります。南側に庭をまとめて取る一般的な配置は成り立たず、小さなコートハウスのように庭を囲い込みながら、道路から反対側の遊歩道へ空間が抜けていくような開放感があるといいなあと思っていました。

ハウスメーカーの住まいが建ち並ぶ中に、銘苅家のようにひっそりと、低く、小さく存在したい。道路からの視線を完全に遮る住まいが多いのですが、ここでは道路から反対側の素晴らしい遊歩道が家の中を抜けて感じられるといい。佇まいはこうあるべきではないかと、思いを込めてエスキースを進めました。

プランニングの進め方

「幕張本郷の家」。ジャズ好きのクライアントのため1階に音楽ホールを設けた小さな住まい。遮音・防音を施しながらも閉鎖的にならず、外に視界が抜ける工夫をした。クライアントが仲間と気兼ねなくホールで音楽を楽しめるよう、にじり口のような出入り口を設けたのも特徴。リビングは2階、そこから1段下がって寝室を設けた。「宙に浮いた感じ」にするため、2階でありながらも掃き出し窓を採用している

09

Q. クライアントの要望をどの程度反映させますか？
反映させないときはどう説明していますか？

A. クライアントの生活者としての経験は尊重しますが、
建築や設計に関することは、
プロとしてのぼくの経験を尊重してほしいと説明します。

設計を引き受けたからにはクライアントの要望に応えようと努力をしています。ただ、仕事をお引き受けする以前に、要望も大事ですが、土地のポテンシャルも大事だと思うこと、むしろ土地に合わせて自分たちの生活を馴染ませて暮らした方が気持ちよく暮らせると思う旨を、雑談も交えてお話ししています。

同時に、住まい手の要望をそのまま一所懸命、具現化しようとするタイプの設計者ではないこと…かといって世間をあっと言わせるような斬新な表現をもくろんではいないこと（笑）を理解してもらうようにしています（大抵のクライアントははじめから分かってらっしゃるのですが…）。

『伊礼智の住宅設計作法』でも書いたのですが、あらゆる雑誌の「いいなあ」と思う写真の切り抜き、様々な建築家の手口のモンタージュで頭の中が混乱している方もいらっしゃいますが、ぼくはぼくの設計しかできないことを最初にご理解いただきます（器用でもなく、やる気もありません）。

これからできあがる住まいに、敷地を見てみないと分からないから…とクライアントの思い込みを牽制して、身軽に設計に入りたいという思惑もあります（笑）。

クライアントの要望というのは、彼らの経験からしか出てきません（雑誌の切り抜きも含めて）。生活者としての経験は尊重しますが、建築や設計に関することはプロとしてのぼくの経験を尊重していただきたいと思っています。

昔、宮脇檀さんがクライアントに対して「生活者としてのあなたを尊重しますから、表現者としてのぼくを尊重してください」とお願いするようにしている、という話を読んだ記憶があります。つくり手がクライアントに言いたいことはそこに尽きるなあと思います。生活上の要望を聞いたうえで、「後はお任せください」と言い切りたいですよね（笑）。

　クライアントによって要望の程度が異なるので、どの程度反映させるかというのは答えはありません。いいと思った要望は受け入れる、そう思わないのはその場できちんと説明しています。なぜいいと思わないかを説明すれば、さらに建設的な打ち合わせができるので、遠慮なく話せばいいのです。大事なことは、お互い、明確に自分の価値観を伝えることだと思います。その上で、どうしても意見が合わないとき、建設的な意見交換にならないときには、仕事を降りる、それだけです。価値観が合わない、あるいはつくり手として尊重していただけないということですから。「お互いに不幸になると思いますので、他に頼んだ方がいいと思います」と。残念ながら年に1度は口にする言葉です。

Q. プランニング段階からコストは意識されていますか？

10

A. プランニング以前からコストを意識しています（笑）。

仕事を頼まれるとき、ファーストコンタクトのほとんどがメールになってきました。数年前までは、一度会ってほしいというメールか電話をいただいて、1時間ほどお会いし、後日依頼を受けるというケースが多かったのですが、この頃はメールでいきなり設計を頼みたいという内容が増えています。

　初めに自己紹介と家づくりへの思い、次のメールで家づくりの要望が書かれているといった具合（笑）。改めて時の流れを感じる瞬間です。その後、一度会ってほしいということになるのですが、その前に必ず「お金のことは大事なので…」という前置きをして、どれくらいの総事業費が必要かをおおざっぱにお伝えします。「お金大丈夫ですか？」と…（笑）（最近はファーストコンタクトでお金の話をすることもあります）。

　予算をクリアしていない限り、そのときはいいクライアントだなと思っても家づくりは成功しない…そんなものなのです。

　これまでの経験上、設計の工夫、設計者の努力で何とかできると無理をしてお引き

「幕張本郷の家」の入口。アプローチを見返す

受けしても、結局いい結果を生んでいない。家づくりがあらぬ方向へ流れていくことがほとんど。多くの人に迷惑をかけてしまいます。無理のない予算はいい家づくりの目安なのです…残念ながら。

厳しい予算の範囲内での、できる限りのいい家づくりは、たいてい、わかっていただけなくて（普通の家ではないので）、無理難題が次々とやってくるのがオチです（笑）。ですので、無理な予算では仕事をお引き受けしないことにしています。コストは重要ですから、プランニングに入っても、いつもお金を気にしています。プレゼンテーションのときも概算の総事業費（ローン費用等は詳しくないので除く…笑）をお話しします。その後、打ち合わせの要所要所でその時点での総事業費をクライアントに提示し、確認しています。打ち合わせしていると夢が膨らんでいきますからねえ！

クライアントの要望も、土地のポテンシャルも、予算あってのものだと思います。コスト監理も設計の立派な仕事！…貧乏性なもので。

Q. プランニングのプロセスを教えてください。プランニングは伊礼さんだけが行うのですか？スタッフとの分担を教えてください。

A. 方向性はぼくが示しますが、スタッフと二人三脚で設計を最後まで詰めます。

11

「**敷地**を見に行ってきます」という言葉が「仕事をスタートさせます」という意味となり、敷地を見たときが設計開始となります。その前にクライアントにヒアリングをしますが、前述の通りあまり詳しいことをこちらから聞くことはありません。ご要望の要所を押さえて、「後はお任せいただけますか?」と言いたいタイプですから(笑)。

家づくりのダイナミズムは敷地にあると思っています。敷地を見たときに、クライアントの要望を膨らませる設計の手がかり(直感)が見つかってはじめて、プランニングが成り立つと思います。

敷地を見に行くときは、地方でない限り、できるだけ担当スタッフを決めて同行させます。いっしょに敷地を見て設計の方向性を共有するためです。「この方向にメインの開口」「車はこっちかな?」「隣は将来建て替えがありそうだね」とか思ったことは口に出しておきます。たいてい帰りの電車の中でエスキースをはじめますが、できればあらかたのプランをそこで押さえておきたい…その地で感じた「この方向でいこ

「幕張本郷の家」の配置計画

第1章で配置計画について解説しましたが、この「幕張本郷の家」の配置計画についても触れておきます。

この家は、ジャズをこよなく愛する男性の一人住まいです。いつも仲間が集い、おいしいお酒が待ち受けてジャズが流れる、そんな場が欲しい、そこは音響の問題で天井の高さが2700ミリほど欲しい、というご要望からスタートしました。音楽室と住まいの関係をどうするかがポイントだなと思いながら敷地を見る。南西側に道路、その先には京成線の線路。住まい手は電車好きだからそんな環境も問題なし、むしろそれが土地購入の決め手だったかもしれません(笑)。

この敷地は南東側に2階建てのアパートがあり、そこからのプライバシーをどう守ろうか?というのが敷地を見た第一印象です。また、予

う」という「直感」を働かせます。

自分でエスキースをしていないとスタッフとプランを詰めていくことができません。最初に手を動かしていないと「自分の設計」にならないのです。スタッフにはどのような方向でまとめようとしているかを説明し、共有しておきます。ほぼ、この方向でまとまりそうだという確信が見えたらスタッフに渡し、いくつかの別の可能性などを伝えて詰めてもらいます。このあたりから完全にスタッフとの二人三脚となります。スタッフの中には所長と違う自分なりの設計をしようと思う者もいますし、それを認めている事務所もあると思いますが、ぼくはそれを認めません。住宅のような仕事でスタッフ任せの設計事務所は、仕事のクオリティが安定しないと思います。担当者によって作風も設計の価値も異なるようであっては、責任ある仕事はできないはずです。また、自分の好きな設計がしたければ、独立して自分の責任で設計活動をしていくべきだと思います。難しい判断ですが、二人三脚の信頼関係を崩さず、よりお互いの長所を伸ばすような関係でありたいと思います。

仕事は組織の責任者であり建築家・作家として活動している所長の示す方向で詰めていく。言われたこと、やるべきことをやりながら、その過程でそれ以上のサポートをし、よりクオリティの高い設計に昇華させることができる相手…それがぼくの望むスタッフです。

「幕張本郷の家」の配置図

備を入れて車は2台との要望がありました。まずは車をどこへ駐めるか。敷地は道路から1000ミリほど上がっており、低いレベルで2台をさばいて、階段をあがってアプローチするのが、土を動かす量を考えると合理的に思えました。アパートからの視線をかわしプライバシーを守るために、建物を斜めに振って…とそのときはずっと思っていました。

最初のスケッチでは一部の壁だけ斜めに振っていましたが、建物まるごとを少し振ることでアパートからのプライバシーの確保に加えて、太陽熱利用システムの集熱面をより南に向けることができ、集熱効率がアップします。

おまけに、四隅に三角形の敷地ができて、ご近所との距離感と緑地が生まれることになりました。

1階が音楽室で2階を住居スペースとする。必要とされた1階の天井高さは1階を地面に埋め込んで確保する。プライバシーを確保し、開放的に暮らせるように敷地に対して建物を斜めに振る。タテにもヨコにもズラす作戦でエスキースが進められました。

A. Q.

プランニングにはどれくらい時間をかけますか？

目安は半年程度。その中でどれだけプランニングに集中できる環境・時間をつくり出せるか。

12

敷地 を見てプレゼンテーションまで3週間からひと月ほど時間をいただきます。担当者も他にいくつか仕事を抱えていることと、経営的なことも含め、経験上、これくらいの時間がちょうどいいと思っています。この間隔で4〜5回ほど打ち合わせをすると見積もりに必要な図面が揃っています。時間にして3カ月から5カ月ほど。クライアントから細かな備品の了承がいただけていないことが多いのですが、うちの事務所の標準的な設備機器で見積もりに出します。トイレットペーパーホルダーからタオルバー、排気口のフードに至るまで、すべて品番を指定しておきます。金額が出てこないとクライアントは決断がしにくいはずなので、「まずは金額を見ましょう」という形。ここで、プロとしてぼくらにお任せいただくことと、住まい手の好みで決めていいものを明確にしておきます。「見積もり中にショールームで確認しておいてくださいね」という感じです（笑）。

クライアントと顔を合わせて打ち合わせをするのは、3週間からひと月の間ですが、何かあればメールでやりとりしています。

数週間後、出てきた金額を見て、最後のまとめに入る。モノと値段が揃うと決断は早いというわけです！

ぼくと担当者との打ち合わせは頻繁に行われます。とにかくぼくが把握していないことがないように、かなり細かなところまで報告と打ち合わせをしています。

着工する頃には色彩までひととおり決めておき、現場に入ってクライアントと打ち合わせをすることは、基本的にはありません。もう、すべて決めてあるのですから…。細かなこと、追加や変更などはメールでやりとりして済む程度です。あとはこちらサイドの問題、詳細図の作成に集中します。

契約から着工までのプランニング時間は、規模にもよりますが、おおよそ半年くらいだと思います。敷地を見て1年前後でお引き渡しというのが多いですね。

ただし、すべてがスムーズに進むわけではありません。こちらに迷いがあり、設計の手がかりがつかめていないときもありますし、つかめているにもかかわらずクライアントになかなか決断してもらえなくて、設計の組み立てさえ変わってくるほど変更になることもあります。小さなことはいいのですが、設計の根幹に関わるようなことで延々決まらないようなときは、やはり相性が悪いと考えて身を引くのもお互いのためだと思います。

建築家の中にはクライアントと何十回打ち合わせしたなどと自慢する人がいます。たくさん打ち合わせしたからいいものができたと言わんばかりですが、それは自慢話と苦労話をはき違えているだけです。ぼくの経験から、スムーズに進むプロジェクトほどいいものができています。考えてみれば当然ですよね、価値観が一致しているのですから…。それはクライアントの理解しがたい迷いに振り回されることなく、こちらと共有する価値、目指す建築へ集中できたことであり、たくさん考える時間が持てた仕事なのですから。

—13

Q. プランニング提示は一クライアントに一度だけと聞きましたが、修正はしますか？

A. 提案したものが受け入れてもらえないなら仕事を降りる！の覚悟でプレゼンに臨みます。

プレゼンテーションはとても大事だと思っています。敷地を見て、約ひと月の時間をいただいて案を練る。もう、コンペみたいなものです。詰められてないけど途中の案で打ち合わせをしよう、クライアントの様子をうかがって時間を稼ごうなんて思いません。この期間、考えるだけ考えて、クライアントの満足を得られなかったら、あるいは価値に大きなズレがあったら、仕事を降りた方がいいと思うのです。

満足していただけない理由は様々でしょうが、それを無理に繕おうとしても、あらぬ方向に流され、自分の価値観と違う仕事をしてしまう、この先数十年評判を落とす仕事を残してしまうことになります。そこは潔く、身を引くべきだと思っています。

小さな食い違いはもちろん、生活上の要望の追加は問題ありません。ヒアリングのミスでこちらに過失がある場合は謝ってやり直す時間をいただくか、その場で方向性を見つけるべく手を動かすことになります。ただし、設計条件を頻繁に変えてきたり、延々判断ができなくて悶々としているクライアントは迷いの多い人、家づくりに対する明解な価値観を持っていない人、あるいは整理ができない人だと思います。そのような迷いが多いクライアントはお引き受けしないことにしています。無理に自分の考えを押しつけることは望むところではありませんし、強く押し切っても後で倍になって返ってくることになると思います。ここが相性の見極め時!と決断します。

　ぼくの設計を楽しみに、期待を膨らませていただいているクライアントのためにも、担当するスタッフのためにも、本意でない仕事をやらされる苦痛やクレームにつながるリスクは避けておきたい。トラブルは他の仕事にも、スタッフのモチベーションにも影響を与えるほどエネルギーを消耗します。これほど空しいものはないのです。

　プレゼンテーションは信頼関係に裏付けられた、期待に膨らむイベントに違いはないのですが、信頼関係を破壊する、お互いをふるいにかける行為でもあります(笑)。

　プレゼンは全力で臨みたい!!

Q.14

家具の配置とプランとの関係性について考え方を教えてください。

A.

プランニングはある場所に機能(心地よい居場所など)を配置していくこと。家具を配置していく感覚に近いものがあります。


プランニングというのは「ある場所に機能を配置すること」かもしれません。その機能は使いやすさなど明確なものもあれば、居心地のよい居場所などあいまいなものもあって、何か「コト」が起きることを暗示するようなものとも言えるでしょう。そして家具は機能でもある。家具を配置するとそこへ機能が発生します。

　最近、住まいは心地よい居場所がどれだけあるかが大事だと思うようになりました。家具は心地よい居場所をつくり出すために欠かせないものなのです。家具にも色々あります。置き家具もあれば造り付けたものもあります。「15坪の家」のように、家具と建築が融合するようなことにも挑戦したことがあります。

　どんな居場所がつくりたいのか?を住まい手に明快に伝えて価値を共有することはもちろん大事なのですが、「住む」という行為は想定外だらけ(それが楽しい)…設計者が考えた以上の楽しい使い方、暮らしの中での生かし方をしてくれます。これこそ、こちらが考える住まい手とつくり手のいい関係なのだと思います。家具をおおらかに捉えて、これからも空間に生かしていきたいと考えています。

Q.

家族のコミュニケーションをどの程度意識してプランニングされますか？

A.

ぼくらがやれることは提案まで。あとは住まい手の「住むチカラ」との化学反応を楽しみます。

15

家具と建築の融合を試みた「15坪の家」

ぼくらがやれることはこんな「場」があると楽しいでしょう？　という提案だけ。実際にどう使うかは、むしろ後のお楽しみ。あるセルフビルダーが「建築家に心地よさまで決められたくない」と言ったそうですが、同感です。最終的には住まい手が決めること。ぼくらは提案はしても決めてなんかいないのです。提案したことと、住まい手の「住むチカラ」の化学反応でより面白く、より新しい楽しさを引き出せればいいと思います。

住まいは広さや予算、打ち合わせの回数や構想年数で決まるのではなくて、心地よい居場所がどれだけできたか？で決まると思います。心地いいと判断するのは最終的には住まい手ですが、その家に関わった人たちの「ここ、いいなあ」という感覚は大切で、つくり手が気に入ってくれる場所は住まい手にも大きな喜びではないでしょうか？　そんな価値の善循環が住まいをよくしていくと思います。未知の心地よさ、楽しさに反応する感度の持ち主こそ「生活名人」と呼びたいですね。

Q. プロポーションをどう考えていますか？
美しいプロポーションを実現するポイントは？

16

A. いい「プロポーション」がいい「納まり」につながり、よい「佇まい」をつくり出す。まずは「より小さめに、より低めに」。無駄な設計をしないように。

建築界の話題をさらうような、奇抜な、新しい建築を目指しているわけではありません（その能力も持ち合わせておりません）。自分の設計の価値をどこに置くか？たとえクライアントといえども「どこが譲れないか」を伝えることは、若いときは自分で分かっているようでいざ伝えようとすると意外とあいまいだったりするものです。経験を積むごとに徐々に見えてきます（これを老化と呼ぶかは別として）。

ぼくの設計は何に重きを置いているか？と聞かれると「納まり」だと思います。「納まり」というと年寄り臭いので、自分なりに定義をしなければならないと思っていますが。「納まり」とは、バランスよくまとまっていること。設計の条件がうまく解決されていて、さらに嫌みがなく周りに不愉快を与えないこと。言葉を換えて言うと「しっくりくる」「腑に落ちる」「これでちょうどいい」という域に達していることと、今は言っておきましょう（笑）。

「プロポーション」がよいという感覚も含まれます。「プロポーション」という言葉は数字的なバランス（形状のつりあい）のことを指すのが一般的だと思いますが、「プロポーション」という言葉をよく口にされていた吉村順三さんの意味するところは「納まり」に近いように思います。勝手に付け加えるならば、やりすぎていないかも含まれると思います。

ぼくも日常的にいい「プロポーション」

伊是名島の「銘苅家」。人を招き入れるように石垣がカーブしていく。雁行した母屋の横には昔、畜舎か納屋だったと思われるハナレが見える。どちらも軒先が低くおさえられ美しい

同じく銘苅家の「アマハジ」。沖縄では軒下空間を雨端（アマハジ）と呼ぶ。「雨が降っているときにこの下にいると、この言葉の意味がよく分かります。雨の部分が外で、軒の先から内は内部になります。設計は取り合いが大事だと思います。外と内の取り合い部分の軒先…この高さがプロポーションの要なのです」

と言うときには、「断面」の寸法・高さを指すことが多い。「できるだけ低くおさえるとプロポーションがよくなる」とか、「天井をもう少し低くおさえて…」という話はいつものこと。「アイレベルでどのように見えるか」をいつも気にしています。

できるだけ低くつくることを心がけると、自ずといいプロポーションになると感じています。50ミリでも100ミリでも、低くおさえる…。断面の操作はプロポーションに大きな影響を与えます。そして「佇まい」をよくしてくれる。いい「佇まい」をつくり出すにはいい「プロポーション」から、といったところでしょうか？

ぼくの場合は簡単に言うと、「より小さめに、より低めに」を心がけているようです。それは無駄をしないようにということ。「プロポーション」の感覚には、設計者の美観（養われた眼）はもちろん、社会性や節度などが現れるように思います。ですから、いい「プロポーション」を気に留めている限り、世間を驚かせるような奇抜な設計はできないとあきらめています（笑）。

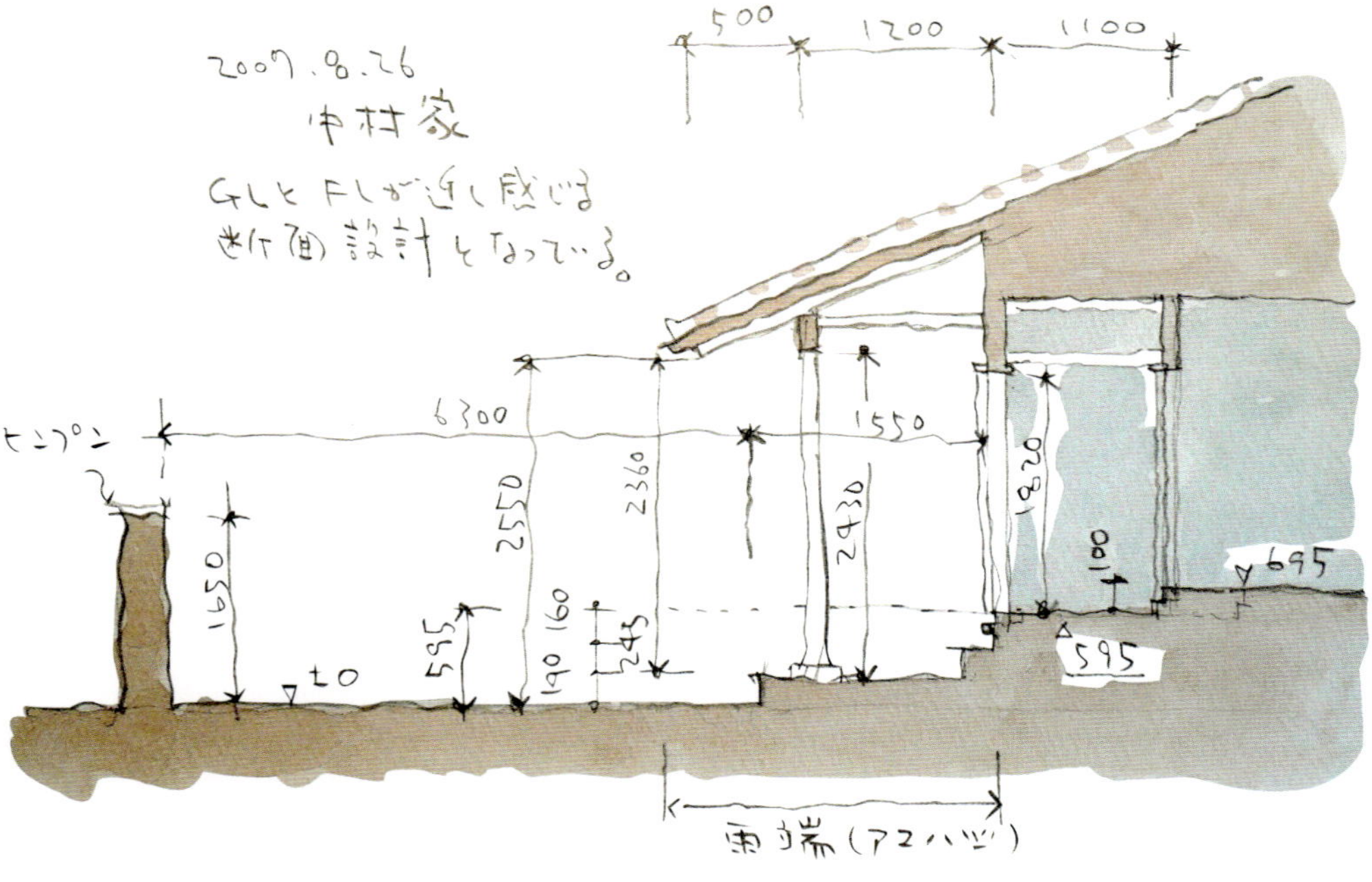

伊是名島「銘苅家」の実測図。いいプロポーション、いい佇まいとは何か？ を考える機会を銘苅家は与えてくれた。「低くおさえられた軒先にこの住まいの謙虚さ、寛容さが現れているように思います。簡素にして品格ありとはこのような建築を指すのでしょう」

Q. 17

グリッドはどの程度意識しますか？
モジュールは固定していますか？

A.

グリッドは構造の目安、
モジュールは生活のための寸法の目安だと思っています。

グリッドなしで設計をすることは、よほどの意図がないとやらないと思います。たとえグリッドなしで設計したとしても、施工者はグリッドに乗せて検討するのではないでしょうか？

「グリッドを意識して設計すると退屈なものしかできない」と思われている節があるようですが、決してそうは思いません。いつもグリッドという座標は基本中の基本、できるだけグリッドに乗せて設計するよう意識しています。

ぼくの場合、グリッドは９０９、関東間です。９０９を使用している理由はと聞かれると明解な答えはないのです…。修行した丸谷博男さんの事務所からの踏襲です（丸谷さんは奥村昭雄さんからの踏襲）。なんといっても数字がきれいなのです。９０９（３尺）、１８１８（１間）、２７２７（１間半）、３６３６、４５４５、５４５４と同じ数字がずっと繰り返し出てきます。1尺は303、2尺は606、3尺は９０９、4尺は1212、5尺は１５１５、6尺は1818…きれいだと思いませんか？

９１０ではダメですか？とよく聞かれます（笑）。「９１０に置き換えてもいいよ」と答えます。書き手の個人的な執着みたいなものですから。それに1ミリの違いです…。つくり手に支障がなければ読みかえて問題ないと判断しています（笑）。グリッドは構造の目安、座標ですから…。

モジュールも師である奥村昭雄さんの「奥村モジュール」を丸谷さんを中継して踏襲しています。30、60、90と30ミリずつ上乗せになります。尺が使えて、2でも3でも割れる数字と聞いた記憶があります。

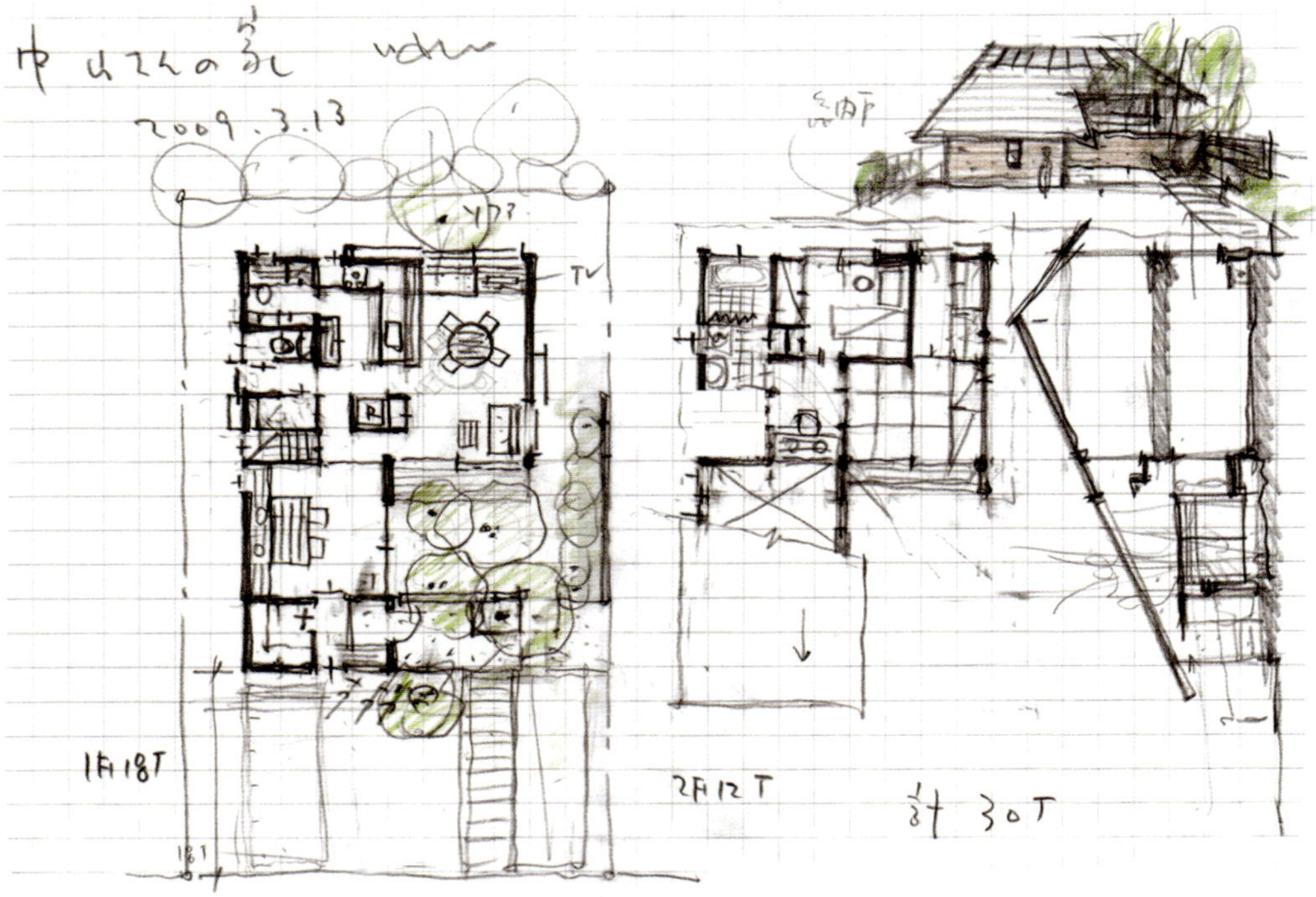

「守谷の家」のプランニングスケッチ。グリッドが印刷された紙をタイプ用紙の下に敷いてプランニングをする。できるだけグリッドに乗せ、グリッドをガイド役としてプロポーションを整える。「909のグリッドが960になったり、メーターグリッドになると調子が崩れてしまう。グリッドは設計者のベーシックなスケール感を規定する重要な要素だと思います」

たとえば、窓台の高さが普通７００ミリのところが６９０ミリか７２０ミリでおさえます。８００ミリのところは７８０ミリか８１０ミリとなります。ドア幅などもそのモジュールが目安となるのですが、ほとんどが枠周りの納まりで自動的に出入り口幅が決まってしまいます。ここはモジュールからはずれてしまいます。グリッドで決まってしまうと言ったほうがいいでしょうか。

モジュールは生活のための寸法、言い換えればより人間のための寸法だと思います。よって、ドア幅なども必要な寸法がほしいときはグリッドから芯ズレさせたり、ランバーコア21ミリを柱の幅の中でズラして立てて調整します。

グリッドもモジュールも設計の目安であり、それは受け継がれてきた「合理」という共有財産だと思いますので、踏襲しつつ、臨機応変に意味のある「ズレ」で納めていくことを日常としています。その「ズレ」も先輩方から踏襲、盗用させていただいたものは少なくありません(笑)。

Q.

18

動線の考え方を教えてください。
回遊性をどれだけ意識しますか？
回遊性をうまく実現するポイントはありますか？

A.

住まいは「動きの中にこそ生がある」と考えて、
移動できる心地よさを大事にしたいと思っています。

「幕張本郷の家」の2階のプラン。決して広くなく、家族も多いわけではないが、廻れる動線がたくさん。「廻れるということは、単に便利という価値観を超えた楽しさやゆとりを与えてくれると思います。いくつもの廻れる動線が重なって、その先々に居場所がある…住まいの中でもぼくらは移動しながら暮らしている」

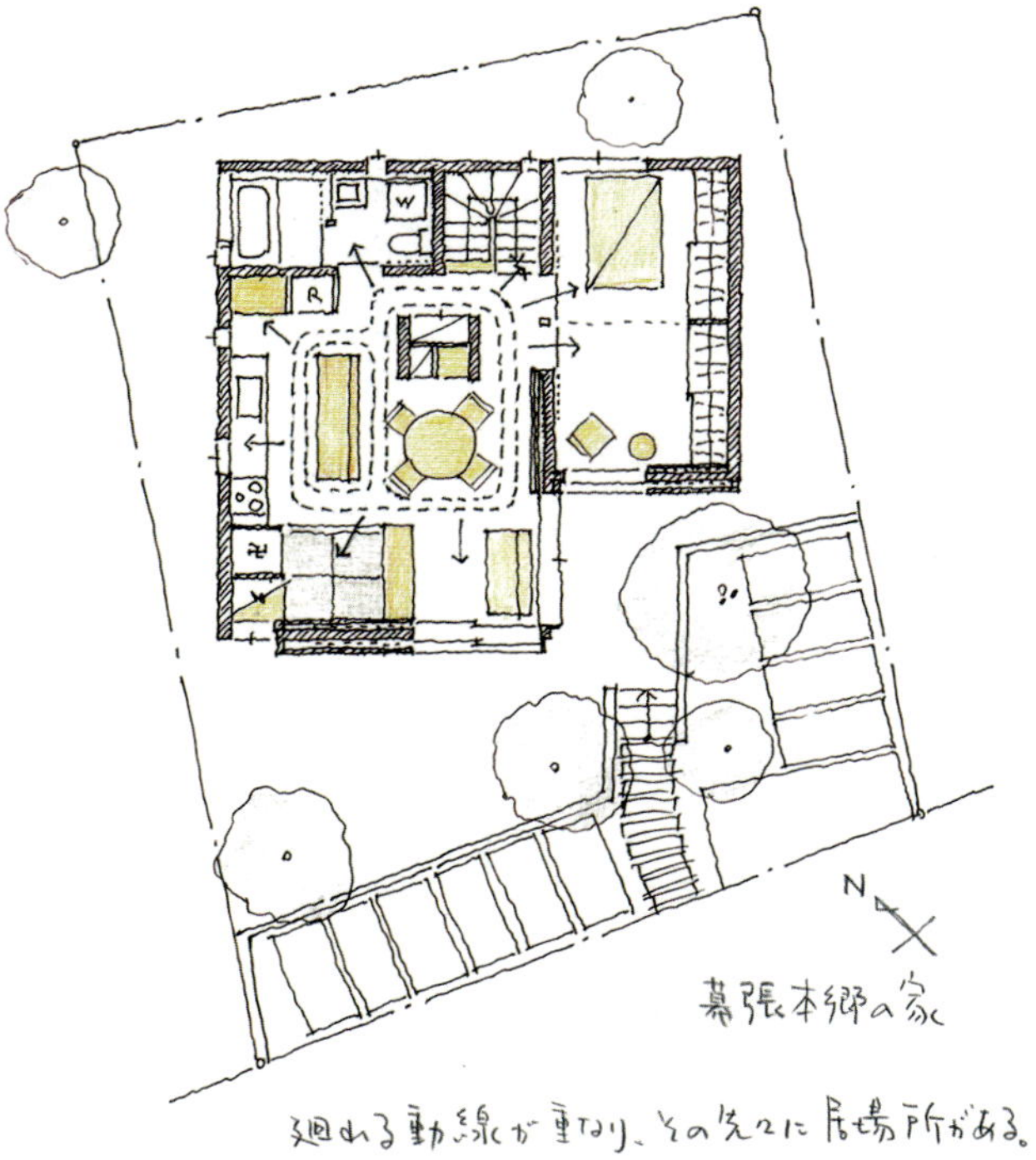

N
幕張本郷の家
廻れる動線が重なり、その先々に居場所がある。

落ち着きのない性格だからというわけではありませんが、動き廻れる家はいい家だと思っています（笑）。便利ということよりも、様々なアクセスの可能性が住まいの中の発見や楽しさにつながると思うからです。しかし、安易な「回遊性」は落ち着きのない住まいにつながることも確かです。収納を犠牲にしたり、「溜まり」のない空間になってしまったりすることもあるでしょう。しかし、「動きの中にこそ生がある」と考えることができれば、よりアクティブに動きの途中、先々に様々な仕掛けを試みようと思うはずです。「落ち着き」と「動き」の両方がきちんとデザインされなければ心地よさはつくり出せない。「落ち着き」に意識が行き過ぎると「退屈さ」につながったりしがちです。

僕たちは「住まいの中で移動しながら生活している」と言っていい。移動できる心地よさを大事にしたいと思っています。

小さな家を設計する機会が多いのですが、小さな家ほど緻密に移動性をデザインします。

「幕張本郷の家」。2階のリビングにはラウンドテーブルが中心にあり、そのテーブルの周りにも廻れる動線が。スケッチの3つの廻れる動線に、テーブル周りの動線を加えると、合計4つのぐるぐる廻れる動線が、この写真に隠れている

Q.

一室的な空間のプランをうまく行うポイントは?

A.

一室的空間では、いろいろな「居場所」が散りばめられ、それらが「動線」でうまく縫われていることが大事です。

―19

一室空間の例「守谷の家」。キッチンの対面にソファが置かれているのは、遊歩道の景色も楽しめ、テレビを正面に、デッキのある中庭へも視線が抜けるから。ソファに腰掛けていると、打ち合わせ室からは完全に視線が遮られて、落ち着ける

一室的なプランニングを意識しているわけではないのですが、そんな作風だと思われているようです(笑)。

今の時代の住宅は個室がしっかり存在してきましたので、家庭の中でもパブリックとプライベートが明確になってきました。昔は暖房の問題でふすまなどで細かく部屋が仕切られて必要なときに開け放して使う、立派な玄関や客間というパブリックな部屋を除けば、もともとは一室的な空間だったのではないか?と思います。一室的であることは日本の伝統であり、文化としてつくりあげてきたものです。

本来、一室的であった住宅がそうでなくなった要因は、分譲住宅やマンションのプランニング手法―nLDK、部屋数を競う手口にあるのではないでしょうか。

日本の多義的な空間のあり方が、単一機能を持つ部屋、一義的な空間で構成される住まいとなってきたことで、供給される住宅と住まい方がどこか乖離して、グシャグシャな暮らしになっているように思います。

人の生活はｎＬＤＫのプランのように明確に割り切れるようなものではない。部屋で考えるのではなく、壁で分けて考えることでもない、「居場所」を散りばめていくことが、一室的な空間思考だと思います。独立心を育むのは、小さくても一人で居られる空間だと思います。しかし、必ずしも部屋として独立している必要はありません。籠もる居場所とみんなと距離を持ちつつ一緒にいられる居場所の関係が大事なのだと思います。

いろいろな居場所がある、プランニングの過程でそれを住まい手にきちんと伝えることができていれば失敗は少ないはずです。一室的空間は楽しい。でも簡単ではない。一室空間がうまくいくかどうかは、「居場所」が「動線」でうまく縫われているかでしょうね。動き廻れて移動しやすい、いろいろな「居場所」が一室空間の中にうまく散りばめられていることだと思います。住む人々の関係や距離感をデザインすることが、これからの住まいに必要とされています。

Q.

プランニングがうまくなるにはどうしたらいいでしょう？
平面と断面をうまく連動してプランニングすることが難しいです。
毎回同じようなプランになってしまいます。
毎回、創造性を盛り込む必要があるのでしょうか？

学生の頃、宮脇檀さんの著書や記事をよく読んでいました。住宅に強い興味を持っていたことが主な理由ですが、当時全盛だった観念的な建築論についていけなかった（笑）ということも大きな理由でした。

琉球大学の建設工学科の第1期生として建築の勉強を始めた無知な学生には、的確なアドバイスや強い影響を与えてくれる先輩もなく、書物から情報を得て思いを巡らすことが日常でした。その中で宮脇檀さんの機関銃のような歯に衣着せぬ言動、口八丁手八丁の面白さは、田舎の学生にとって建築界を概観するのに得難い存在でした。

宮脇さんを通して吉村順三さんをはじめとする建築家の思想を知ったようなものです。その宮脇さんの書かれたことの中に設計の勉強法がありました。住宅のプランニングがうまくなる方法です。宮脇さんは何をやったかというと、名住宅のプランを片っ端からトレースして暗記したとのこと。うろ覚えなのですが３００プランくらいは描けた？という自慢話を読んだ記憶があります（笑）。宮脇さんにのめり込んでいた田舎の「住宅好き学生」は、もちろんすぐ真似をしたことは言うまでもありません（笑）。

宮脇さんをはじめ吉村順三、清家清、増沢洵、林雅子、内井昭三、山下和正、西沢文隆など、オーソドックスなタイプ作家の設計した住宅のプラン（平面）にトレペをあてて、上から移し描き（フリーハンド）、手で覚えながら、どうしてこうなっているのか？ を考えていました。片っ端から覚える必要はないと思いますが、まずは本当に気に入っている住宅を理解していくというのは、とても有効な勉強方法だと思います。もちろん、写真やほかの図面と行ったり来たりしながら、時には写真からスケッチを起こしたりします。

この学習法は宮脇さんの残した建築を学習するための言葉、「眼を養い、手を練る」そのものだと思います。

ハードラインで清書しようとしたり寸法まで測って書き込んだりしようとすると時間とエネルギーがかかって長続きしませんので、手早く、全体の関係を掴むような感じで続けることがいいでしょう。

断面計画が面白いと思ったら同じようにトレペをあててみる。語学の学習法に「ボキャビル」というのがあります。「ボキャブラリービルディング」―語彙増強法です。宮脇さんのこの方法は「ボキャビル」と似ているところがあって、プランニングの語彙増強法であることは確かです。ただ、プランニングの語彙というのは設計者の価値観が表れるものなので、その人の型（作風）を理解するような感じではないでしょうか。単語を暗記するというよりも、設計の考え方・設計に対する姿勢なども学ぶことになります。

ですから、よくはわからないけれど「いいなあ」と思ったものだけにトレペをあてていた方がいいように思うのです。

さらに、何かを修得するとき、あれもこれもではなくて、一人の方から、一つの価値観を、まず、集中して修得することが上達の近道だと思っています。設計の初心者の勉強法として宮脇流の「設計のボキャビル」は有効ではないでしょうか。

A.―20

よいプランにトレペをあてて写し取る訓練をするといいでしょう。
手を動かして写し取りながら、このプランの何がいいのか？を考えてみる…
それを継続していくと、うまくなっていきます。
「眼を養い、手を練る」そのものです。

ルヌガンガ シナモンヒルハウス
（スリランカ）

バワの理想郷と言われるヌルガンガのハナレ（シナモンヒルハウス）に泊まりました。

1948年から永い時間を掛けてバワが手を入れ続けてきた理想郷。完成は1998年、バワの人生そのものと言っていい。建築は広大な敷地の中に点在し、ランドスケープとして完全に解け込んでいます。泊まったハナレは、レストラン棟からシナモンヒルを超えて徒歩5分ほど、途中、丘を上ったところで湖が見えて、視界が一気に開けます。これもバワが意図したランドスケープデザインなのでしょう。

シナモンヒルハウスの玄関前は大きな屋根に覆われたダイナミックな半戸外空間があります。その空間は夜も楽しめるようにろうそくのシャンデリアが用意されています。

室内は天蓋付きの可愛らしいベッドルームに水廻りが突き出たL型のレイアウト、シンプルでレトロ、かつ、ロマンティックなインテリアでした。それにしても、お湯がでない、水が錆色であることには閉口しました、笑。

ベッド脇から伸びる水廻りはとても使いやすい。ろうそくを灯してリラックスできるバスルーム

大きな半戸外空間は広大な庭を楽しむ事ができる。大きなテーブルを囲んでパーティもできそうだ

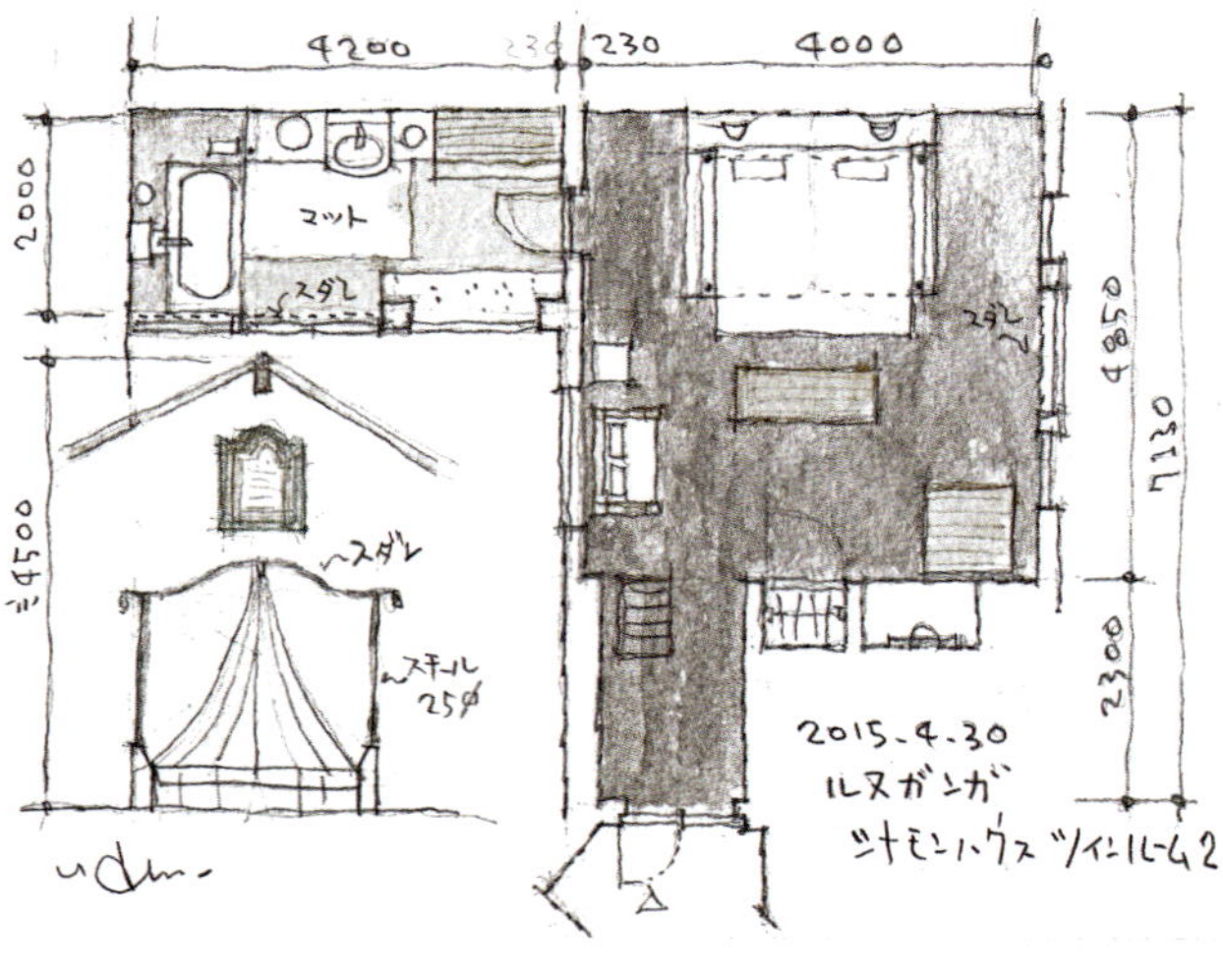

たてもの情報

ルヌガンガ　シナモンヒルハウス
所在地：スリランカ/ベントータ
設計：ジェフリー・バワ
竣工：1948年〜1998年

第3章

Irei Satoshi's
House Design
RULE II

Q/A
21→30

CASE
03→12

断面・立体で考える

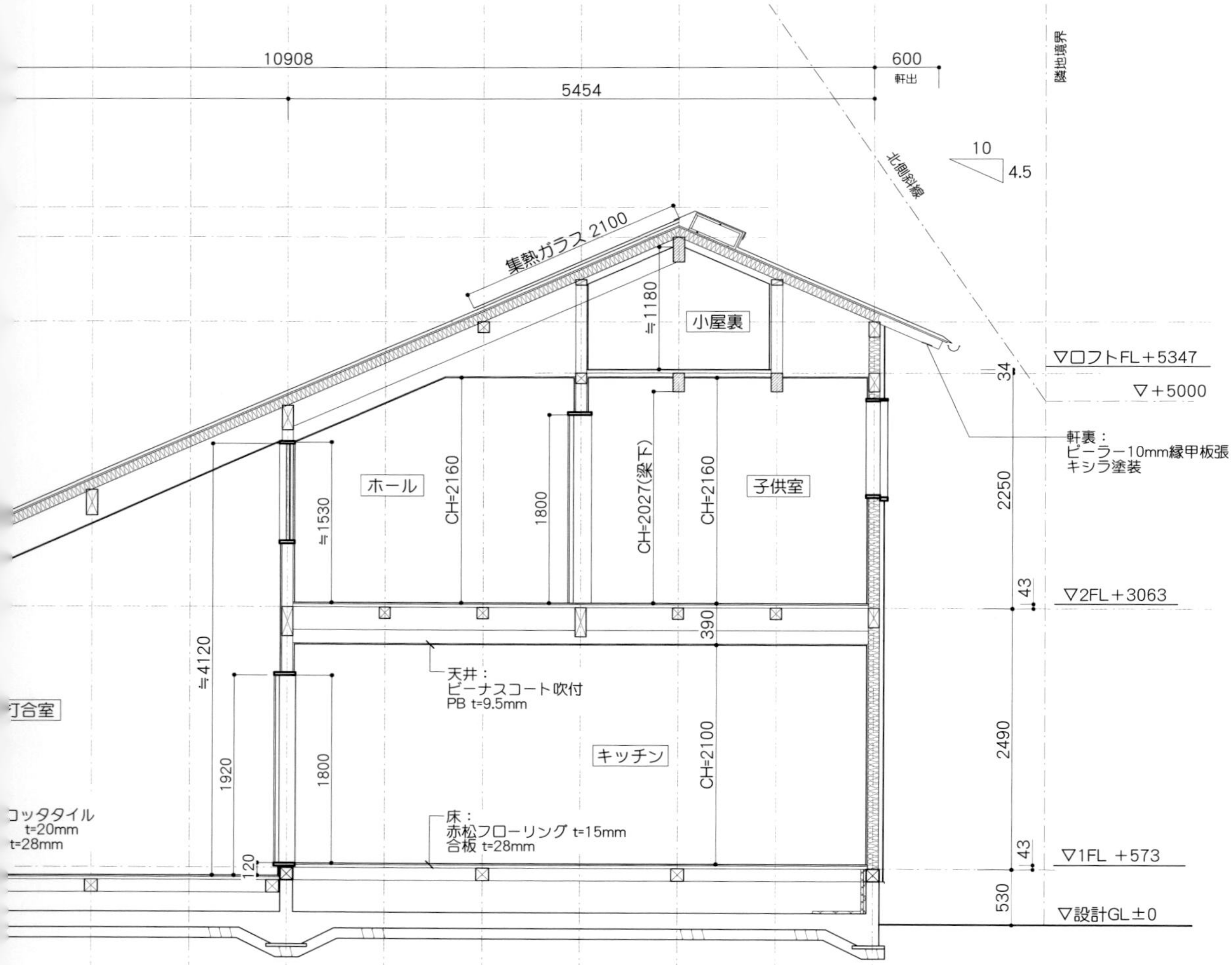
10908
600
軒出
5454
隣地境界
北側斜線
10
4.5
集熱ガラス 2100
≒1180
小屋裏
▽ロフトFL＋5347
34
▽＋5000
軒裏：
ピーラー10mm縁甲板張
キシラ塗装
ホール
CH=2160
1800
CH=2027(梁下)
CH=2160
子供室
≒1530
2250
43
▽2FL＋3063
390
≒4120
天井：
ビーナスコート吹付
PB t=9.5mm
打合室
1920
1800
キッチン
CH=2100
2490
コッタタイル
t=20mm
t=28mm
床：
赤松フローリング t=15mm
合板 t=28mm
120
43
▽1FL ＋573
530
▽設計GL±0

Q. 21

矩計図を描かないと聞いています。
その理由は何ですか？
矩計図は最も重要な図面のひとつだと思いますが…。

「守谷の家」断面詳細図。普段の仕事で描いている断面詳細図1／50。断面は必要な箇所だけ切り、矩計図ではないので基本的には仕様は描き込まない。「断面は高さが分かればいい…仕様を描き込むのは無駄だと思っています。専門誌に1／30の断面詳細図（これはもう矩計図！）を描いたりしていますが、あれは発表用です。読者（設計の専門家）に少ない図面で、たくさんの情報を伝えるにはいいと思いますが、現場では読みにくくて、無駄な情報が満載された図面のように考えています。必要な情報を正確に伝えるのが現場図面ではないでしょうか?」

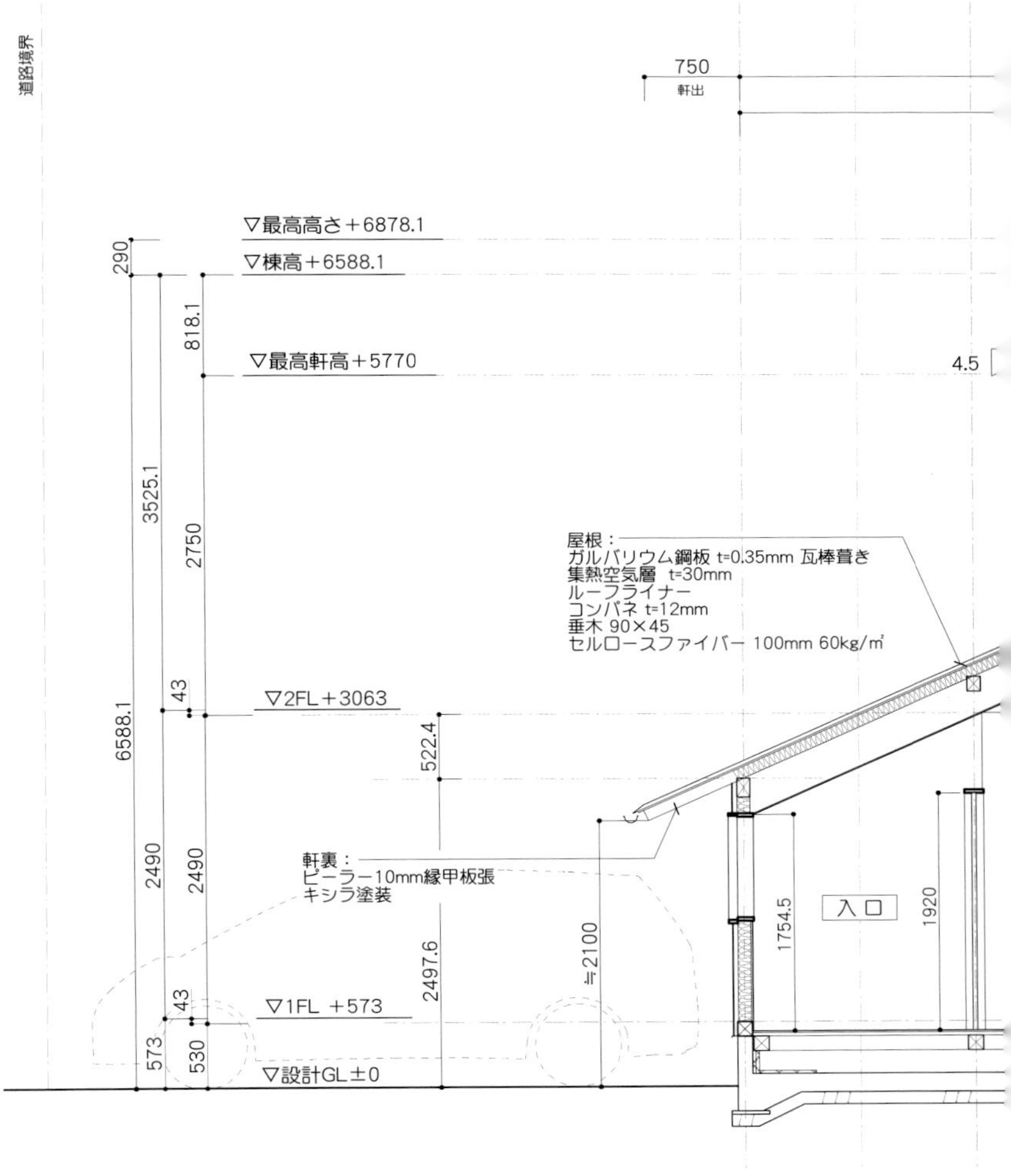

A.

1／20の矩計図は描かず1／50の必要な情報のみの断面詳細図で済ませています。矩計図は高さを伝える図面と割り切り、昔ながらの矩計図を描くエネルギーで枠廻図などの詳細をたくさん描いた方がクオリティの高い仕事ができるはずです。

学校を出て建築家の丸谷博男さんのところで働き始めたころは、矩計図《かなばかり》を1／20で描いていました。矩計図はその建築の姿（プロポーション）を決定する図面であり、建築の「難しい全体」（建築・構造・設備などが複雑に絡んでいる）を表す上でとても重要な図面だと考えていました。「詳しい断面詳細図」以上の何か特別な図面であり、図面というよりも矩計図自体が「作品」でもあったように思います。並々ならぬ気合いとエネルギーをつぎ込んで向き合い（笑）、この建築の性格を余すことなく表現し、作品として仕上げる─建築の出来不出来は矩計図で決まると信じていました。

それは今でも信じて疑わない。ただ、徹夜でタイルの目地や細かい仕上げまで描き込んでも、打ち合わせや予算の減額などで変更になれば、また描き直しです。変更の内容によっては形まで変わってしまい、また徹夜で設計からやり直しになってしまうのが辛かったなあ（笑）。そんなことが続くと、矩計図に対する不満が湧き上がってきてもおかしくありません(笑)。

ぼくらが信じていた矩計図は、今の時代の設計の過程に馴染みにくい図面ではないか？ＣＡＤの時代で、スピーディに全体像を把握し、的確な判断を積み上げていくリアルな「仕事」という観点からは無駄が多いように思い始めました。矩計図は文字のとおり、高さを決める図面としてとらえ直すことでいいのではないかと思うのです。基礎高、各階の天井高さ、軒高、棟高、最高の高さ、屋根の勾配などがきちんと決められていて、施工者に分かりやすく伝えられる図面でいい！それ以外の何ものでもない！と思えたとき、「設計業特有の憑き物」が落ちたと思いました（笑）。矩計図を描きあげるのに何日も掛かっていたものが、数時間で描けるようになり、何よりも軽いフットワークで仕事の動きに対応できるのです。手早く図面をまとめて全体像（予算も含めて）を掴みたい…不必要なエネルギーと時間をかけることなく実施設計図をまとめることが大事だと思います。その時間を枠廻詳細図や各部分詳細図にあてるほうが、はるかに仕事のクオリティを高めることができます。

大先輩の建築家・永田昌民さんも昔ながらの矩計図を描かなくなったひとり。「矩計を描くよりたくさん断面を切る」。その上で「詳細図をたくさん描いた方がいい」とのご意見でした。とても合理的な考え方で共感します。高さを知りたい部分を1／50で切っておく、自分が設計しているものの高さ関係の全貌を把握するということです。しかし、1／20の手描きの矩計図はやっぱりそれだけで「作品」ですね…。CADでは「作品」にならない。そんな時代だからこそ、頭を切り替えて徹底したいと思います。矩計は高さが分かればよい―むしろ矩計図では表現できない新たな価値を模索できればと思います。

―22

Q. 縦のつながりをどの程度意識してエスキースを描きますか？
空気や熱の流れについて、縦の動きをどの程度織り込んで設計されますか？

A. 設計は平面と断面を行ったり来たりしながら詰めていき、
見えない空気と熱も同時に考えます。「縦の操作」は安易にはやりません。
いつも経験した縦空間を再現しようとしています。
それを繰り返していくうちに、
自分らしい「縦の操作」が身についてくるのではないでしょうか。

ぼくたちは平面的に移動するのはたやすいことなのですが、縦に動くとなると物理的に簡単ではなくなります。それだけ縦の動き・変化は苦手です。だからこそ、と言った方がよいのでしょうか。設計において「縦の操作」（縦を意識したデザインをそう呼ぶことにします）は変化に富む感覚を味わせてくれます。

「縦の操作」は安易な寸法でやると失敗する可能性が高い。経験した魅力ある空間を再現する―そんなスタンスが「縦の操作」を確実に体得することに繋がると思います。それを繰り返していくうちに自分らしい「縦の操作」が身について、表現する力も高まっていくと思います。

伝統的な民家を訪ねても、隠し階段で上の階と不思議に繋がっていてわくわくするような空間になっていたり、畜舎の上が薪置き場になって小さなかわいい吹き抜けのようであったりと、生活に根ざした実用的な縦空間の使い方が見受けられます。必然性や実用性に裏打ちされた「縦の操作」は揺るぎなく、強い魅力を感じます。「縦の操作」は、より自分の感覚・経験からにじみ出てくる実用的な価値で組み立てるべきだとつくづく思います。経験上、自分のものとなった「縦の操作」はそれしかないのです。

空気や熱の流れですが、ぼくは空気と熱の動きを意識して、縦の空間を組み立てることが多い。暖かい空気は上へ、冷たい空気は下へ…見えない熱の動きは縦空間そのものです。空気と熱を意識することは、住まいの心地よさをデザインすることに直結します。見えないもの、写真に写らないものをデザインするなんて、地味な仕事で建築家としては評価されにくいものですが、自分では揺るぎない強みがあると信じてい

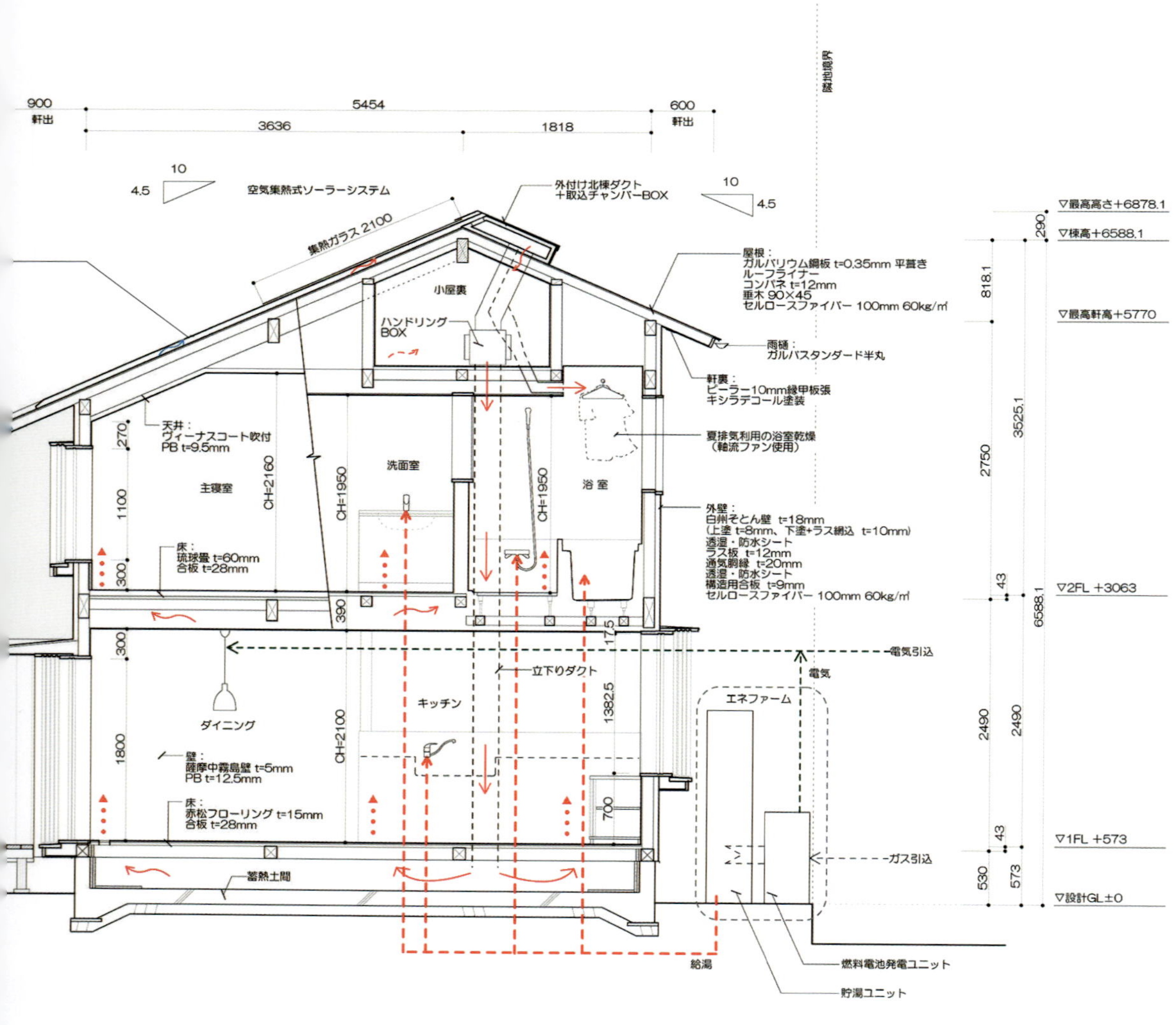

ます（自分なりの気休め？）。

　空気や熱は見えないけれど、誰でも感じることができ、測定して数字に置き換えることもできます。それをコントロールできたら、「縦の操作」で生かせたら、それは一人よがりな感覚ではなくて説得力のあるデザインになるはずです。

　敷地を見てエスキースを始めた頃から空気と熱を意識することはあたり前。天井の高さや床の段差による空間の変化、移動しながらの空間の性格づけを意識しながら設計を進めています。

　旅先や日常で出会った空間や景色を思い出しながら…、それをクライアントにどうプレゼンテーションしようかと思いながら…。

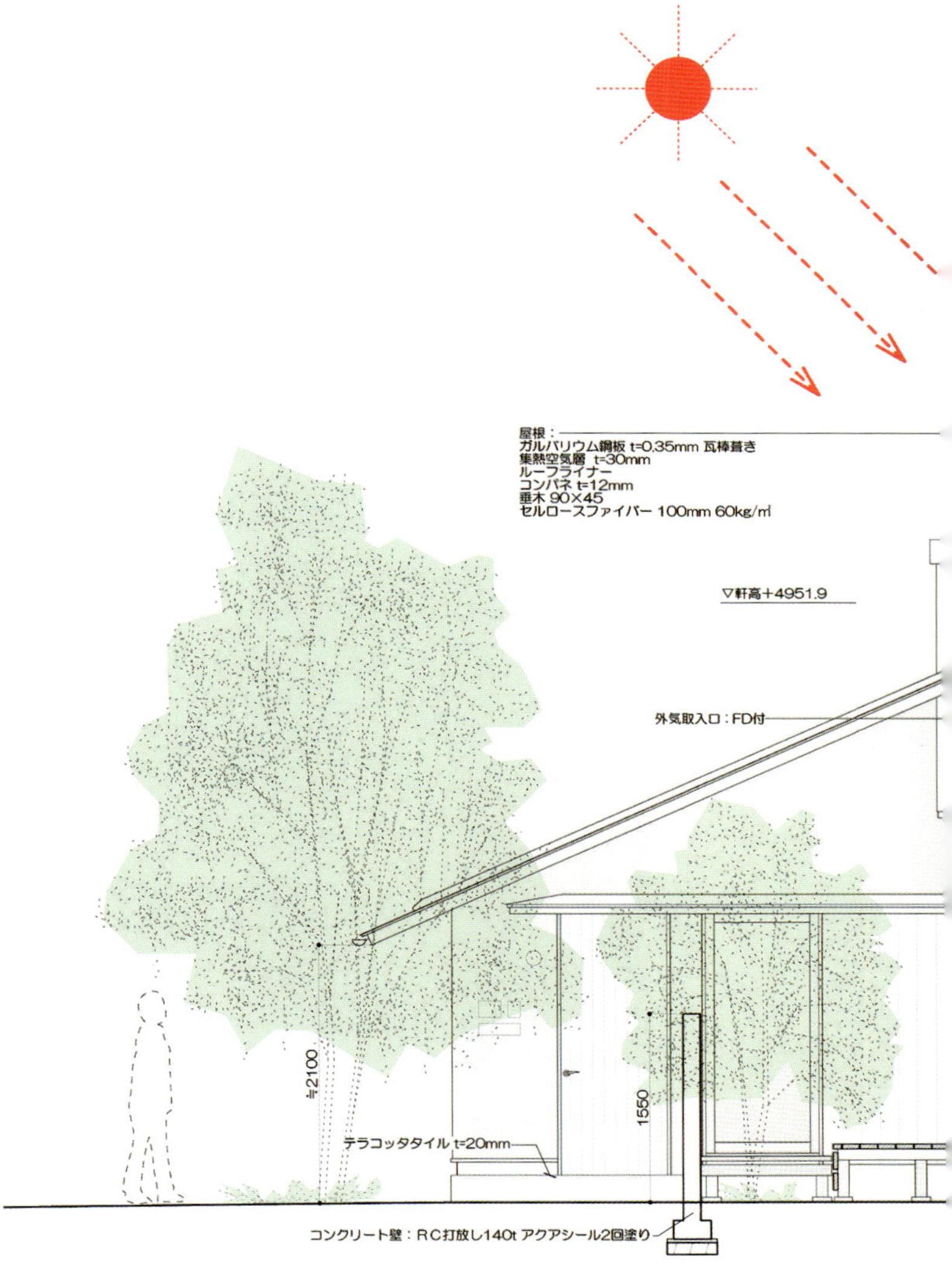

「守谷の家」システム図（発表用に作成した、見えない空気と熱のデザインを見える化したもの）。断面図（1/100）、断面詳細図（1/50）、矩計図（1/20）を使い分けるが、基本的に矩計図は描かない。「断面は高さが分かればいい。基礎高、天井高、階高、棟高、内法高（開口部の高さ）など、高さが明確に分かればいいと思っています。それを決定するには梁が天井懐に無理なく納まるか？　配管がきちんと通せるか？　などチェックしておくのはもちろん、プロポーションがしっくりくるかどうか？　をいつも気に掛けています。もうちょっと低くしたいと思ったら梁の掛け方から工夫し直します。無駄に大きなスケールの矩計図は描かないけれど、矩計図の持つ役割（プロポーション・佇まい・空間の心地よさ）はきちんと押さえます」

Q. A.
—23

階高はどうおさえていますか?

まず、天井高を決めます。設備（配管スペース）もおさえて、階高を無駄にしないこと!!を心がけています。

階高を決めるとき、まず天井高を決めます。家のボリュームや斜線関係、クライアントの好みから、今回は高さをかなりおさえ気味にいこうとか、屋根が斜線で切られて変な形になるのはイヤだなあなどと考えながら、あたりをつけます。たいてい1階の天井高さを2100ミリ、2217・5ミリのどちらかでおさえます。それが基本のおさえとなります。1階がリビングで低めにいきたい場合は、住まい手がプロで理解もある方であれ

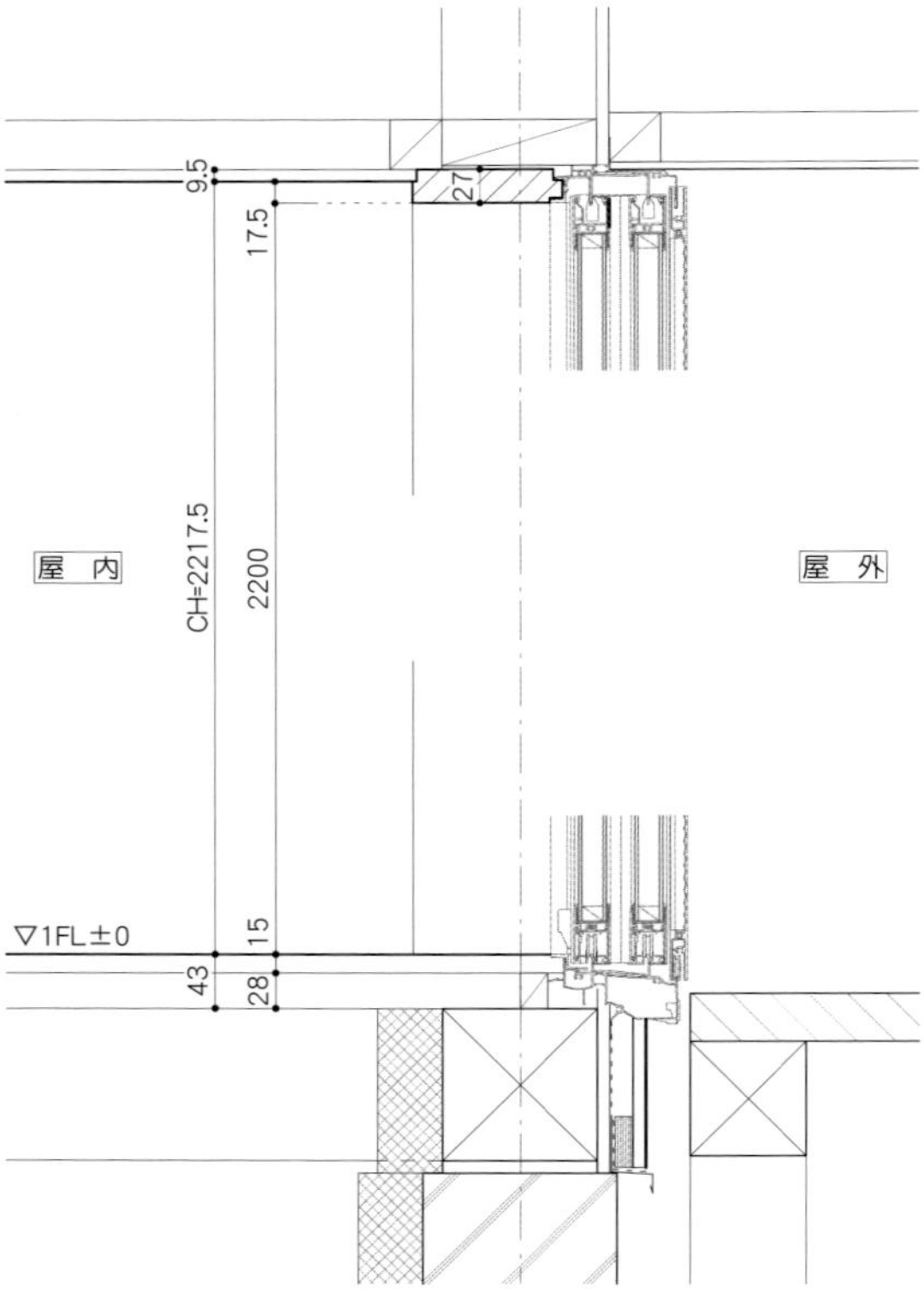

[天井高さが2217.5ミリの理由]
内法をアルミサッシュの最大寸2200ミリでおさえる。野縁を組んで27ミリ厚の枠を取り付け、9.5ミリのプラスターボードを張ると枠のちりが17.5ミリ。2200ミリ+17.5ミリ=2217.5ミリが標準の天井高さに。天井を低くしたいときはサッシュを特寸（特注）にしたり、垂れ壁をつけて下のサイズのサッシュを使うこともある

ば２１００ミリと、ぐっと低くおさえます。「守谷の家」がそれに当てはまります。

　２２１７・５ミリの天井高さは何で決まっているか?既製のサッシュの内法寸法が２２００ミリ、伊礼智設計室の枠の見つけが27ミリ、それを野縁にあてて9.5ミリの天井のプラスターボードを張って、余りが27ミリ−9.5ミリ=17・5ミリ…サッシュの２２００ミリを足して、天井高さ２２１７・５ミリとなります。野縁を一気に張れるわけです。意外とシステマチックに決まっていますでしょう?

「守谷の家」のリビング・ダイニング。リビングの天井高さは2100ミリ。住まい手であり、施工した中山聡一郎さん（自然とすまい研究所社長）でさえ、できあがるまで心配だったとか(笑)。でも、できあがるとその落ち着いた高さがすっかり気に入られた様子。「高さをおさえた分だけ、水平方向へのベクトルが強くなり、開口部が生きてきます。開口部がより大事になってくるので開口部の位置や大きさなど、神経を使います」

　天井高を決めたら、今度は想定される梁高+床の厚み43ミリ（28ミリ合板+15ミリのフローリング）、野縁40ミリ+天井のプラスターボード9.5ミリと梁の下がりを想定して15ミリのクリアランスを足して、階高を出してみます。

　たとえば「守谷の家」の場合、天井高が２１００ミリで大梁が２７０ミリですので、天井の仕上げなどを考えると階高は２４７７・５ミリ必要となります。ここで切りのよい数字、２４９０ミリ（奥村モジュールに乗せました）でおさえました。もちろん、一発で決まることはなくて、設備図をあたり配管が通らないから梁の掛け方を変えたり、あるいは柱を建てて、さらには梁を集成材に変えて、梁せいをおさえる努力をします。どうしようもないときは階高を上げます(笑)。それを何度かやっていると、無駄のない高さに落ち着きます。階高を無駄にしないこと!!を心がけています。

「守谷の家」の打ち合わせ室の吹き抜け。天井を高くするために吹き抜けをつくるのではなく、上階と下階を繋げるためにと捉える。吹き抜けであっても低くおさえる。ここでは吹き抜けの一番高いところで4120ミリ

24

Q. 天井高が低い部分を上手に設けるのが伊礼さんの設計の特徴のひとつだと思いますが、天井高さに関する考え方を聞かせてください。

A. 天井の低さがプロポーションのよさ、佇まいのよさ、そして、心地よさにも繋がるということを伝えてきました。

建築家・永田昌民さんも天井高2100ミリを好んで使われます。いつぞや「(住まい手から)天井が低いと言われませんか?」とお聞きしたことがあります。永田さんの答えは「気のせいですよ~って言うんだよ」とのこと(笑)。半分、冗談めいた話なのですが、低い天井の心地よさを説明する「掴み」にちょうどいいので、そのセリフを実践させていただいています(笑)。

高い・低いは感覚的なことなので、論理的に説明するのも難しく、一所懸命に説明するほど、感情的になってしまいがち。

まず、笑いを交えて自分の経験をお話しして実物を体験してもらうことにしています。低いと感じていてもしばらくすると慣れてきて、むしろ心地よく感じる…まさに気のせいと言えます(笑)。

「小田原の家」のリビング。天井の低い部分は2100ミリ。吹き抜けがある場合は1階の天井（階高）を低く押さえることができる。「吹き抜け」は天井を高くするためではなくて、下の空間と上の空間を繋げるためにあると捉えるべき。だから吹き抜けであってもできるだけ天井高をおさえたい

経験的に修得してきた、低めの天井が心地よさとプロポーションの美しさ・佇まいのよさに繋がるということを、分かってもらえるものだと信じています。

　これまでの経験では、２１００ミリの天井高さですと約8割の方がちょっと低いかなと思われるのですが、２２１７・５ミリまで上げると8割くらいの方が高さを気にもとめていません…気がつかないのです（笑）。そのあたりがおさえどころかと感じています。もちろん、サッシュ（建具）が天井までのフルサッシュ、照明も天井にほとんど付けない、スイッチやコンセントは通常より低めに取り付け、幅木も小さめか、仕上げによっては消す―などのひととおりの工夫をした上での話ですが（笑）。

　そんなわけで一般的には２２１７・５ミリで進めることが多いのです。

　ところが数年前に設計した「小田原の家」では２２１７・５ミリで天井高さを進めていたら、「低い天井を２１００ミリまで高さを落としてほしい」という予想もしないクライアントの言葉…「模範施主」とお呼びしたい（笑）。とても気持ちのいい素朴な家ができあがりました。

　低いところは低く、高いところもある、そのバランスであれば多くの方に許容してもらえそうです。

　吹き抜けがあるときは２１００ミリまで、住まい手によってはもっと下げるようになりました。

　要は、高いのがいいとか、低いのがいいとかではなくて、バランスなのだと言い聞かせつつ、低めにおさえます。

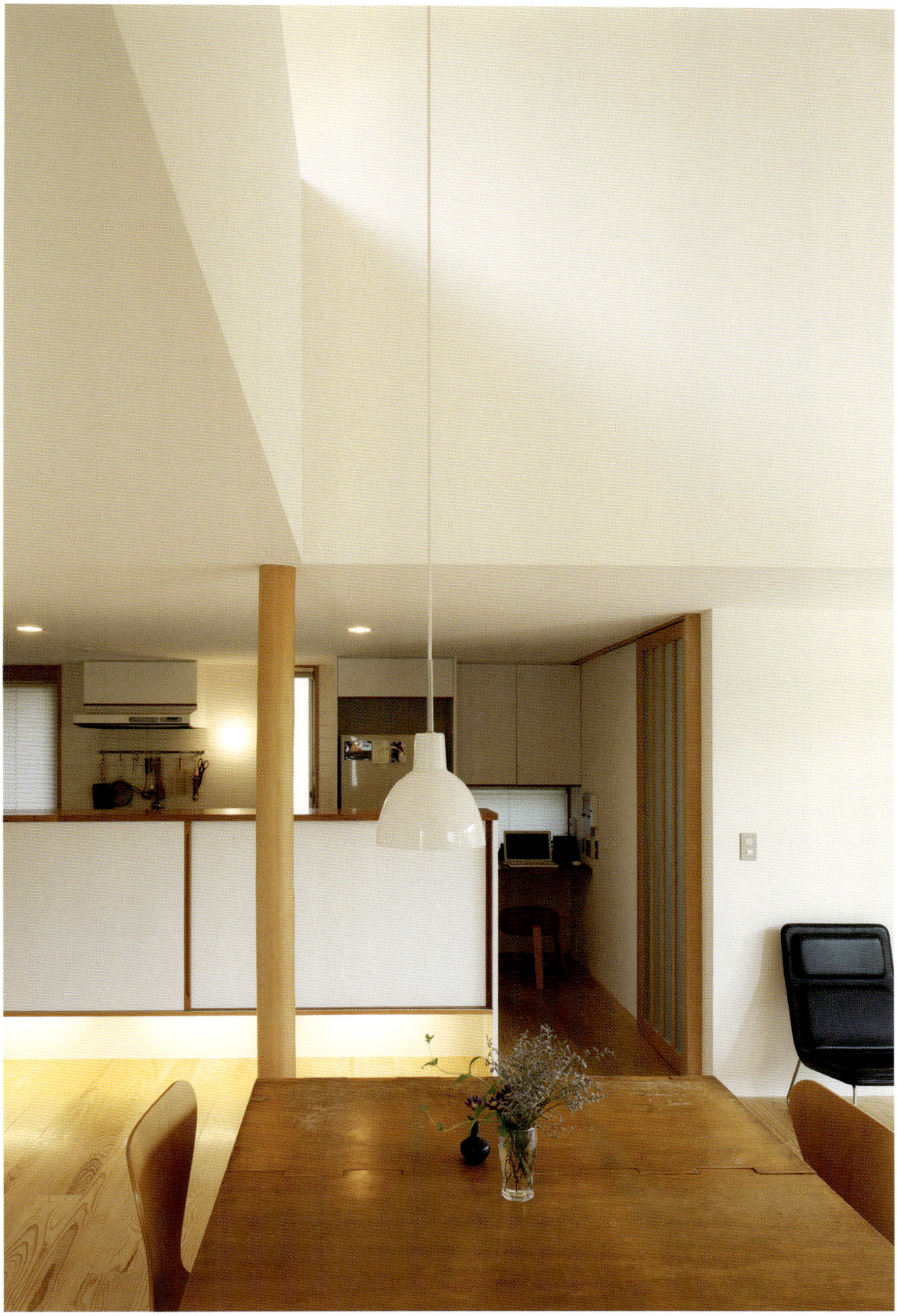

Q. 床に段差がある設計をされていますが、お客様がバリアフリーを希望された場合はどうされるのでしょうか？

A. 単なるバリアフリーは退屈になりがち。設計の組み立てを工夫することで楽しい空間を模索します。

—25

クライアントの要望・生活条件を優先しますが、段差のない設計は退屈なものになりがちだと思います。まるで凹凸のない地図のように、分かりやすいけれど味気なく感じます。

「縦の操作」は空間の変化を生みます。段差によっては床が家具に変身し、楽しい居場所をつくり出します。かといってむやみに段差を付けることはなく、音響をよくするために床を下げて天井高を確保したり（幕張本郷の家）、畳を床ではなくて家具的に扱うために1段上げたり（小さな和室でよくやります）と、意図を明確にします。

縦の操作は空間の変化を強く感じるので、段差を付けるときにも120ミリ、180ミリ、210ミリ、240ミリ、300ミリと使い分けています。

180ミリまでが普通の段差、210〜300ミリはベンチ的な役割も持たせることができます。ある意味、「建築」と「家具」のバリアフリーとも言えます（笑）。しかし、何が何でも段差を採り入れて楽しい空間をつくろうということではないのです。

沖縄で2世帯住宅を設計する機会がありました。ご高齢のお母さんと息子家族が同居するのですが、お嫁さんも「お母さんの足が弱ってきたのでバリアフリーにしたい。歳をとってからの同居なので、お互いの生活を大事にしながらも、水廻りを一緒にして、適度な距離感で暮らしたい」とのことでした。室内の段差の少ない、ほぼ平屋のバリアフリー…普通に設計すると単調になりがちです。

そこでヒントになったのが「識名園《しきなえん》」という琉球王朝の離宮です。3つの小さな中庭が散りばめられていて、坪庭的な小さな中庭の魅力を再認識したのでした。まるで中庭がプランを司っているように思えたのです。

いくつかの中庭で2世帯の距離感をつくりだし、柔らかい境界で緩やかに繋げることができるのではないか？

段差のないバリアフリーだからこそ、そのプランが生きてくると思えたのです。

段差のない床面とプライベートとパブリックで高さが変化する天井、それらにサンドイッチされたように、2つの中庭を挟んだプランができあがりました。2つの中庭が生活の繋がりを切りつつ、空間のベンチマーク的な役割を果たして、2つの世帯の距離をつくりだしたのだと思います。

でもそれだけだと、まだまだ退屈です。加えて2つの中庭の「性格付け」をしてみました。小さな中庭は沖縄の海辺の風景を、大きめの中庭には石灰岩を敷き詰めたテラスの片隅に山原《やんばる》の原生林の風景をつくってみました。海辺と山の中の風景です。バリアフリーでも（段差を設けなくても）、凡庸でない設計の組み立てができ、2つの世帯のいい距離ができたのではないか？

バリアフリー（段差も、温度差もない）であればそれでよしとするのではなくて、バリアフリーの住宅こそ、設計の組み立てが重要ではないか？と考えています。

「幕張本郷の家」の断面詳細図。1階を基準に音楽室は2段下がり、床面が1FL-523ミリ。地面に少し潜らせることで天井の高さを稼いでいる。2階のリビングから寝室の床は200ミリ下げて、軒の高さを低くおさえて、ご近所への圧迫感を和らげるようにしている

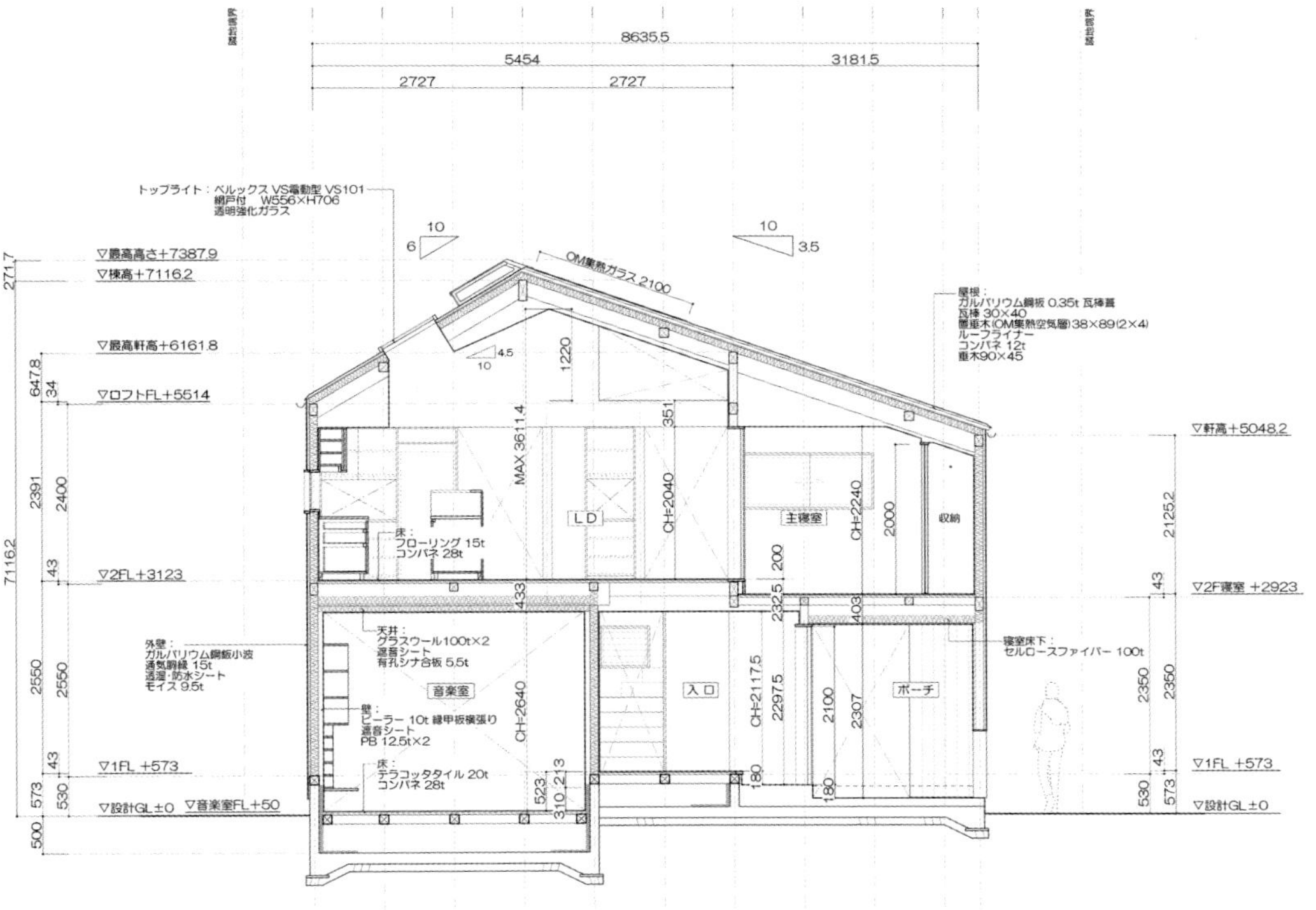

識名園の中庭と間取りのスケッチ。3つの大きさの異なる中庭が、まるでプランを司っているように思えた。中庭がベンチマークとなって、各部屋の距離感と複雑なプランが読み取りやすい

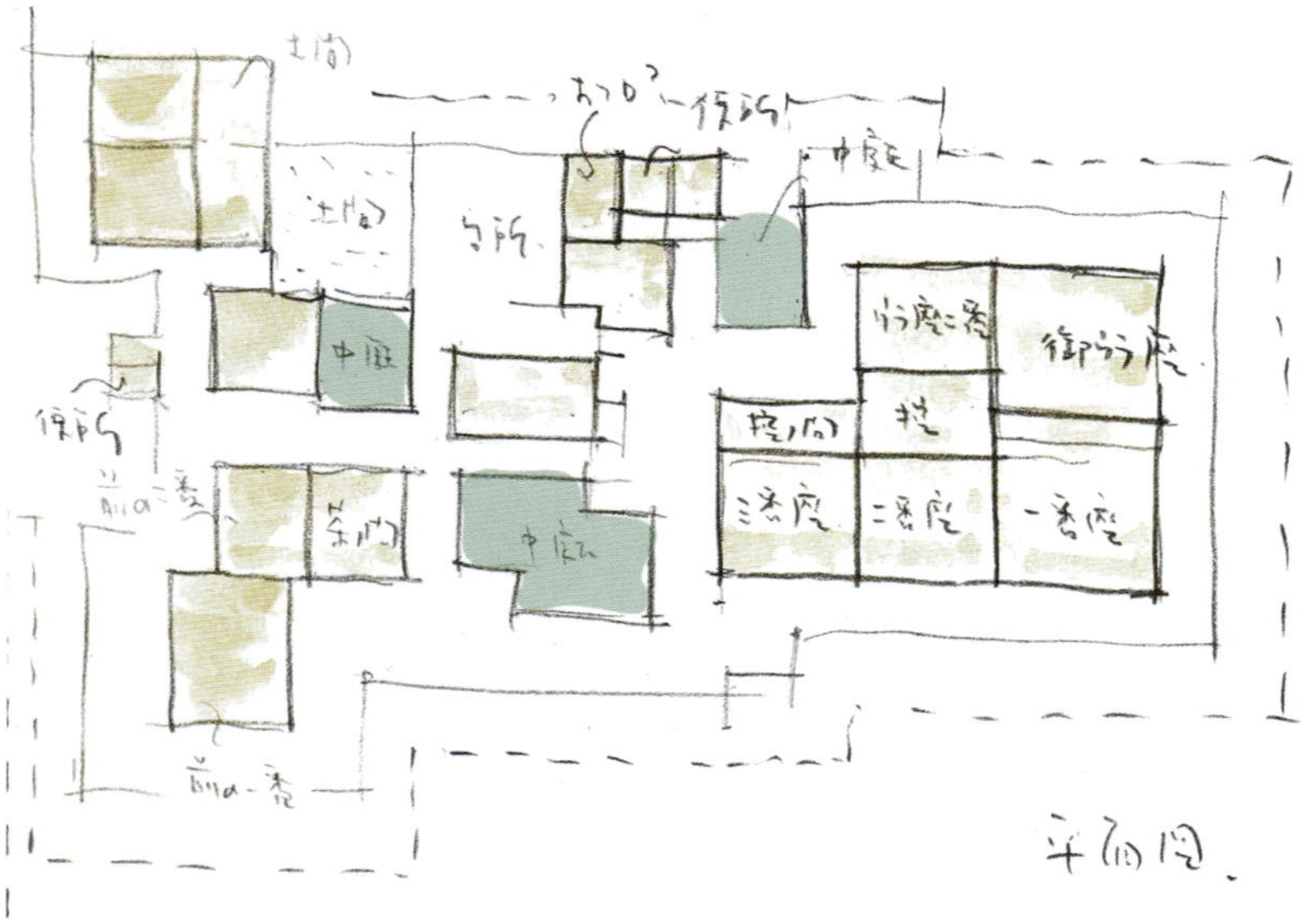

左／「沖縄・与那原の家」。リビングと中庭の関係
下／「沖縄・与那原の家」平面図。2つの中庭によって、東側のお母さんのエリアと西側のお嫁さんのエリアが、緩やかに繋がりながらも、程よい距離感が生まれるように思えた

右上2点／「沖縄・与那原の家」の2つの中庭。リビングの東側の中庭は「やんばる」（沖縄北部の総称…原生林が残る）の山の中のテイストが漂うテラス。西側の小さな中庭は海岸の風景に仕立てられている
右下／「沖縄・与那原の家」の外観。バリアフリーでほぼ平屋に近い構成。軒出は2メートル

Q.—26

吹き抜けを多用されていますが、その考え方の基本を教えてください。

A.

吹き抜けは下の空間と上の空間を繋げるために採り入れます。ただ、吹き抜けといえども天井の高さはできるだけ低くおさえます（笑）。

「吹き抜け」を設ける理由は、単に天井を高くするためではありません。ダイナミックな空間も気持ちいいのですが、不必要に空間のボリュームを大きくすると温熱環境の制御が難しくなります。吹き抜けた先に何があるか?が重要。設計のなかに「吹き抜け」を設ける理由の第一は、上と下の「居場所」を繋げるためです。

ハイサイドライトや熱気抜きのためなどの理由もあり得ますが、吹き抜け空間とは意味が違うように思います。

吹き抜けた断面を平面に置き換えてみると何となく分かってもらえるか?と思うのですが、単に天井が高いだけの吹き抜けは「行き止まりの居場所」のように感じます。上下がうまく繋がった吹き抜けは、平面に置き換えてもよくできた動線のように思えます。なめらかに、流れるように上下が繋がっていくことをいつも意識しています。壁が立ち上がっていっているかどうか—吹き抜けは「天井に空いた穴」ではなくて、1面以上の壁が1階から2階まで繋がって立ち上がっていかなければ、上へのベクトルは生まれません。それに加えて、吹き抜けた天井が他の部屋に違和感なく繋がっていっているかどうか。

さらにもうひとつ大事なことは、吹き抜けの高さをできるだけおさえることです。せっかく吹き抜けをつくったのに高さをおさえるなんて…と思うでしょうが、低めにおさえた吹き抜けからは「嫌み」や「あざとさ」が抜け、その空間を体験する多くの人の共感を得られることでしょう。

信州の「白馬山荘」。リタイアされたご夫婦がスキーを楽しむための小さな小屋。吹き抜けも高さをおさえられ、2階の予備室と繋がる。ストーブの熱気が予備室の奥までゆき渡る。実用性で考えられた寸法が可愛らしい吹き抜け空間を生んだ

Q.

地下室についてはどう思いますか？
地下室に楽しい居場所をつくり出すポイントは？

27

A.

地面の下にいる感覚、閉じ篭もっている感覚を解消するのか？　拡張するのか？　で設計の方針が決まると思います。地下への出入り口、ドライエリアのあり方（光の採り方）、地面との距離の感じさせ方が大事になります。

ぼくたちは大地に張り付いて暮らしていて、常に地面を基準に空間を把握しています、地面の上と下では生活感覚が異なってきます。その感覚を設計によって解消するか？拡張するか？　が、地下室を設計するポイントだと思います。

高所恐怖症なうえ（だから住宅が多い？）、それ以上に閉所恐怖症であるぼくは、地下をつくっても、できるだけ外部と繋が

「志木の家」断面詳細図。OMソーラーを搭載、冬は1階の床に蓄熱した後の温度の落ちた乾燥空気を、別系統（軸流ファン）で地下の床下に送り込む。夏はファンを反転させて地下の冷たい空気を1階の床下に送り込む

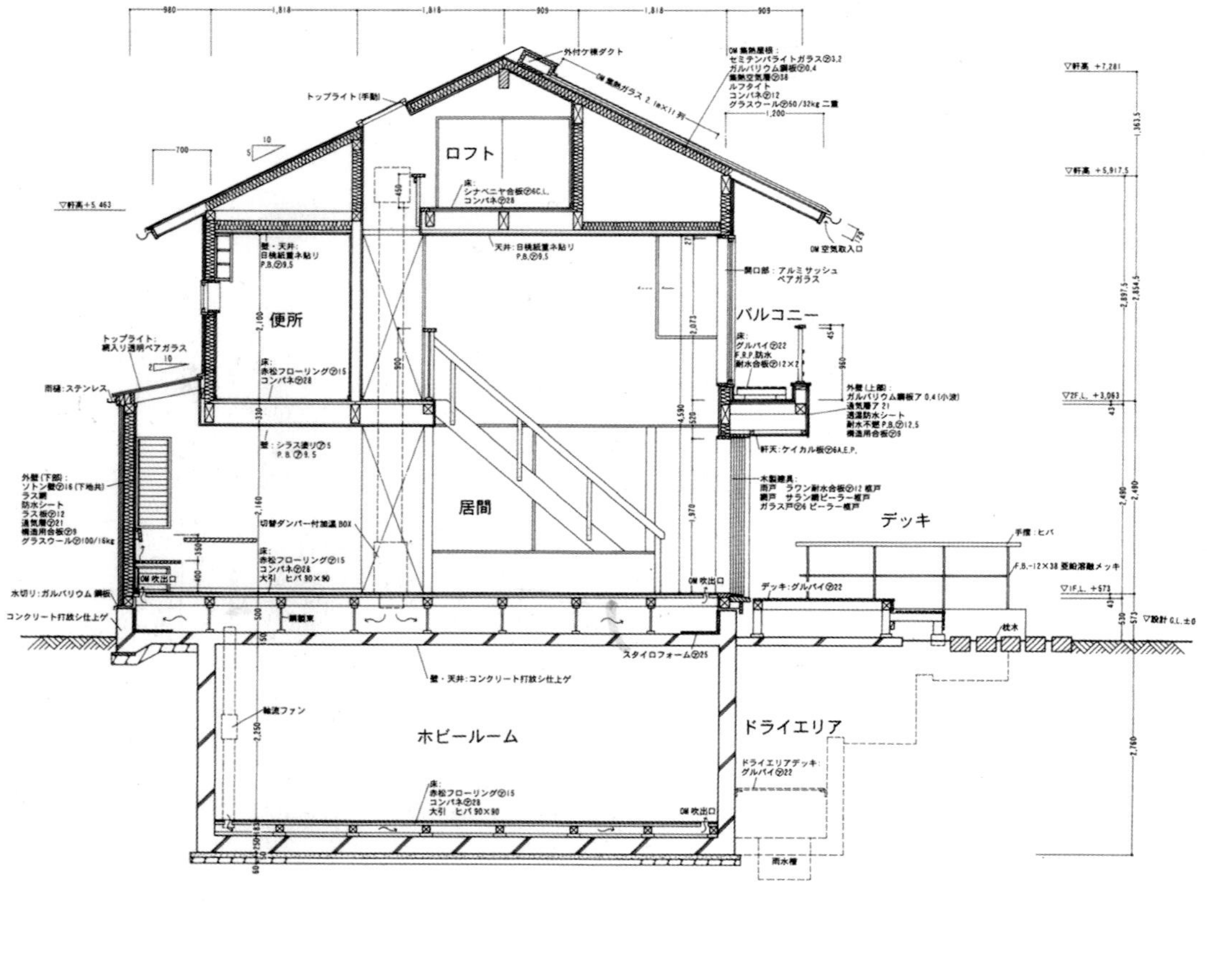

りたいと考えています（笑）。

　地下室を望まれる方はほとんどが音楽ルームや趣味の部屋…防音を気にされてのことが多い。法律上も規定の採光面積はクリアしなければなりませんので、可能な限りドライエリアを設け、できることなら地下にいることを感じさせず、いざとなればドライエリアから地盤面に脱出できて（笑）、雨や風を地下に居ながら感じることができるように設計します。

「幕張本郷の家」音楽室。地面に少し潜って、大地を間近に感じる。デッキのフロアレベルがより潜り込んだ感じを強めている

　開口部は、外部にアルミサッシュのペアガラス、内にペアガラス入りの木製建具というのが標準。いたって普通のやり方だと思うのですが、地下室という特別な空間を楽しくする仕掛けとしては出入り口の工夫があります。

　「志木の家」の地下室はお父さんの趣味の部屋。いや子どもの頃からの思い出が埋まった記憶の箱といった方がいいでしょう。ご両親から引き継いだ和風の庭園をドライエリアを通して地下に引き込み、子どもの頃から暮らし続けた古い家のガラス板を壁にはめ込み、出入り口もワンアクションで水平に閉じることができる仕掛けにしてみ

上2点／「志木の家」出入り口。ワンアクションで開け閉めができる、横スライドの楽しい出入り口だ。3枚の建具で構成されているが、1枚はポリカーボネートが仕込まれて1階のリビングの気配が感じられる
下／「志木の家」。ドライエリアは段々と1階の庭に繋がっている。子どもの頃から慣れ親しんだ庭とともに、光と風が地下へ導かれる

ました。誰にも邪魔されず、自分の世界に浸る…これこそ、地下にふさわしい。

もうひとつの事例（幕張本郷の家）は、どっぷり地下ではなくて、少し地面の下で過ごす住まいです。1階はジャズを楽しむ部屋、音響のために空間のボリュームがほしいとのことで、階高を上げるのではなく、地面を掘り下げて天井の高さを確保しました。そうすることで、外部からの2階へのアクセスは無理がありません。地面と目の高さが近いというのは、ちょっとしたことですが、心地よいものです。防音性が要求された部屋ですが、外の景色を採り入れながらジャズが楽しめます。地面にちょっと潜り加減で。

地下は1年を通して過ごしやすい環境にありますが、湿気の問題があります。いつも、地下の床下には、1階の床下より空気を送り込んで湿気を飛ばすようにしています。

軸流ファンを使い夏と冬で空気の流れを逆転させると、地下の安定した空気温度を活用できます。「志木の家」では空気集熱式のソーラーシステムを搭載していて、冬は1階の床に蓄熱した後の乾燥空気を地下の床下に送り込み、夏は逆転させて冷たい地下の空気を1階の床下を通して1階の各部屋に送り込んでいます。地下室を住まい全体に貢献させようという意図です（笑）。

Q.28

天窓は使われますか？　その場合、設計のポイントは？

先輩

建築家の中には、天窓に頼る設計をよく思われない方が意外と多いように思います（ぼくの周りの話ですが）。よく考えて設計すれば天窓は必要ないはず！と言いたいのでしょう。安易なデザインの象徴が天窓の多用になっているケースはぼくも感じます。そのような設計は天窓に限らず、普通の窓もごちゃごちゃとたくさんついていて、必要とされる機能からではなく、必要以上に明るくしたい、あるいは、外観上の操作で取り付けているのでは？と思われる節があります。窓の数が

右／パンテオン。天窓の魅力を語るとき、真っ先に思い浮かぶのがローマのパンテオン。「明るさ」ではなくて「光」を、あるいは「光」が建築の魅力を浮き上がらせる建築である
左／「幕張本郷の家」の天窓。吹き抜けに位置する、台所やリビングの熱気・臭気抜きをメインに考えて、小さめの天窓を取り付けている。電動で開閉できる

多いほど設計が下手！という先輩方の感覚には同感（笑）ですし、明るくするために天窓を付けるという感覚に違和感を感じます。安易な「明るい家」信仰に、建築を学んできた先輩方はうんざりしているはず…その違和感が天窓に頼るな！という、少し極端なアドバイスに繋がって、ちょっと伝説化しつつあります（笑）。

昔、天窓は雨漏りのリスクが高かった（今でもなくなったわけではありません）ので、メンテナンスの観点からあとあと雨漏りする可能性の高い設計を回避するのがプロ！と言いたいのかもしれません。

ぼくの場合、天窓を採用するときの主な理由は、どちらかというと光ではなくて、熱抜きを考えてのことです。風のない日でも、天窓を開けることで、気流を起こすことができて、都市の中でご近所の視線を気にしなくても窓を開けることが可能です。しかし、天窓の魅力は壁にとりついた窓とまるで違うことにあるのも確かです。ローマのパンテオンの天から落ちてくる光を体験すると、誰もが天窓の魅力に取り憑かれてしまうでしょう。「明るさ」というより「光」の魅力…。

でも、気をつけなければならないのは、「光」の魅力を追うあまり、住宅という生活の器の設計から逸脱した感覚が、設計のあざとさや傲慢さを表出させてしまうことに繋がるのではないか？ということ。

いつか、嫌みのない「天窓使い」になりたいと密かに思いつつ…（笑）。

A.

明るくするためより、プライバシーを守りながら熱気を抜くために、通風を促すために天窓をよく使います。天窓を安易に使うと、浅はかな空間に感じるので注意。

豊かさを司る開口部

Q.

伊礼さんの設計は開口部が魅力のひとつだと思います。
開口部の設計にあたって何を大事にされていますか？

A.

「開口部近傍に心地よさは宿る」と考えています。
開口部自体のデザインも大事ですが、魅力ある外部空間をデザインしないと開口部は生きてこないのでは？と思います。

29

開口

部について忘れられない言葉があります。哲学者で東京大学大学院総合文化研究科教授の野矢茂樹さんの言葉。それぞれの分野の専門家が「豊かさの新基準」について話し合う座談会でご一緒したときのこと、「設計って外部をどれだけ採り入れるかでしょう?」と投げかけられた。そのひと言が明快に開口部の考え方を表現していて、哲学者はやっぱり違うなあと、いたく感心したものです。

豊かなものはすべて外部からやってくる。外部に閉じている人は豊かになれない。悪いものも外部からやってくる。何を採り入れ、何を拒絶するか考え、判断し、揉まれることによって人は成長するというような内容だったと思います。

住宅設計においても、外部からやってくる光や風、熱や音、コミュニケーションやにおいなど、何をどれだけ採り入れるかを制御することは大事で、その要となるのが開口部だと思います。開口部が外部との回路であり、外部と内部の「際《きわ》」なのです。

昔、「好きな場所はどこですか?」というインタビューに、苦し紛れに「窓際」と答えたことがあります(笑)。窓といっても腰窓のような小さな窓ではなくて、ぼくのイメージは掃き出しのような大きな開口部。今思うと正直な感覚だったと思います。ぼくは「際」のデザインに今後の「心地よさ」の可能性があると思っています。

「窓際族」というネガティブな言葉がありましたが、景色のよい、外部に魅力あるレストランは、窓際が一等席です。「開口部近傍に心地よい居場所は宿る」と言い切ってしまいましょうか?(笑)。

勢いで、「開口部のデザインの肝は、魅力ある外部をデザインすること」とも付け加えておきたいと思います。開口部は外部と内部の関係を司る回路だからです。外部まで神経が行きわたっていないとよい開口部はできないのです。

「幕張本郷の家」の窓際のソファ。西日がガラリ戸を抜けてソファに絵を描き始める

（事例紹介）

タタミリビングの家・i-village

タタミの空間の可能性

CASE 03

「タタミリビングの家」は延床24・5坪の4人家族が窮屈な思いをすることなく住まうことを想定して設計した小さな家です。

小さな面積でもストレスなく暮らせるよう、リビングを畳敷きにしました。より多義的な、新しい畳空間ができないだろうか？

畳でゴロゴロくつろぐことができて、それでいてだらしなくならないように家具がきちんと設えてあり、あちこちに居場所がある…そんなことを漠然と思いながら設計を始めました。

奥行きのあるバルコニーにつながる2階リビング、畳敷きの窓際にソファを造り付けました。その他、文机やテレビ台、収納付きの座卓も設えてあります。

ソファに寝転がってテレビを見たり、明るい開口部付近で本を読んだりして過ごせそうです。畳は床材でもあり、家具でもある。ソファもまた寝具でもあり、腰掛けでもある多義的な家具です。多義的な居場所は魅力があります。

右／建具をフルオープンすると奥行きのあるバルコニーへと繋がる
左／左側はテレビ台。ソファに寝転がってテレビを楽しみ、窓際で本を読み、昼寝をする
下／「畳間にソファというと違和感があるかもしれませんが、床であり、家具である畳と、寝具であり腰掛けでもあるソファと、多義的な存在であるのはいっしょ。どちらもくつろぐための道具です」

300ミリ上げた開口部

東京町家・町角の家

CASE 04

「東京町家・町角の家」では開口部を掃き出しにせず、300ミリ上げています。庭の奥行きが3000ミリほどしかなく、その先が私道となっており、掃き出しにすると庭に奥行きがつくり出せず、私道が近く感じてフルオープンの開口部が生きてこないのではないか?と考えたからです。

　3600ミリ幅の開口部で、外に向かう意識をつくり出し、伸び伸びとおおらかに暮らしてほしいと思っていました。でき上がってみると、300ミリ上がった開口部はベンチのような役割を持ち、外部と内部の「際」に気持ちのよい居場所ができました。

　それも、内向きに腰掛けるので、外部を感じながら内に向かう意識が生まれ、内部に「溜まり」が出きて、私道までの奥行きをつくり出すことができたと思います。

　おかげで安心してフルオープンの開口部が楽しめるのです。

はじめて掃き出し窓でなくて300ミリ上げてみた仕事。「クライアントは完成するまで心配だったようで、掃き出しにしない効果が見えてなかったようです。できあがってみると、とても喜んでくれました。「300上げ」という名称までつけてくれました（笑）。窓際の不思議議を感じた仕事でした」 写真提供:新建築社

デッキの手すりの高さは600ミリ、ちょっと腰を預けるのにちょうどいい。黒竹やモミジで囲った緑のスクリーンが安心して開放していられる担保となっている

浜松・大蒲町の家

窓際の光を楽しむ

ぼくも窓際好きですが「浜松・大蒲町の家」の住まい手もかなりの窓際好きと見受けられます(笑)。この低めの造り付けのソファは彼らのリクエスト。ソファにゆったりと横たわって、後部の開口部に緑や光を感じ、フルオープンされたメイン開口部を通して町とつながる。

額縁のように切り取られた駐車スペースが町と庭を隔てて、庭が

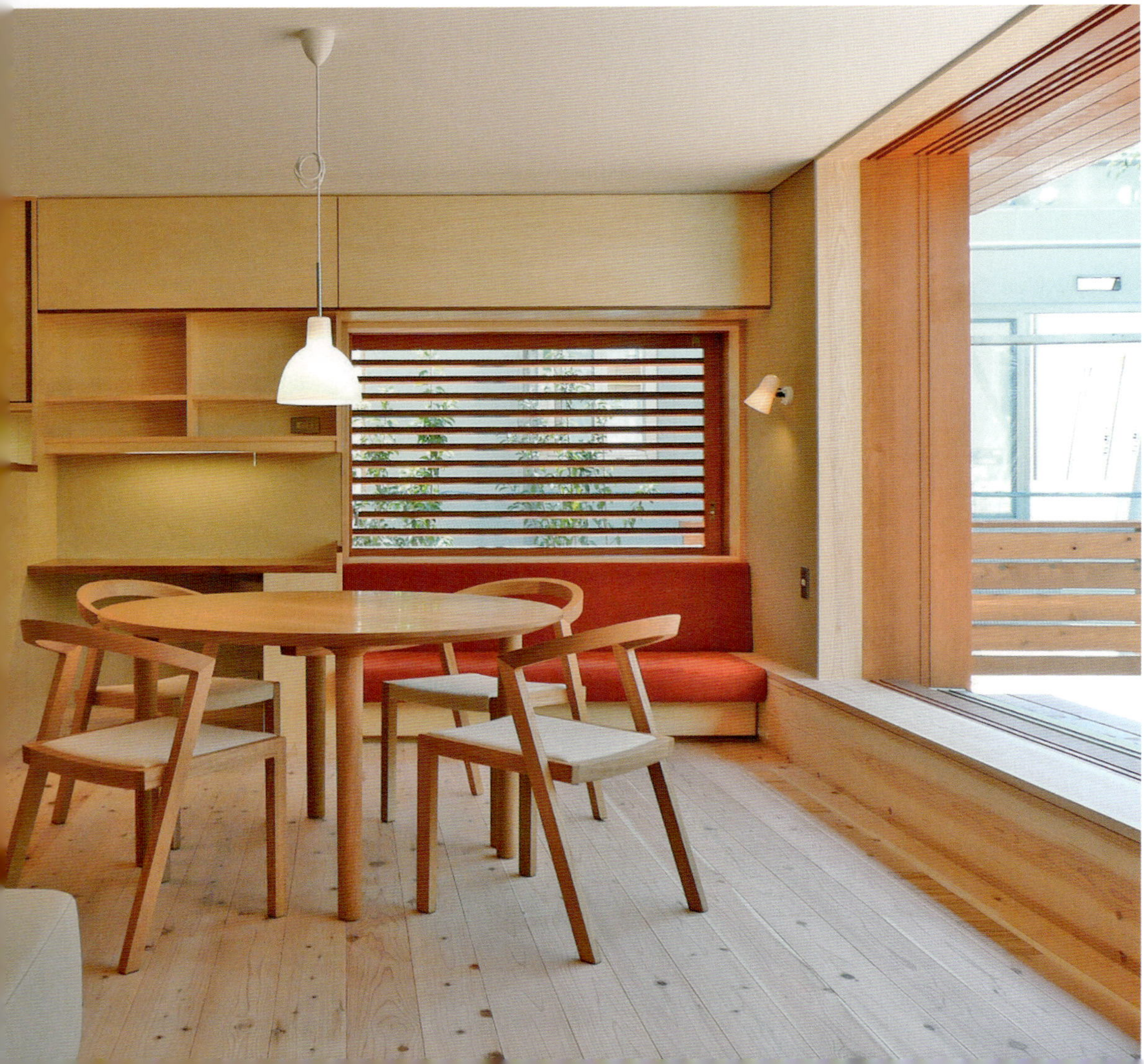

中庭のようにも感じます。網付きのガラリ戸や障子の設えで可変された光が室内に遊びます。窓際…開口部の向こうとこちらの「あいだ」の空間は、「豊かさの素」が外部から遊びにやってきて、変化に富む楽しい居場所なのです。

上／窓際で光が遊ぶ。光は外部からやってきて内部の素材や空間の魅力を引き出し、季節、時間とともに変化して楽しませてくれる
下・右／造り付けのソファの高さは300ミリ。ふつうの高さよりかなり低い。「しかしこのソファの高さこそが、この家の住まい手の、心地よさの実感のこもったリクエストだったのです」

（事例紹介）

CASE 05

CASE 06

（事例紹介）

フルオープンできる木製建具の標準解

i-works 2008

2間幅のフルオープンできる開口部です。2間幅（3600ミリ）となると、建具2枚で操作できる割に開放感が充分感じられる寸法で、大きく開放しようと思うところの寸法を採用します。

建具の構成は外から雨戸、網戸（または網付きガラリ戸で雨戸と網戸をまとめます）、ガラス戸、障子が標準。高さは最大2200ミリまでとしています（標準の天井の高さに合わせて）。掃き出しにすることもあれば、300ミリ立ち上げて室内に溜まりをつくりながら外に繋げていく方法もよくやります。

木製建具の気持ちよさは分かっていても気密の悪さが気に掛かる…少しでも隙間風を改善したいと工夫しています。まず、建具と縦枠の取り合いはしゃくりをダブルで入れて、さらに建具と建具の召し合わせにひと工夫。ピンチブロックやモヘヤを取り付けることで、隙間風をおさえています。ただし、この納まりのときには建具の高さは2200ミリ以下を目安としています。建具の高さが高くなればなるほど反りのリスクが増して、ダブルのしゃくりに建具が納まらない…。ご注意のほどよろしくお願いいたします。

レールは堀金物の「ノーズレスレール」を使用しているので動きは滑らか。ペアガラスでもイケルかもしれません。もちろん、自己責任で（笑）。

右／2間幅の建具は戸袋の中にすべてしまい込まれ、外部と内部が繋がる
左／2階リビングのフルオープンの建具は開放感を増幅させる

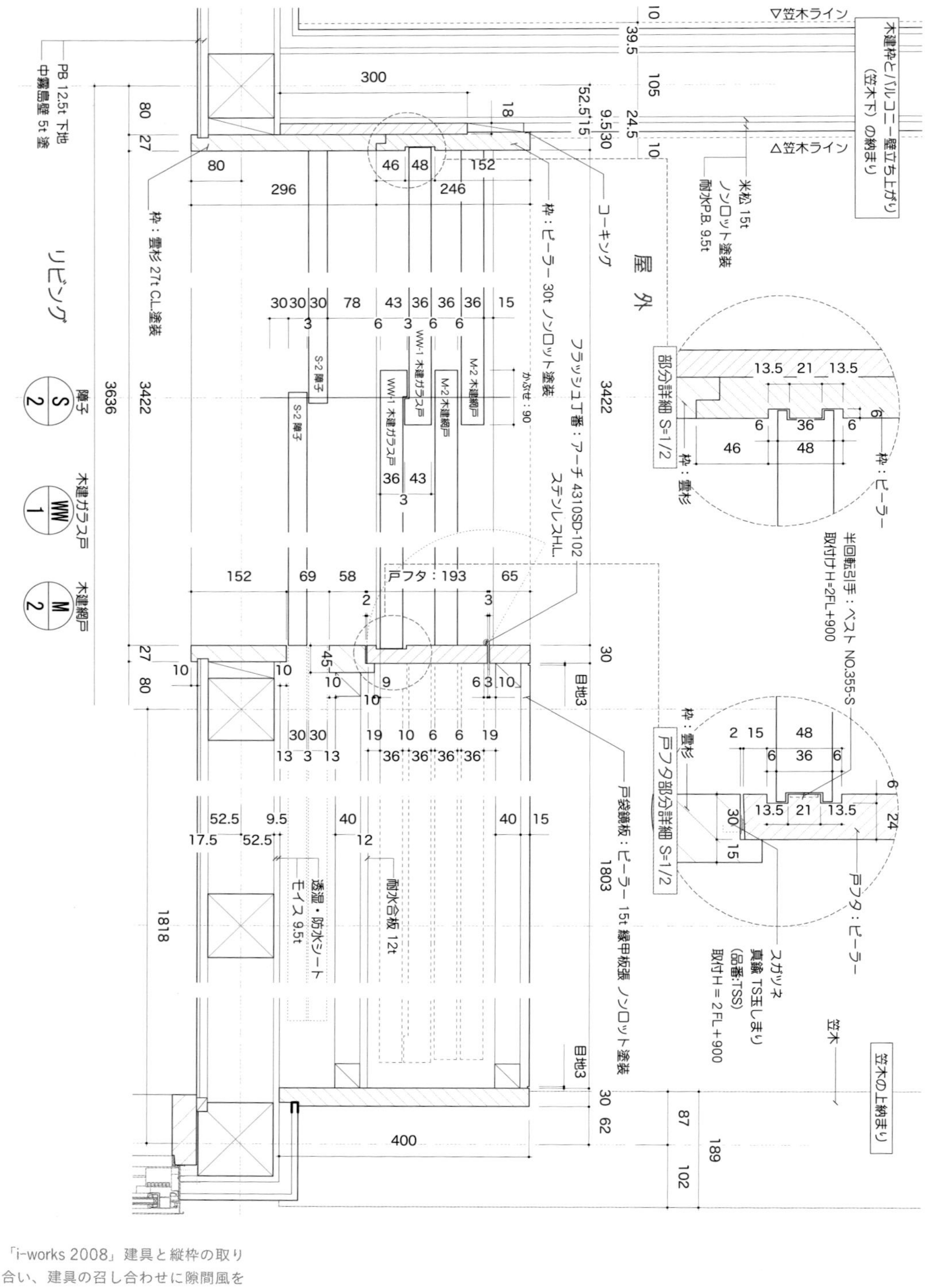

「i-works 2008」建具と縦枠の取り合い、建具の召し合わせに隙間風を防ぐ工夫が施されている。建具の高さが2200ミリ以下のときと決めている（反りなどのために）

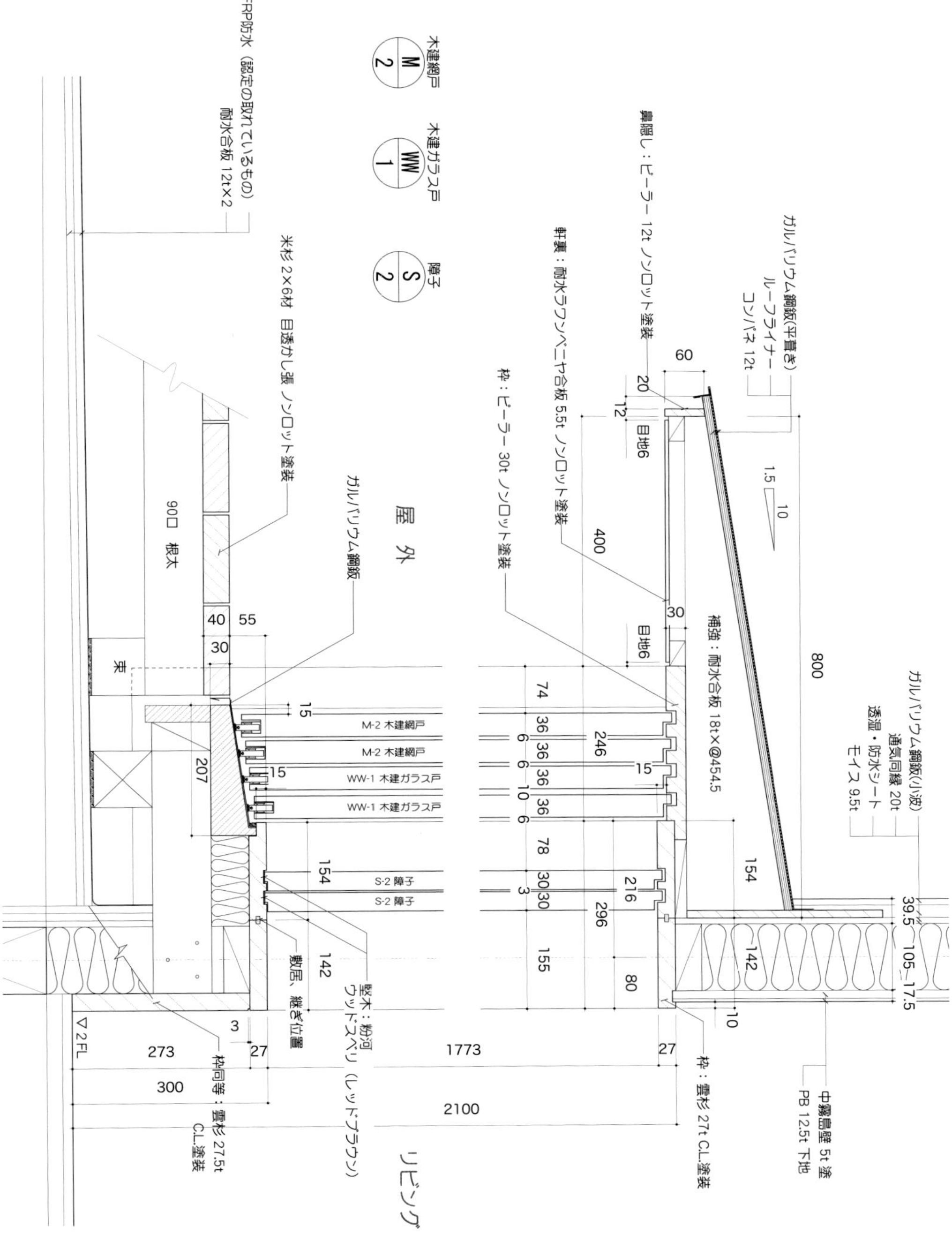

（事例紹介）

「i-works 2008」敷居の持ち出し方はいくつか標準があって、転がし根太、鋼製束、28ミリのL方合板による持ち出しなどがある。見えがかりや工務店のやりやすさなどで臨機応変に選択している

つむぐいえ

景色を切り取る

CASE 07

（事例紹介）

２畳半の小さな和室から田園風景を望む。ワンルームのリビングの中にいながら、この和室は特別な居場所となる

東側には映画のワンシーンのような田園風景。造園家の荻野さんはこの美しい風景の前には植栽を施さなかった。「木を植えないのも造園屋の仕事」と言っていた（笑）

「つむぐいえ」は東に素晴らしい田園風景、西に広大なアルプスが望めるのどかな地に佇んでいます。真冬、マイナス10℃以下になることもあり、「高気密・高断熱」としながらも、季節のよい時期には建具を壁の中に引き込み、景色と一体になることができる開口部を両立させることがテーマ。

「閉じてよし、開いてよし」……そのような住まいのあり方に取り組み始めた仕事です。

「つむぐいえ」の南側には、隣家が眼の前に立ちはだかっています。南に開口を設けるのが冬暖かい家をつくるセオリーですが、ご近所との関係も大事。

よって、南側は最小限の開口部として、景色のいい東西に大きく開きました。

「断熱・気密」の高い住まいでは東西面の開口部は夏の快適さを損なうことになり、注意しなければなりません。ここでは、夏の日射遮蔽はガラリ戸や落葉樹の高木で対処しています。

省エネも大事ですが、よい景色があれば素直にそこへ向い、開口部の構成や植栽で制御することが設計の醍醐味、「開口部は景色を旨とする」というのがぼくの設計の特徴のようです。

下田のゲストハウス

半戸外空間の楽しさ

「下田のゲストハウス」は延べ床30坪、4人家族を想定して設計したモデルハウスです。北西に道路を持つ角地に建ち、東南面に隣家とアパートが迫っています。一般的な東南面に開いた家づくりではプライバシーを確保するのもままならないので、2階リビングとし、敷地の北西面の2階に大きなバルコニーを設けました。この敷地の中で見晴らしのよい、唯一の場所だと判断したからです。

このバルコニーはリビングの延長線上として、屋根を掛け、床と屋根面に開口を設け、アオダモを植えて、2階リビングでありながら、1階にいるかのような感覚を覚える場所。沖縄の「アマハジ」のような外と内が緩やかに繋がる半戸外の楽しさがつくり出せたのではないか?と思っています。ソファに座って、ゆらぐ木漏れ日を浴びながら遠くの山の稜線が望めます。

CASE 08

キッチンから見た開口部。開口部近傍に心地よさは宿る

CASE 09

（事例紹介）

既製サッシュに手を加えて木製建具風に

大阪・豊中の家

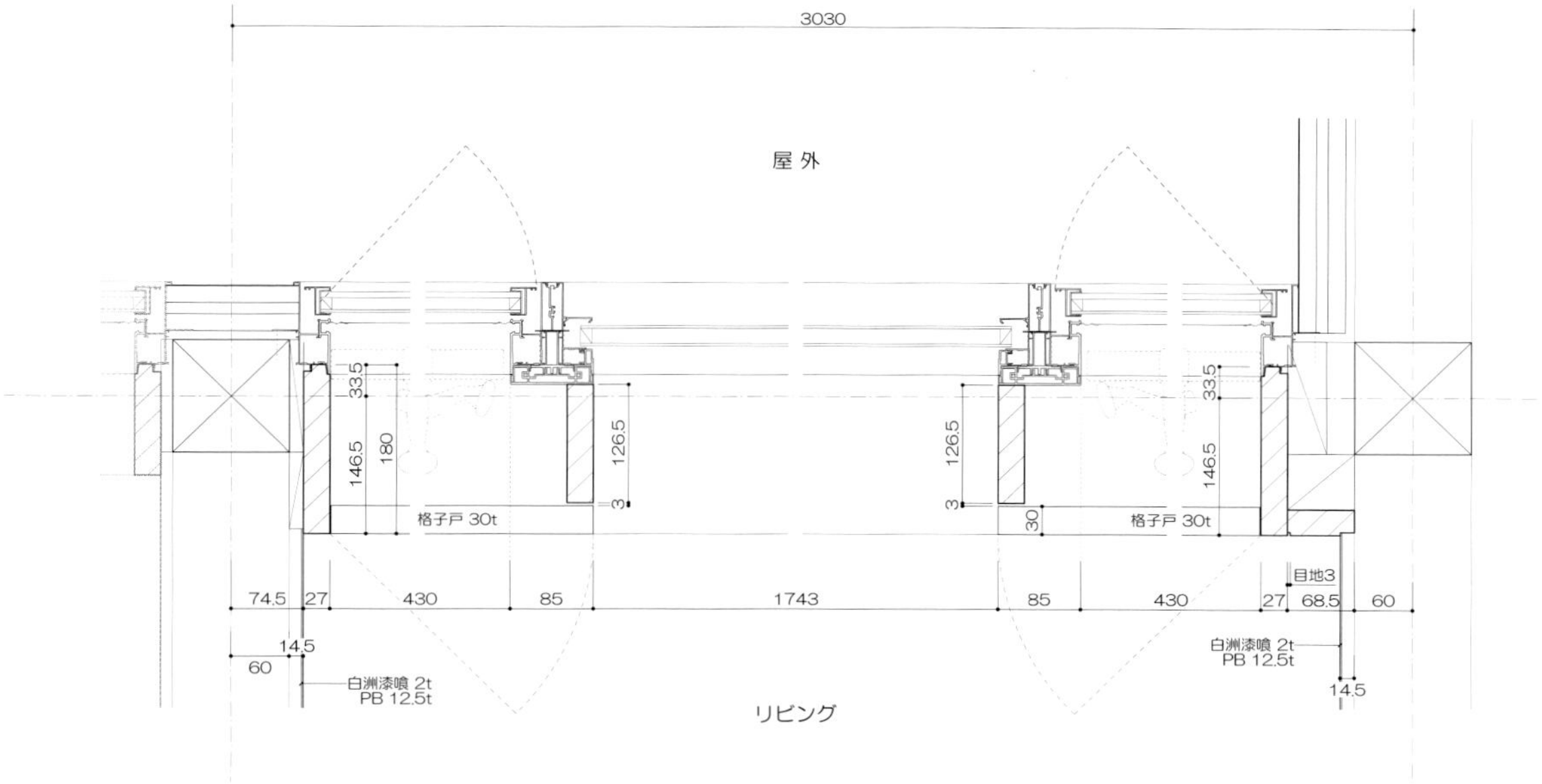

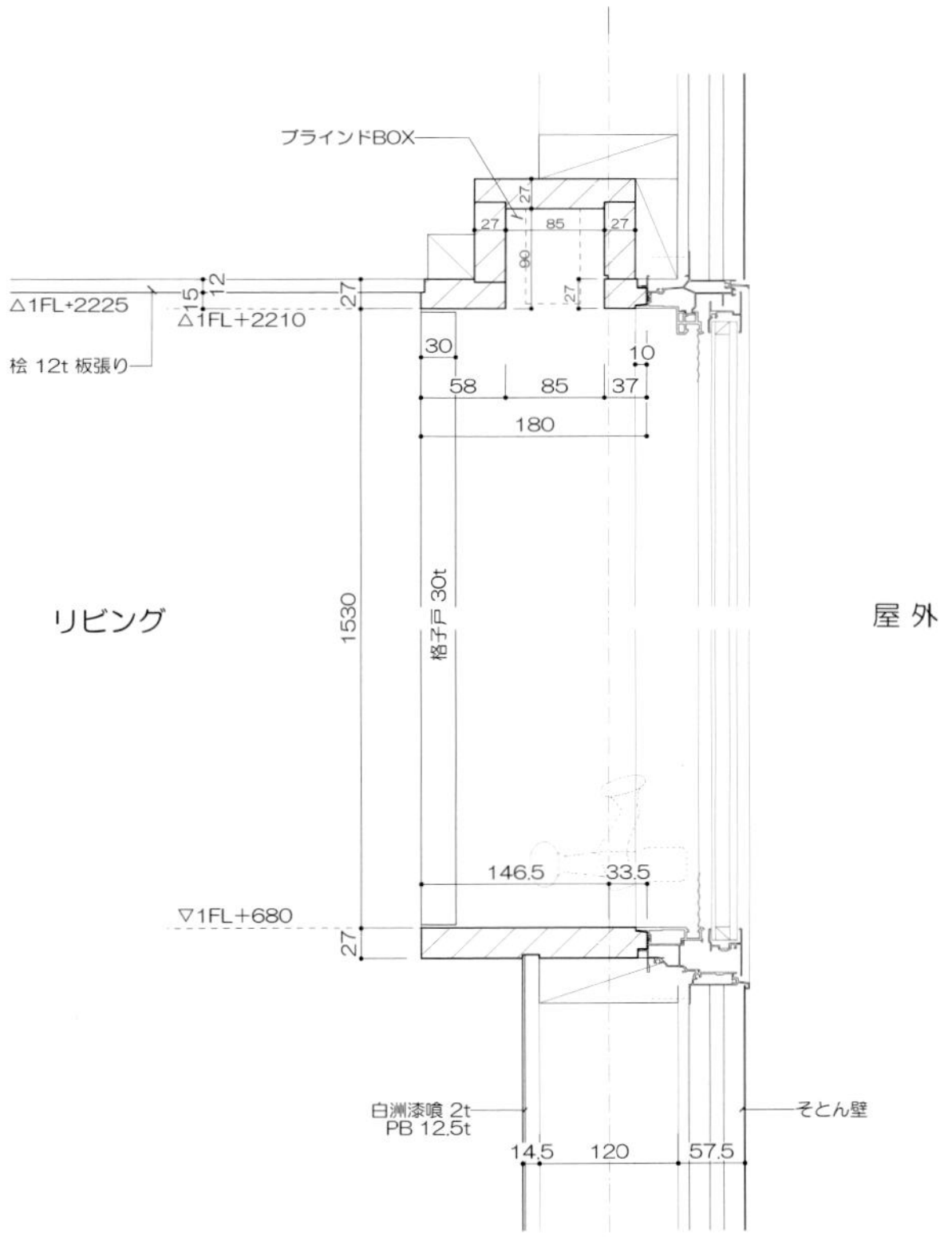

タテ滑り出しとフィックスの連窓を造作により木製建具風にまとめている。網付きの格子は建築家の永田昌民さんが好んで使用したので「永田格子」と呼ばれる

ご高齢の夫婦お二人の住まい。予算と使い勝手からメインの開口部は既製のアルミ樹脂複合サッシュを組み合わせ、内部からの造作処理で木製建具風にまとめています。網付き格子はタテ滑り出しサッシュを隠しながら通風を採り、視線を遮る役割も果たします。ブラインドボックスにはハニカムブラインドを仕込むことで断熱性能を確保、リーズナブルなコストでひと味違う開口部廻りとなりました。

9坪の家　length

タテに動く建具

建具はタテ具

（事例紹介）

CASE 10

スクリーンは主に夏のためのもの。和紙障子は冬用

建具がどうしても横に引けず、このケースでは少し、「特殊なやり口」を取り上げてみたいと思います。少し悩んだ挙げ句にこれしかない！と藁にもすがる気持ちで判断した結果ですが、時間が経って思い直してみると、「特殊」というよりも、楽しい「定番」の仕掛けになりそうです。

「9坪の家 length」の北側の大きな引き違いのサッシュの内側に仕込んだ木製建具です。

準防火地域の開口部は制約がどんどん厳しくなり、住宅用のアルミサッシュを取り付けるだけしか

「世田谷の家」準防火地域でフルオープンを試みるときはLIXILの「オープンウィン」を使用する。木の戸袋にアルミを引き込むことで外観を木製建具風に見せている

やりようがない…何とも寂しい状況です。

しかし、開口部は外部との回路です。外からやってくるものを制御し、内部の生活が外に表出することも調整しなければなりません。

サッシュそのものが自由にならないのなら、その内側に2種類の建具を仕込んで季節に応じて使い分けることができれば、住まいの中に変化をもたらし、暮らしに深みが出ると思います。

ここでは網戸代わりに、和紙を編んだブラインドの生地を取り寄せて障子に張ったスクリーンを採用。網戸であり、ブラインドの役割も果たす…特に夏に重宝しそうです。

もうひとつは和紙障子。季節を問わず、夜にはプライバシーを柔らかく包み込み、冬には室内の熱を守る。あかりの半透膜、日本建築のDNAとも言うべき、ぼくの設計に欠かせないアイテムです。

実はこの2種類の建具、吹き抜けの中で引き戸の予定だったのです。吹き抜けの天井までの建具が豪快にスライドする…気持ちいいだろうなとワクワクしていたのです。

ところが、引き込む予定の場所に梁があって引き込めないとの担当者からの相談…何とも情けない、こんな基本的なことに気づかなかったことが恥ずかしい。途方に暮れつつも、必ず、解決策はある…と決断したことが上下に動かすということ。

しかし、それだけでは手軽さで圧倒的に引き戸に及ばない。手軽さを超えた魅力、楽しさを…ということで、スクリーン（半透明・通風可）と和紙障子（光を通し、視界を遮る）を組み合わせて使用できるように考えました。

子どもたちのためにと考えたデスクの裏から、戸蓋を開けると、待機していた建具が次々と飛び出して、途中で止めたりしながら、より多様な状況に対応できる。

決して褒められた納まりではないのですが、オープンハウスでこの開口部を見た方々が喜んでくれるのです（失敗の代替案なのですが…笑）。

この仕掛けは「操作する楽しさ」を感じさせてくれるもの。これを機会に、建具は操作する快感というものが大事だと思えるようになりました。今回は不便にも関わらず、その楽しさに救われたように思います。

でも調子に乗ってはいけない…、ミスはミス！担当者とも気をつけようねと反省。ところが、ある専門誌の編集者の「タテに住む家だから建具もタテに動くのは楽しい」という言葉に救われた（笑）。

この家は建坪9坪、地下があり、その上に2階建てのロフト付き…タテに暮らす家なのです。というわけでやっぱり、調子に乗って、この家の「建具はタテ具」！（笑）。

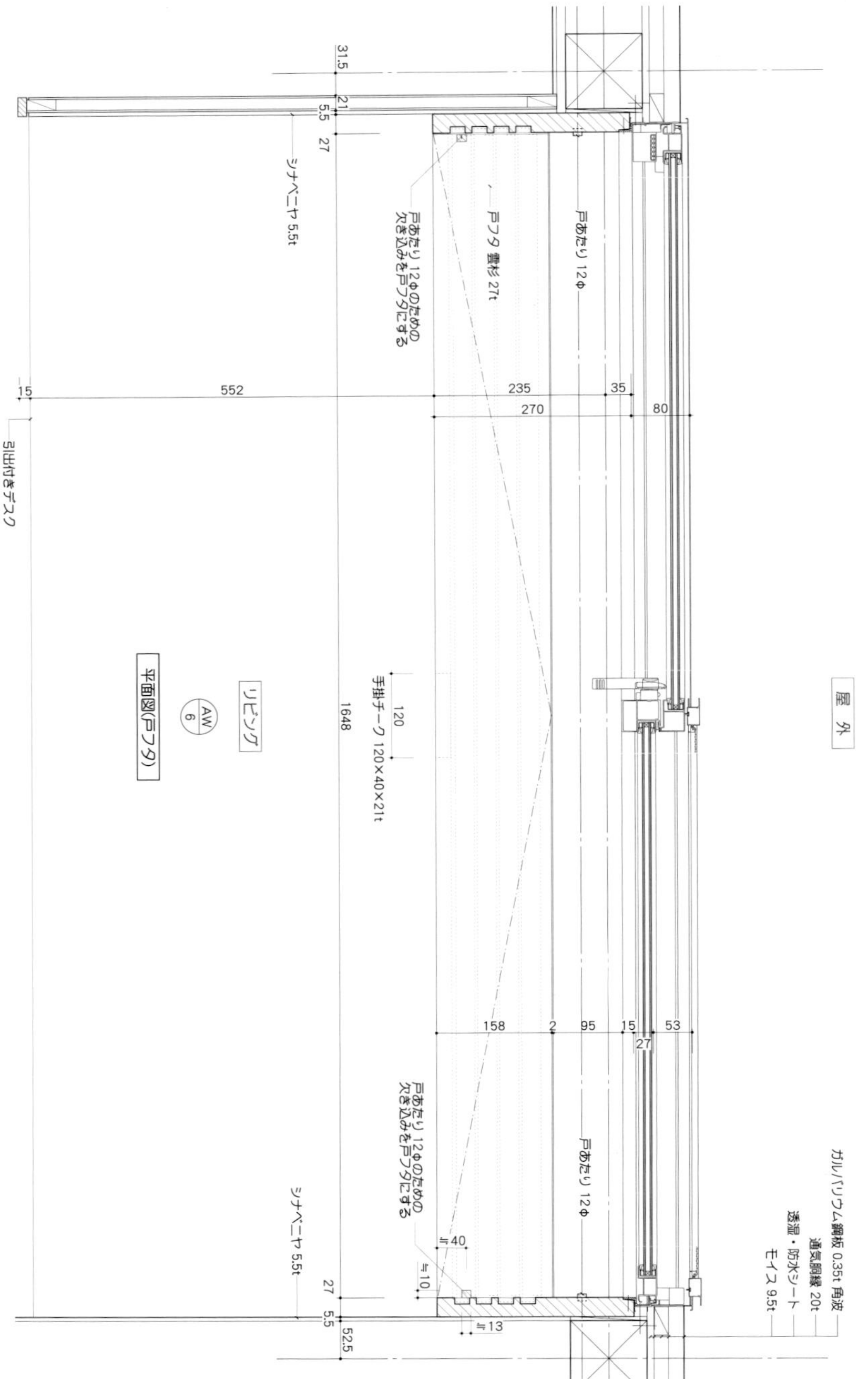

ライティングデスクの裏の戸蓋を開けると建具が4枚隠れている。そこから必要なものを引き出して上下にスライドさせる

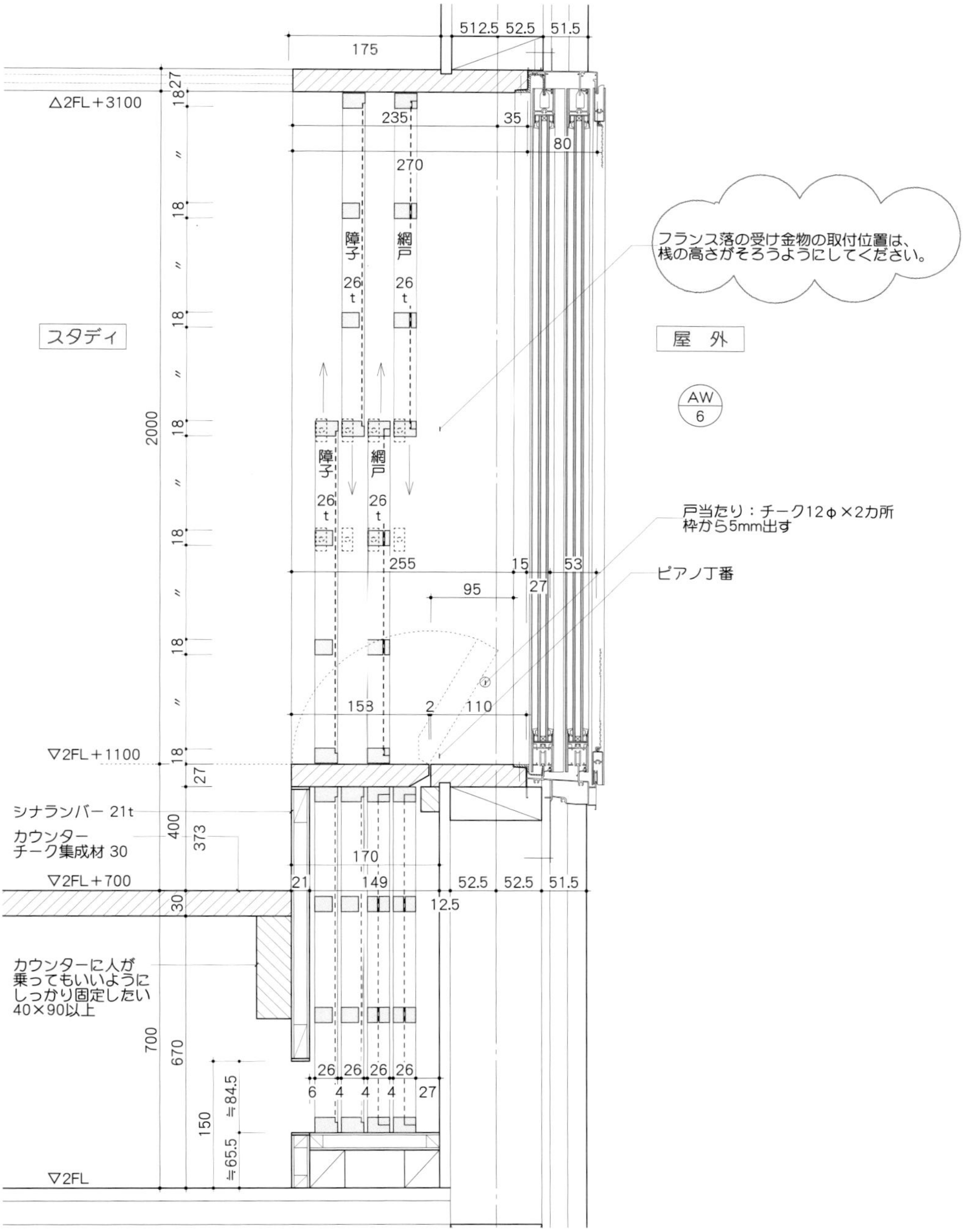

戸袋の下部はゴミやホコリが溜まったときのために、掃除ができるよう床面に隙間を設けている。戸蓋はサッシュにぶつからないように縦枠に戸当たりを付け、戸蓋の裏、丁番取り付け部分を斜めカットして建具が取り出せるようにしている

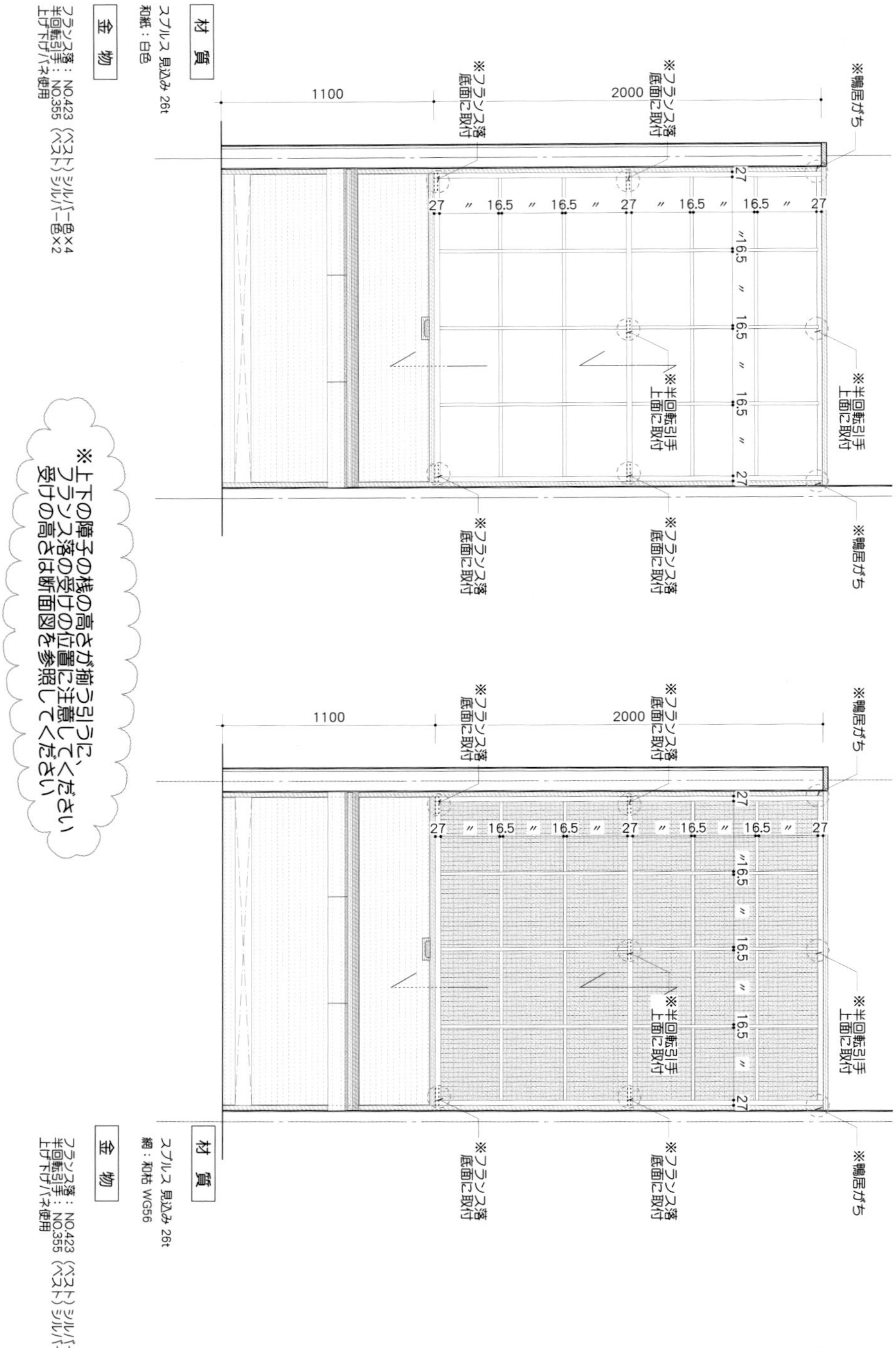

和紙を編んだブラインドの生地を張ったスクリーン（網戸代わりでもある）と和紙障子の2種類の建具で外と内の関係を制御する

左／地窓にして視線を低くしたことで、打ち合わせ室の空間の重心が低くなり、落ち着いた居場所となった
下／建具の左側がガラス戸、右が網戸（サラン網ブラック）敷居が1本で2つの機能

CASE 11

守谷の家

ガラス戸と網戸を建具1本で済ませる

「守谷の家」の打ち合わせ室。工務店の社長でもあるクライアントの自宅に付属した仕事場でもあります。西側の開口部を地窓にして、庭を愛でる。普通に人の背丈もあるような開口だと、お隣の生活が見えてしまいお互いに気まずい。

特にここは仕事の打ち合わせ室なので、庭だけを切り取って楽しむことがよいだろうと考えました。地窓はガラスだけで仕切られ、できれば隠し框（建具の枠を見せないで、ガラスのみを通して庭と繋がる）がいいと思いつつも、住まいと繋がっているのだから、換気もできるといいと思いました。建具が何本も走るのはここでは合わない…建具を感じさせないで、ある程度の通風・換気もやりたいと検討する。

建築家の中村好文さんの名作・「上総の家」の中に不思議な開口部が出てきます。1本の建具がスライドするとガラス戸であったものが網戸になり、またスライドすると雨戸になるという建具があります。「守谷の家」で頭を抱えたとき、すぐにこの変わった建具を思い出しました。

あれでいける!! …持つべきものはよい師匠と先輩です！（笑）。

ガラス戸と網戸が1本の建具で繋がっていて、網戸は最小限の開口幅でいい。縦框を隠し框で納め、小さな引き手を上框につけて（人の目線から見えない）、操作性をよくしておきました。この納まりの欠点は気密が悪いこと…。今回、建具両側にクレセントを設けて、引き寄せができるようにしてあるものの、これだけでは甘いでしょうね…。ぼくも施主も気にしませんが（笑）。この先の改良点を模索中です。

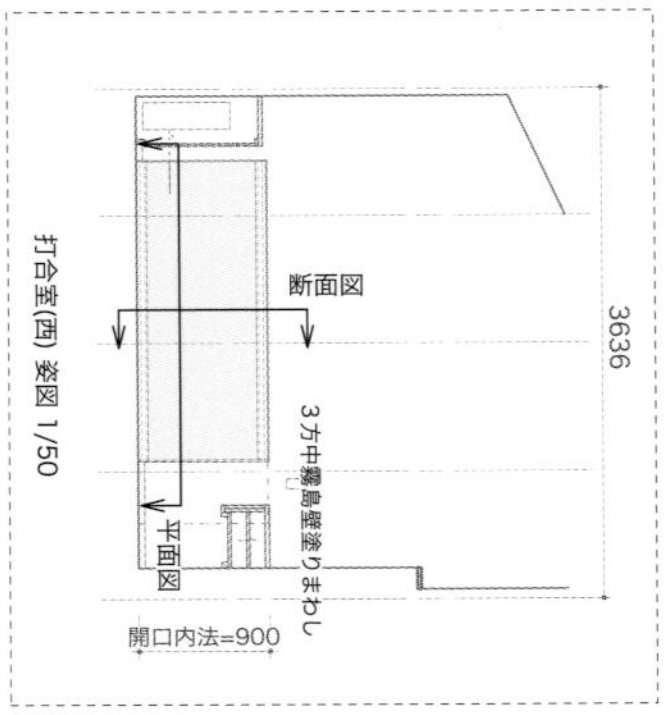

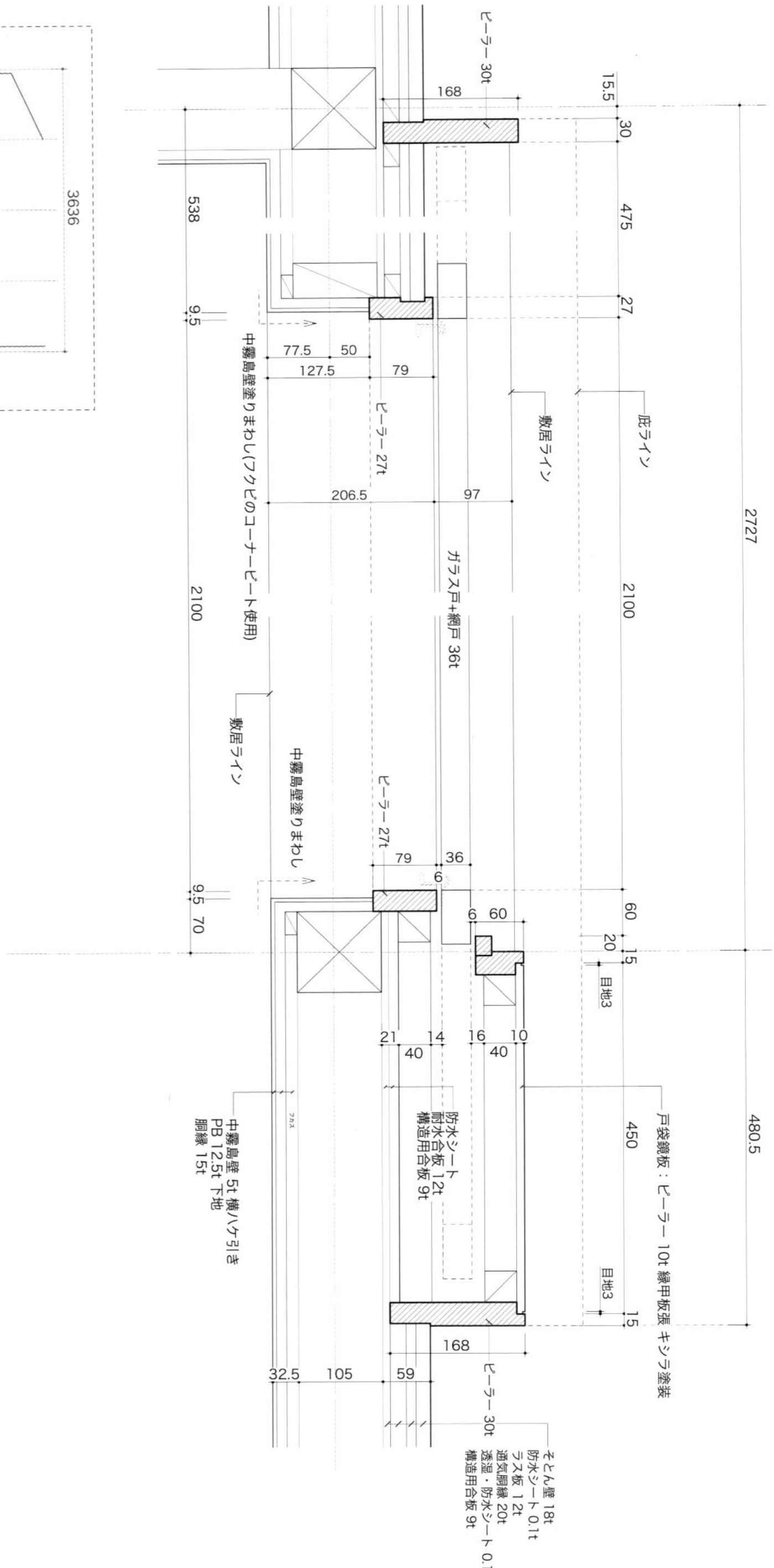

1本の建具でガラス戸（ペア）と網戸を兼ねる。建具の縦框のみ隠し框として、庭を切り取った風景としている

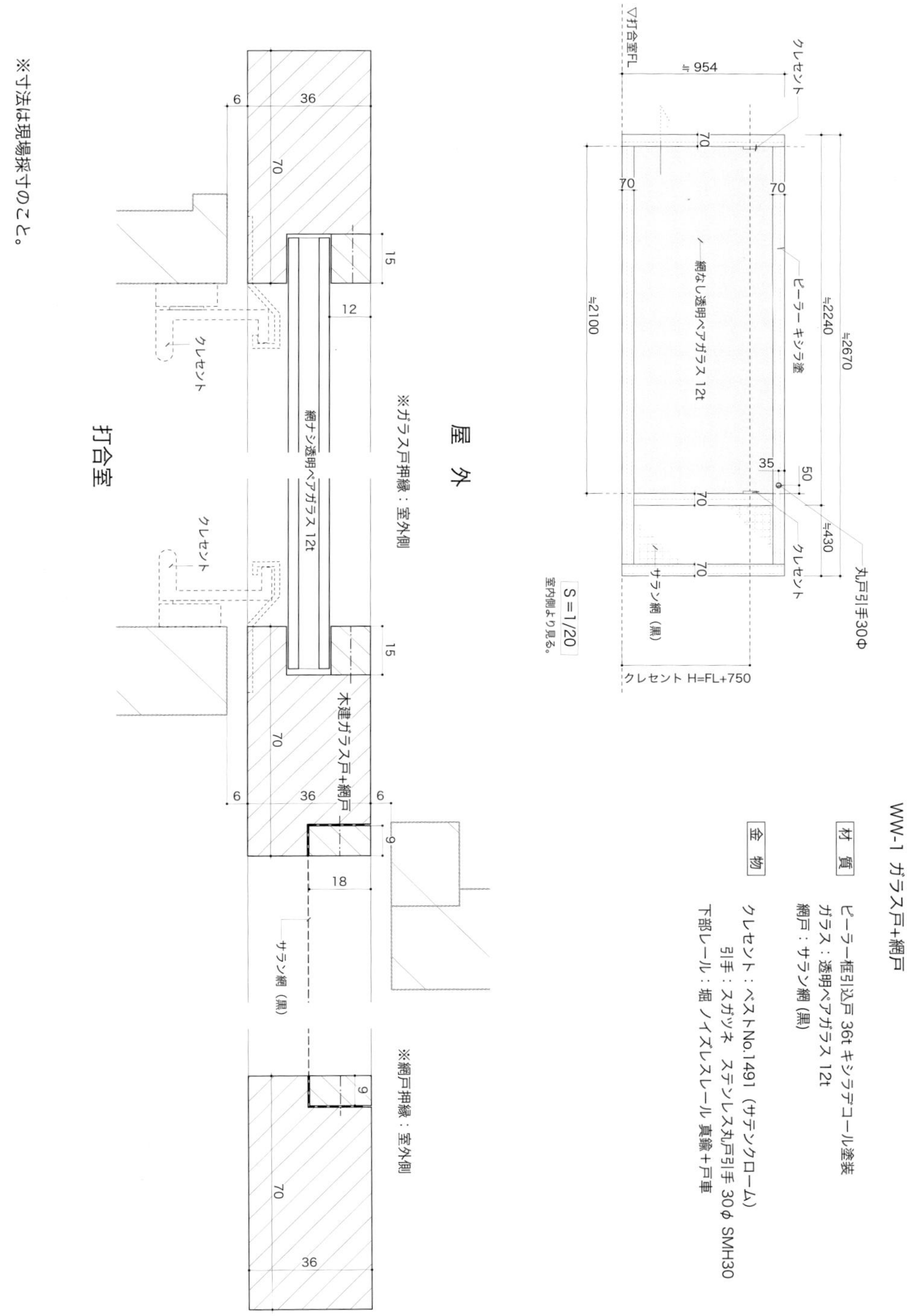

（事例紹介）

手掛け（ステンレスの丸戸引き手・30Φ）を上框に取り付け、目線に入らないようにしている

Q.

住まいの高気密・高断熱化をどう考えていますか？

A.

性能重視のあまり、人の暮らしではなくて、熱的な効率優先の箱になるのは本意ではありません。「性能とデザインの両立」、「性能の先の心地よさ」が当面の設計のテーマです。

―30

ここ

数年、性能とデザインの両立にチャレンジするようになりました。都心部の狭小地で設計を頼まれる機会が多いので、断熱の重要性は理解しつつも、付加断熱（外断熱）をせずに断熱性能を上げようとすれば、開口部を強化することになります。ぼくの設計の特徴は開口部へのこだわりが大きいのですが、そこが断熱・気密的には最大のウィークポイントでもあったのです。木製建具でフルオープンにこだわりつつ性能を上げたいと思い、最近は

予算が許せば、木製サッシュのヘーベシーベを使用しています。サッシュ1本で外部と内部を制御するのではなく、様々な構成で性能を担保し、暮らし手が自分の感覚でそれらの建具を用いて外部環境を制御する設計としています。

「つむじi-works 2015」はそのチャレンジの一例です。メインの開口部は様々な建具で構成。そのほかの窓はトリプルガラスの樹脂などで構成し、開口部の性能を強化しました。

壁面の断熱は高性能グラスウール24キロ+防湿シート、屋根面がフェノバボード90ミリ（ちょっと弱い）の構成でUA値=0・44W/㎡・K、C値=2.0㎠/㎡でした。様々に仕掛けた建具を考慮するとUA値=0.4W/㎡・Kになります。閉じたときにはしっかり性能が出て、開いたときには外部と内部が緩やかに繋がるこれまで通りの設計が可能となりました。これで「性能とデザインの両立」が見えてきたように思います。性能の先の心地よさは開口部廻りにあると考えて、もうしばらくチャレンジを続けていきます。

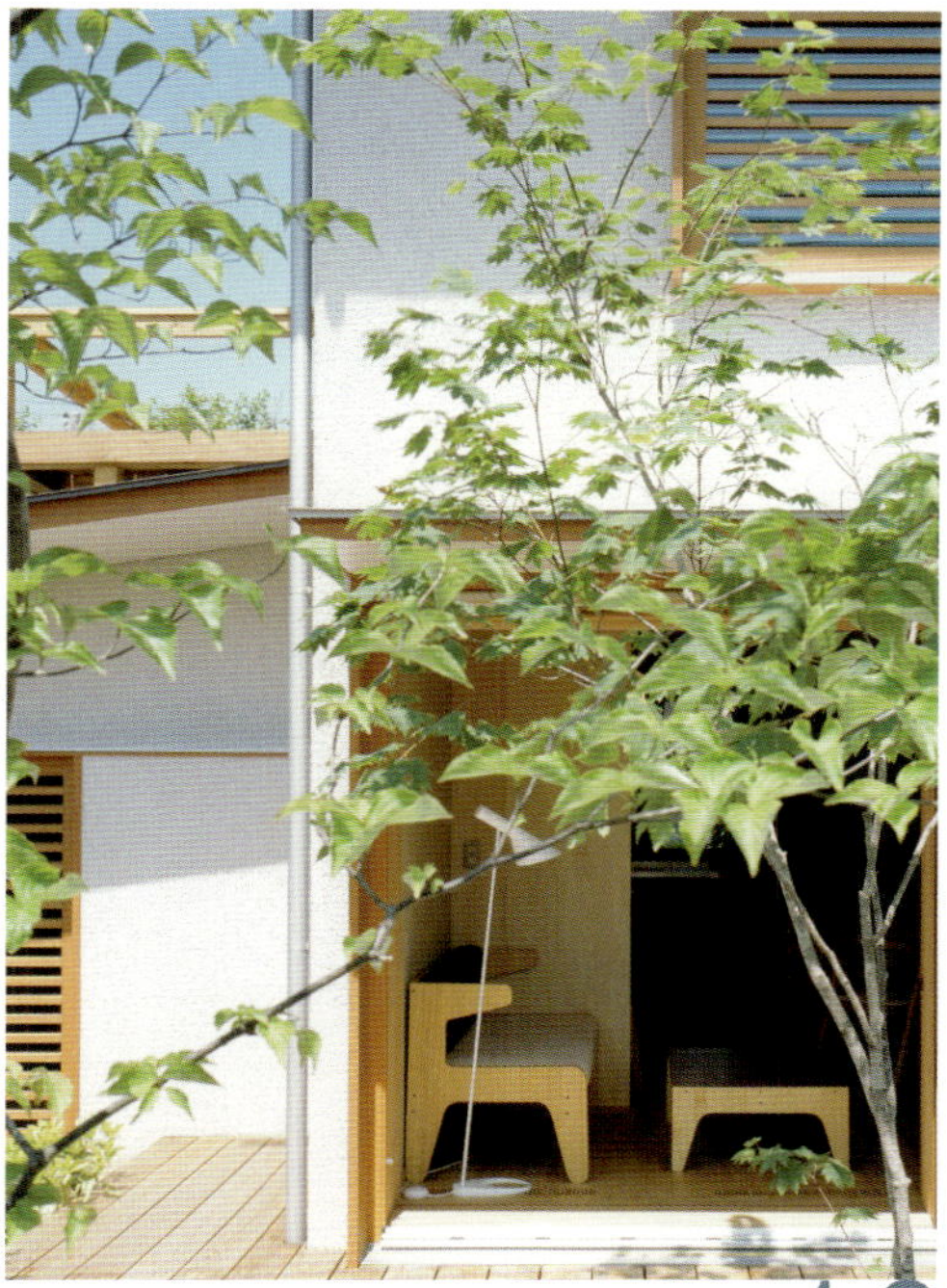

CASE 12

つむじ i-works2015

小さなエコハウス

（事例紹介）

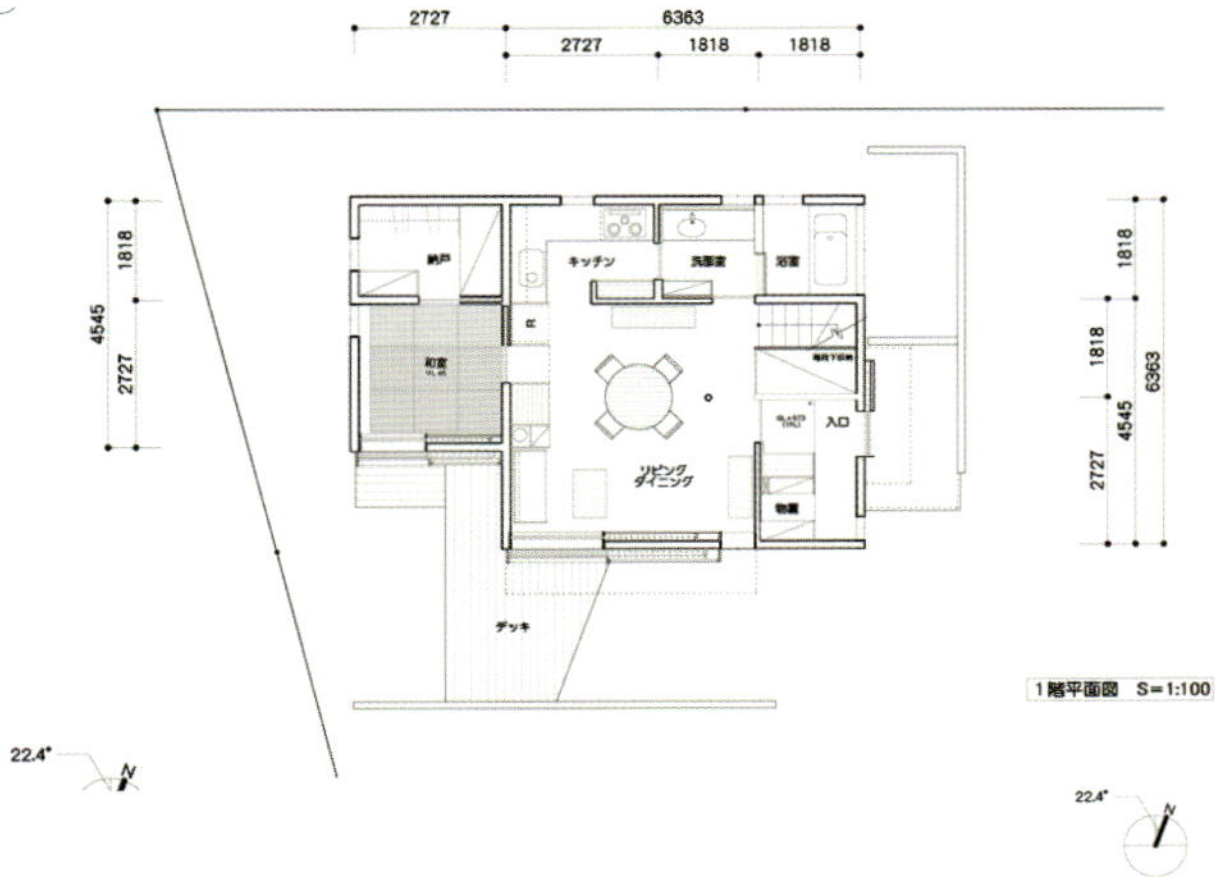

1階平面図　S=1:100

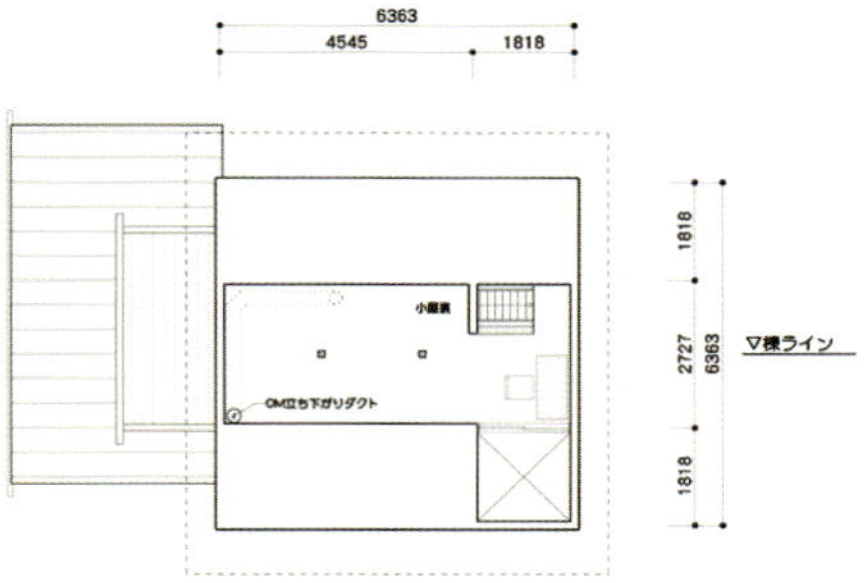

小屋裏平面図　S=1:100

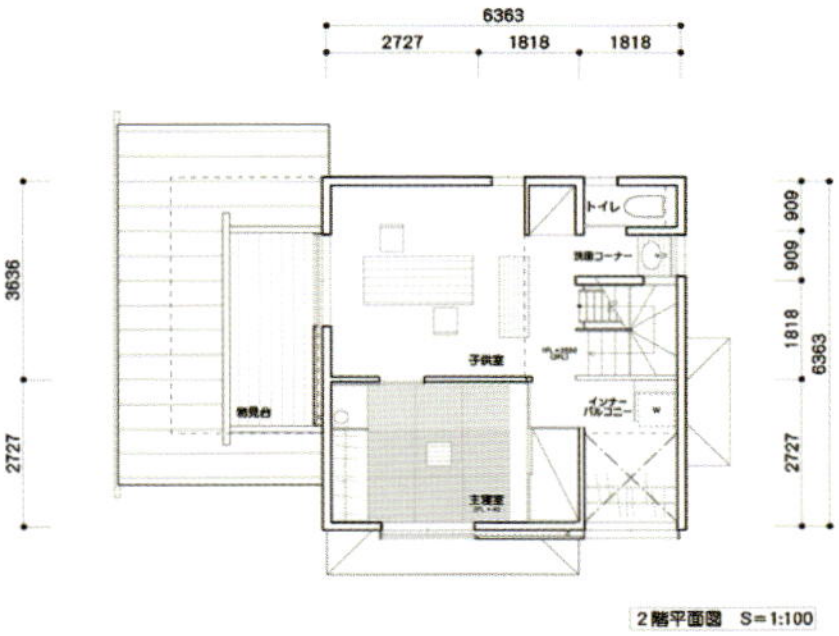

2階平面図　S=1:100

「つむじi-works2015」は3.5間角の正方形が基本（ここではオプションで和室付き）の規格型住宅。2階建てで延床面積24.5坪、3ベッドルームが用意できる。小さいながらも玄関脇に外物置を内蔵し、2階には室内干しができるランドリーを用意、共働きの家庭にも暮らしやすい住まいである

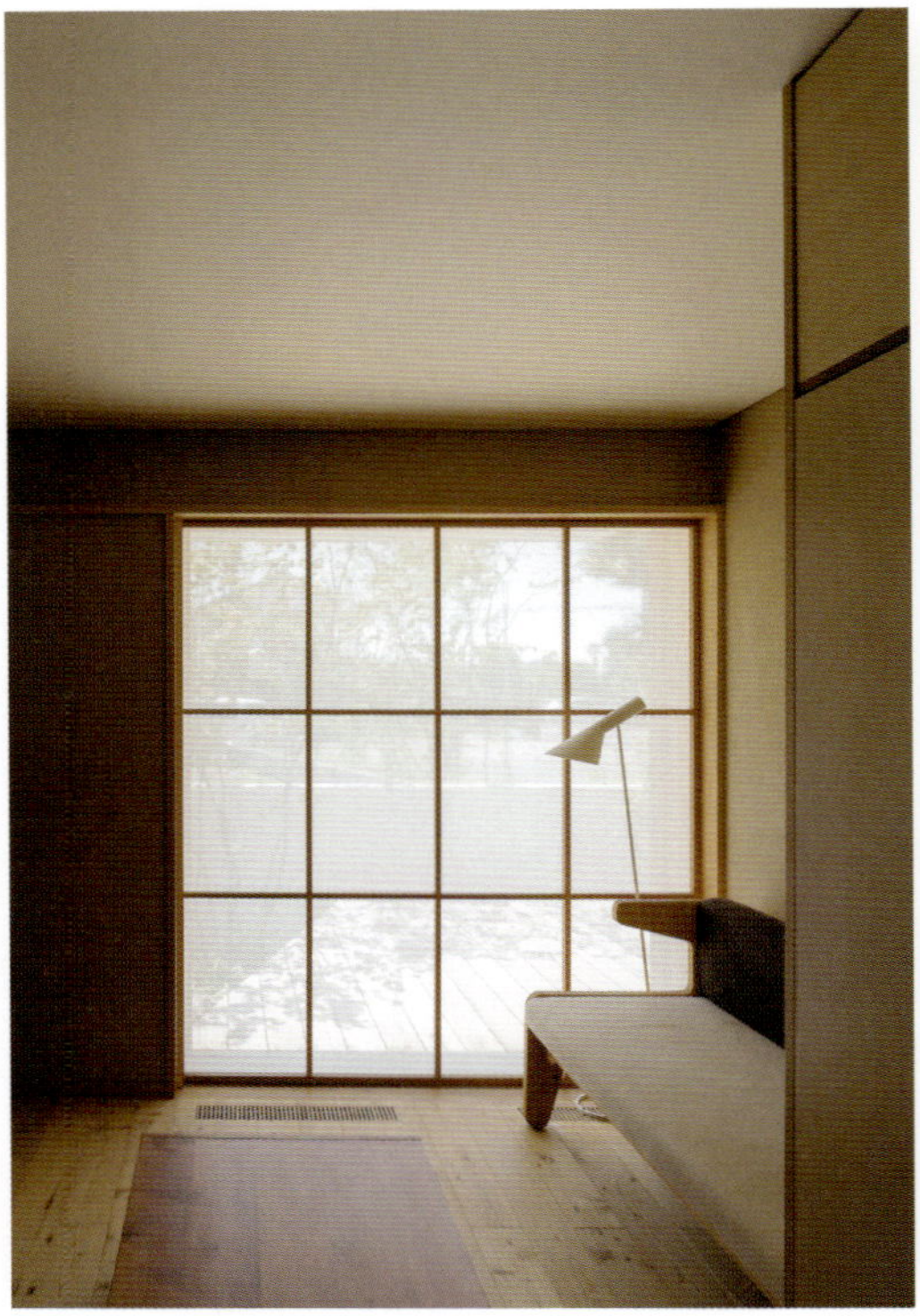

開口部の建具構成は一番外側から木製ガラリ戸。風を通しながら、昼間は外からの視線を遮り、日射遮蔽の効果も高い。その次に木製ヘーベシーベの網戸とガラス戸、全開することができて、季節のよいときには外部と内部が一体となる。内側にはレース仕立ての障子。レースのカーテンと同じ効果があり、昼間の外部からの視線を制御する

レースの内側にはハニカムブラインド。ダブルになったブラインドは断熱性能が高く、和紙のように柔らかく光を通す。一番内側には断熱襖。スタイロフォーム入りのフラッシュ戸で遮光しながら断熱性能を強化している。これらのすべての建具が必要ではないが、家づくりの参考になればとのことから揃えてみた。手で触って動かして、判断してもらえればと思う

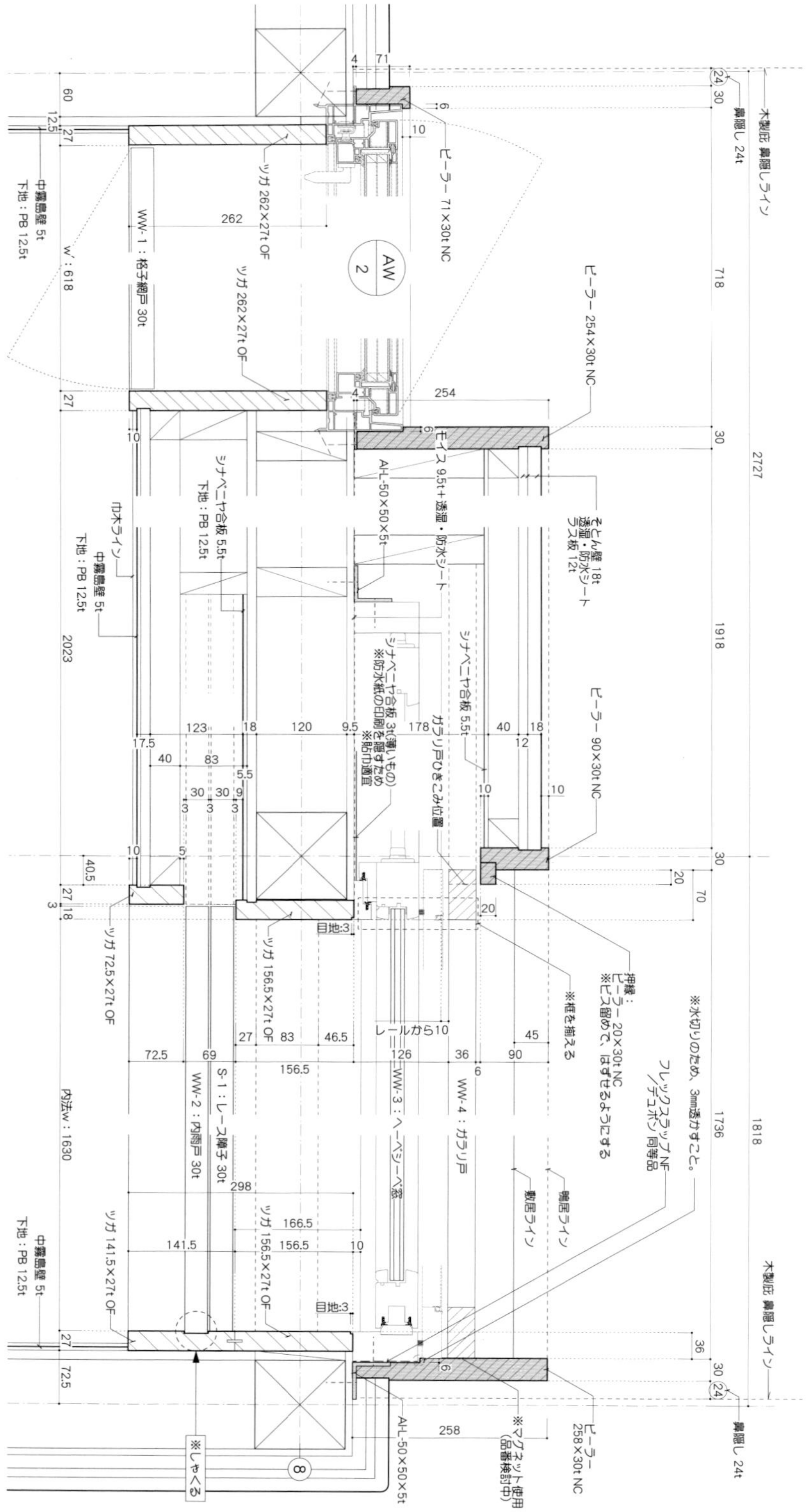

木製庇 鼻隠しライン
鼻隠し 24t
ピーラー 71×30t NC
ツガ 262×27t OF
WW-1：格子網戸 30t
中霧島壁 5t
下地：PB 12.5t
w'：618
AW 2
ピーラー 254×30t NC
モイス 9.5t＋透湿・防水シート
AL-50×50×5t
そとん壁 18t
透湿・防水シート
ラス板 12t
シナベニヤ合板 5.5t
下地：PB 12.5t
巾木ライン
シナベニヤ合板 3t(薄いもの)
※防水紙の印刷を隠すため
※貼巾適宜
ガラリ戸ひきこみ位置
ピーラー 90×30t NC
目地:3
ツガ 72.5×27t OF
ツガ 156.5×27t OF
押縁：ピーラー 20×30t NC
※ビス留めで、はずせるようにする
※框を揃える
※水切りのため、3mm透かすこと。
フレックスラップNF／デュポン 同等品
レールから10
S-1：レース障子 30t
WW-2：内雨戸 30t
WW-3：ヘーベシーベ窓
WW-4：ガラリ戸
内法w：1630
敷居ライン
鴨居ライン
ツガ 141.5×27t OF
※マグネット使用
(品番検討中)
ピーラー 258×30t NC
AL-50×50×5t
※しゃくる

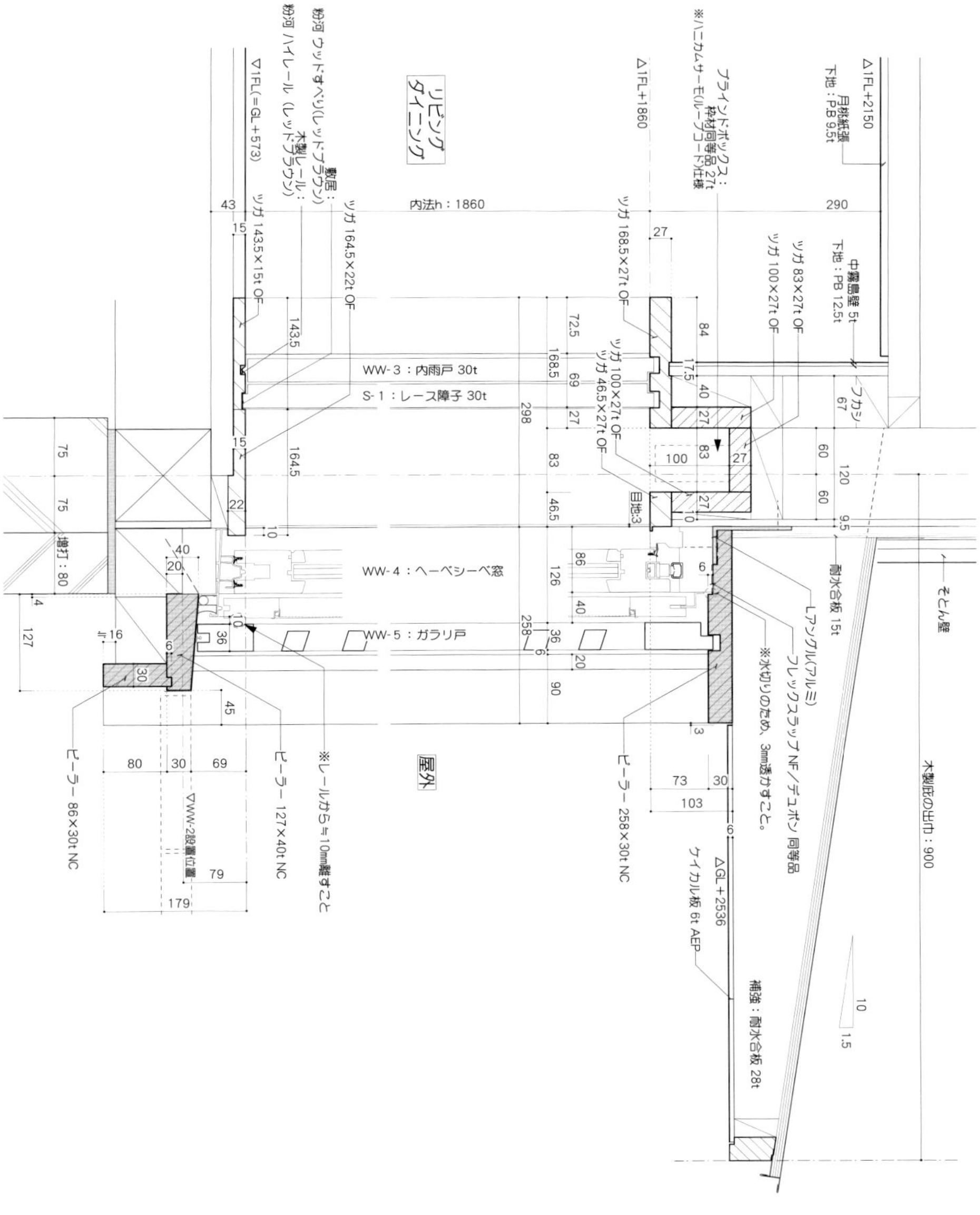

木製のヘーベシーベの標準解と言ってよい。いつもは戸袋を板張り（ピーラー）で仕上げるのだが、今回は耐久性を考えて、外壁と同じシラスで仕上げている

このホテルは朝がとても魅力的。朝日で景色が黄金色に輝く。内装はバワの弟子であるチャンナ・ダスワッタ氏によって改装されている

たてもの情報

ヘリタンス・カンダラマ
所在地：スリランカ・ダンブッラ
設計：ジェフリー・バワ
竣工：1994年

ヘリタンス・カンダラマ
（スリランカ）

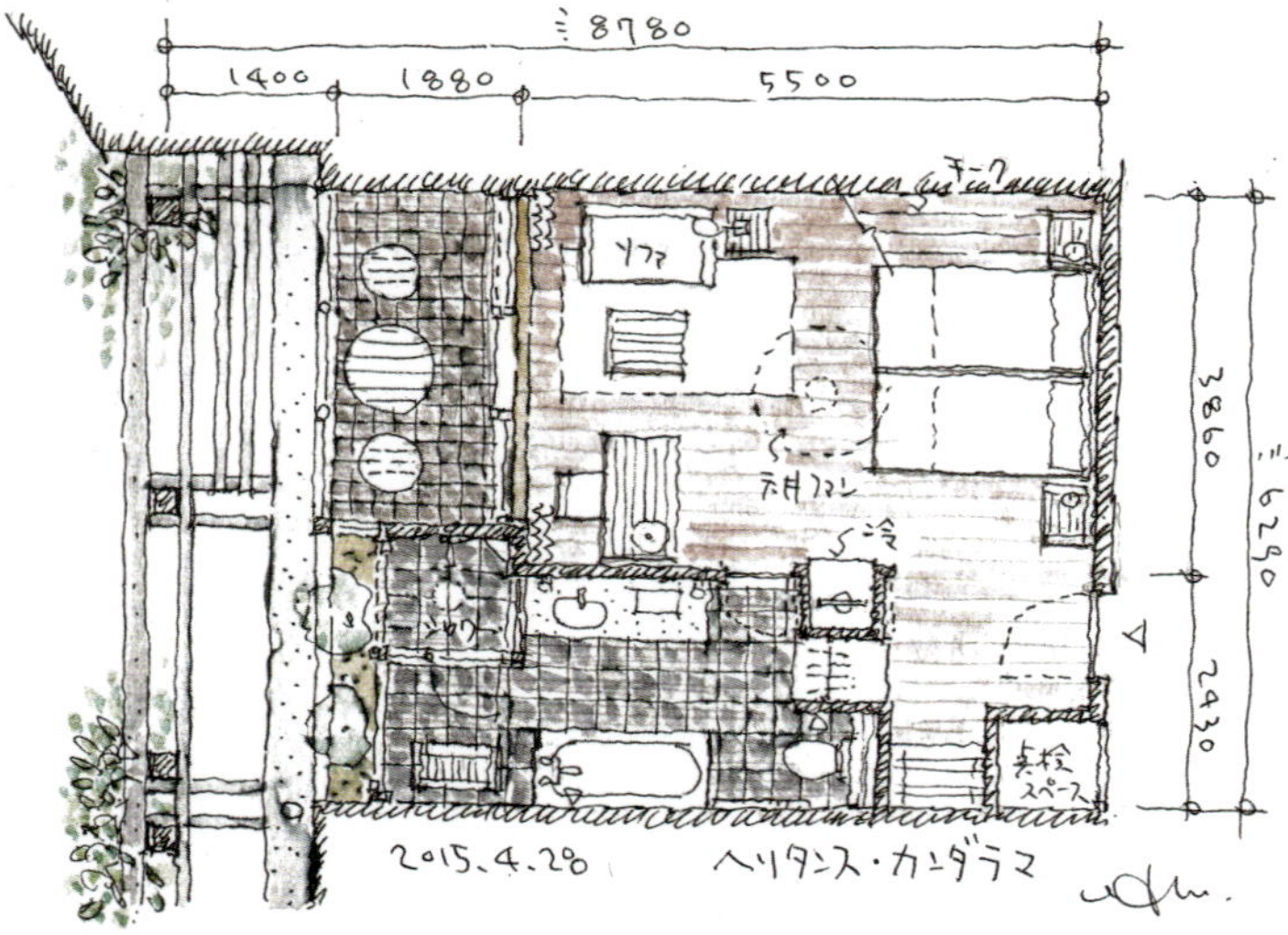

用意していただいた部屋は315号室。ドアを開けると左手にベッドが見える、ちょっと変わった配置です。入り口に向けて足元を持ってくるように90度回転させるのが普通ですが、ツインルームなので、2つのベッドのどちらからも同じように景色が望めることを優先したのでしょう。

水回りがとにかく楽しい…バスタブにいても、シャワー室にいても、トイレにいても景色を堪能できるのです。すべてが景色に向かっている配置、窓の外はジャングル、猿がバルコニー伝いにやってきます。

第4章

Irei Satoshi's
House Design
RULE II

Q/A
31→33

CASE
13→14

階段・タテの動線

Q.

31

伊礼さんは廻り階段と直進階段の2種類の標準階段に絞って使用していると聞いています。その2種類のみであらゆる設計に対応できるのでしょうか?

江戸川ソーラーキャットの1坪の標準廻り階段。隔て板を30ミリの合板とし、階段有効巾を確保する

標準

階段については『伊礼智の住宅設計作法』にある程度書いたので、今回はその先をまとめたいと思います。

2001年に戸建団地「ソーラータウン久米川」の仕事に取り組むことになったとき、同時に19区画の設計をある共通のルールで行うことが、町並みをまとめるうえでも、コストを抑えながらスピーディに仕事を進めるうえでも有効だと考え、「設計の標準化」を試みました。「玄関」「浴室」「洗面所」「階段」を部屋ごとに標準化し、それを組み合わせながら、区画割りと住まい手の要望に合わせてプランニングしていく、というやり方です。部屋ごとパーツ化（標準化）して、それを駆使することで設計の自由度を残そうという考えでもあったのです。そのときに、階段は何種類あれば様々なプランに対応できるだろうか?と考えたのですが、廻り階段と直進階段の2種類でいいのではないかと思いました。今でも基本的にはこの2種類でほとんどのプランに対応できると思っています。

「標準階段」というとガチガチに決まりきったものと受け止められるかもしれませんが、住まい手のライフスタイルは微妙に異なります。標準化したものをベースに、階段下にトイレを設けたり、収納をしっかり確保したり、玄関や勝手口を兼ねたりすることもありました。そうやってきたので、2種類だった「標準階段」もどんどんバリエーションが増えていっています。なかにはどうしてもその2種類では納まらないケースも出てきます。特に吹き抜け部分から上の階へアプローチしたいときはお手上げです。標準化したものから大きく外れるので新たに対応するのですが、それでもその階段は直進階段のひとつのバリエーションと言えると思います。

「標準階段」で設計を済ますのではなく、与えられた諸々の要件の中で標準化したものをベースに解く…という感じです。標準化を意識するということは、経験を積み上げ、磨きを掛けていくことであり、決して創造性を退化させるものではないと信じています。標準化したものにはその人の価値観が表れ、それが作風となるのではないでしょうか?作風（価値観）を明確にすることが大事だと考えています。

A.

基本的にはこの2種類でほとんどのプランに対応できると考えています。
それをベースに、住まい手のライフスタイルに合わせて対応し、
バリエーションも増えていきます。標準化を意識することは経験を積み上げ、
磨きを掛け、確かな仕事をするために必要不可欠な思考だと思います。

守谷の家

標準化された廻り階段のバリエーション
1坪の多機能階段

CASE 13

「守谷の家」の階段です。標準化された廻り階段がベースになっています。この廻り階段の特徴は、面積が1坪であること、隔て板が30ミリのシナランバーで仕切られていて小柱を立てない分だけ階段が広く使えることです。

階高2700ミリ程度まではこの階段で対応しています。「守谷の家」では、階段は家の中央付近にありますが、住まいの中心部の階段は無駄の少ないプランニングのセオリーとも言えるでしょう。家の中央付近は、機能的にもその家の重要な位置になることが多い。そこへ階段を設けると、階段がただの昇降のための装置ではなくて、他の機能も合わせ持つことが多くなります。

この家では、リビングと勝手口の間に手を洗う場がほしい、それはリビングからは見えないけれど

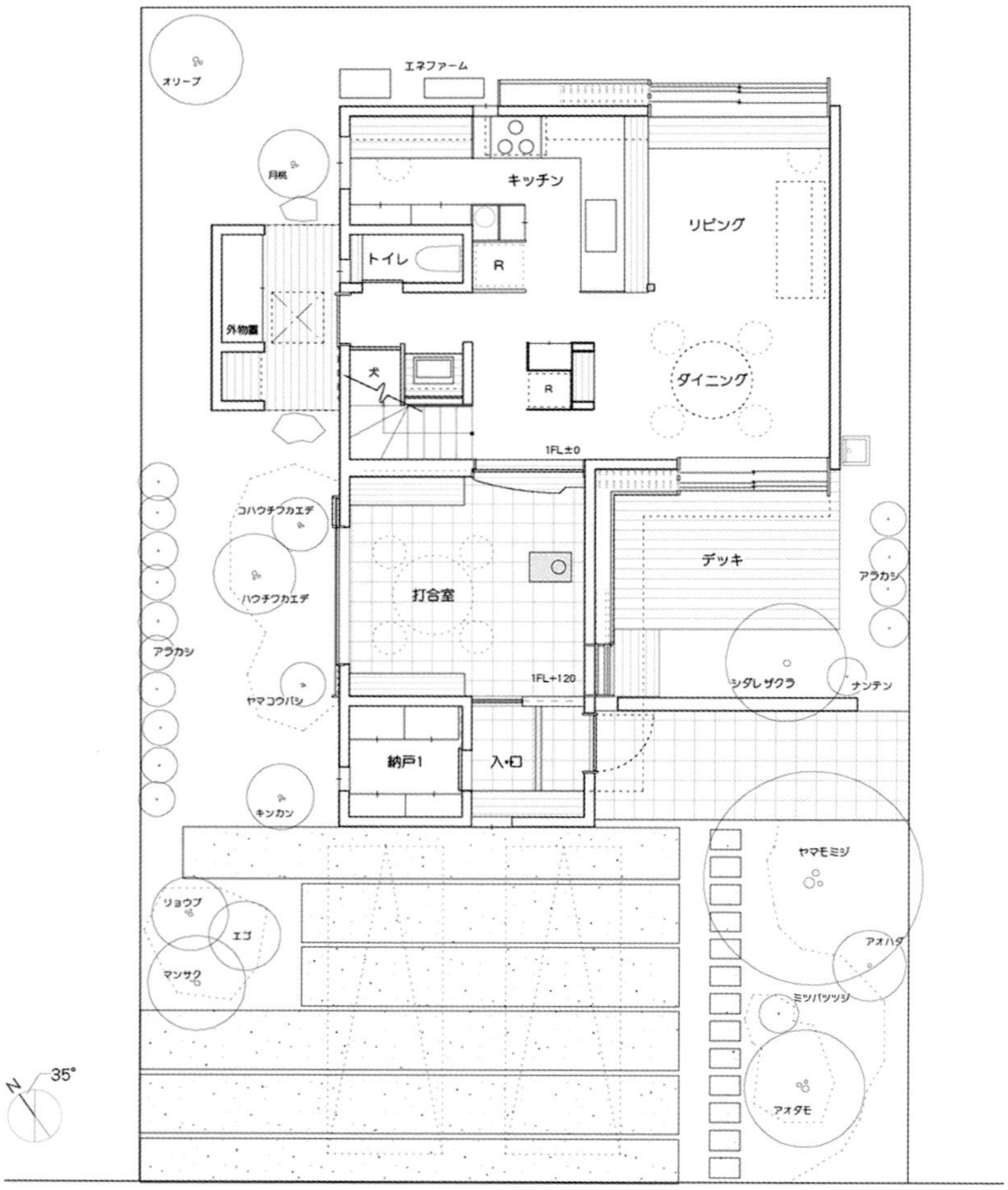

使いやすくしたい、家族の一員であるチワワのパティの居場所がほしいーといったリクエストがありました。

状況に応じてパティが出入りできないように柵を付けて、さらに窓を設け、庭を楽しめる（笑）ようにしてあげたいなあ…その上、家族みんなが集まる場所の近くの寂しくない距離感で居させてあげたいなあと思いました。そうすると階段下の低いところがピッタリです。手洗い場所は階段下の高いところ…そうやって1坪の階段が多機能になってきました。

階段の向かい側には3面から使える収納があります。飲み物専用の小さな冷蔵庫置き場に、リビングの雑多な物をしまうための収納、キッチン側は小物が入るスペースに加えて、様々なコントローラーやスイッチがレイアウトされた壁面となります。この便利な収納を配置することで、階段の持つ生活感溢れる様相をリビングから遮ることができます。

右／階段下に手洗い場と家族の一員であるチワワのパティの部屋を。外を眺めるための窓も付いている。柵は上げ下げ可能
左／階段の登り口。隔て板はシナランバーコア30ミリ、小口部分に30ミリの無垢板を当てている

階段の2階部分。階段脇は書斎コーナー。打ち合わせ室と低めの開口部で繋がる。そのために階段と書斎の仕切り壁も低くしている

右／階段の第一段と30ミリのシナランバーとの取り合い
中／階段の巾木(高さ45ミリ)の納まり。稲妻型に巾木を付ける
左／踊り場の段板の廻し方。踊り場を6枚で割っている

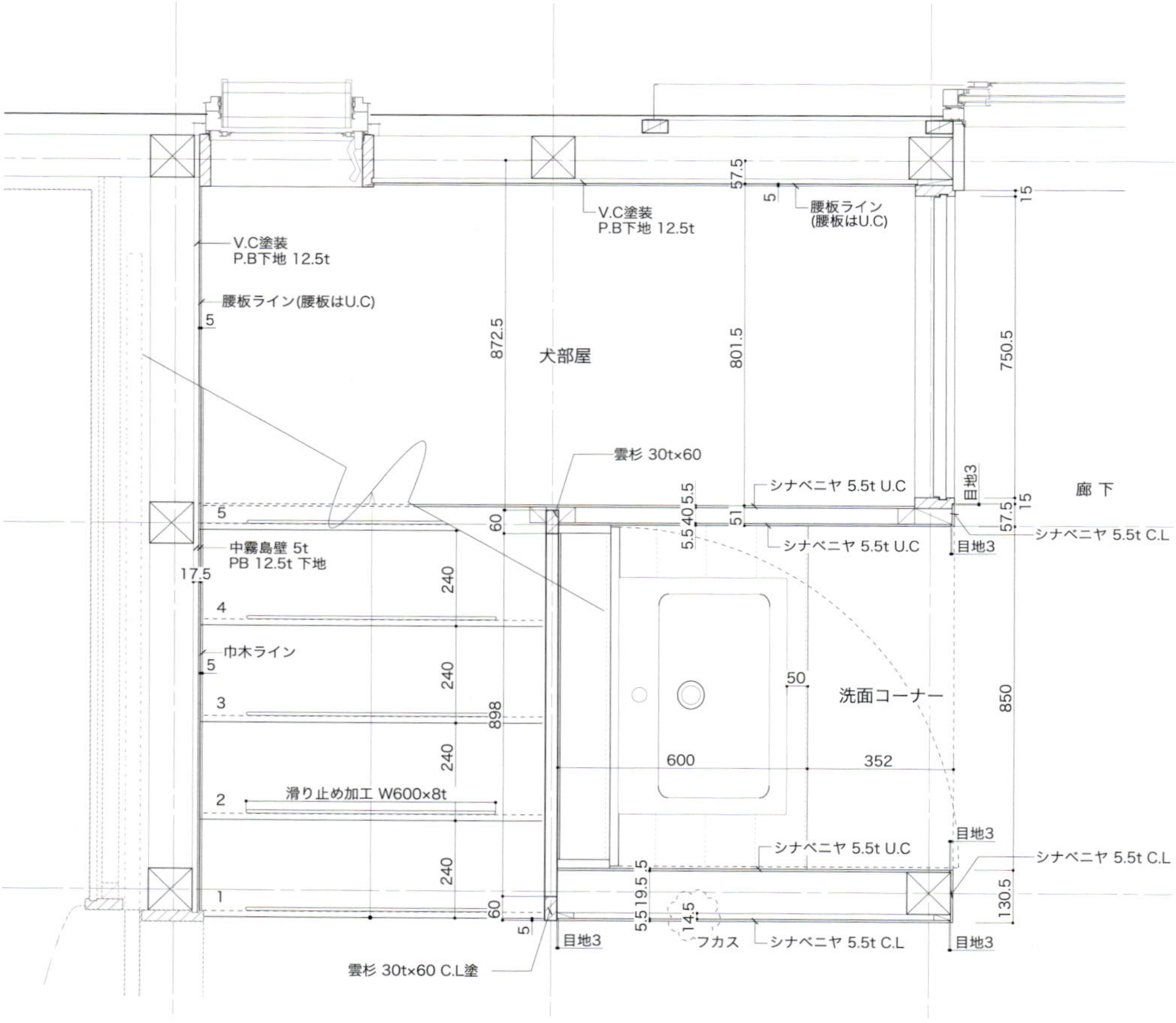

階段下の高い部分に手洗い場、低い部分に犬の部屋を割り当てている。隔て板のシナランバー30ミリの小口は30ミリ×60ミリの雲杉を当て、シナベニヤをゾロで納める（目地3ミリ逃げ）。階段を家具のように見せる納まり

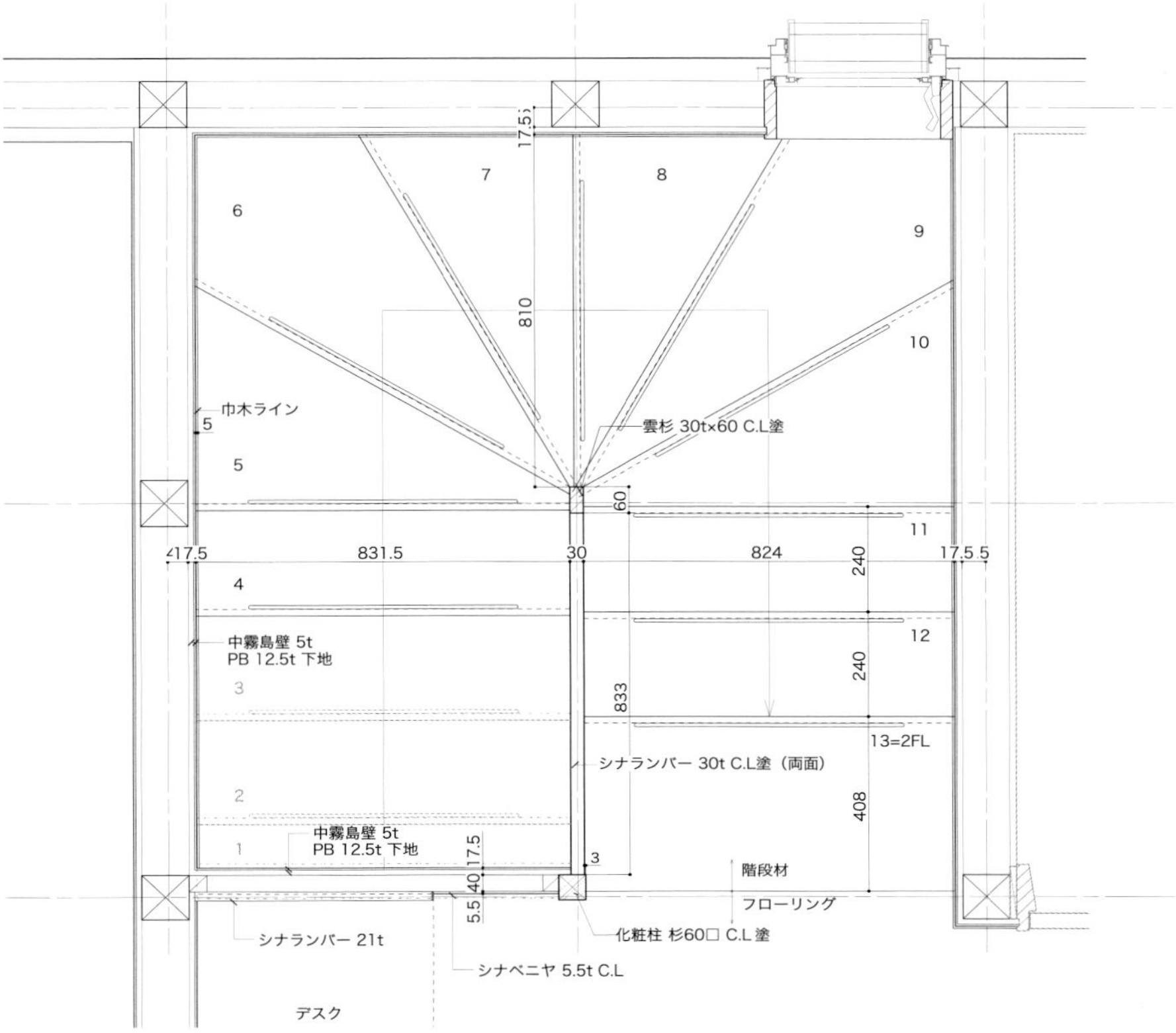

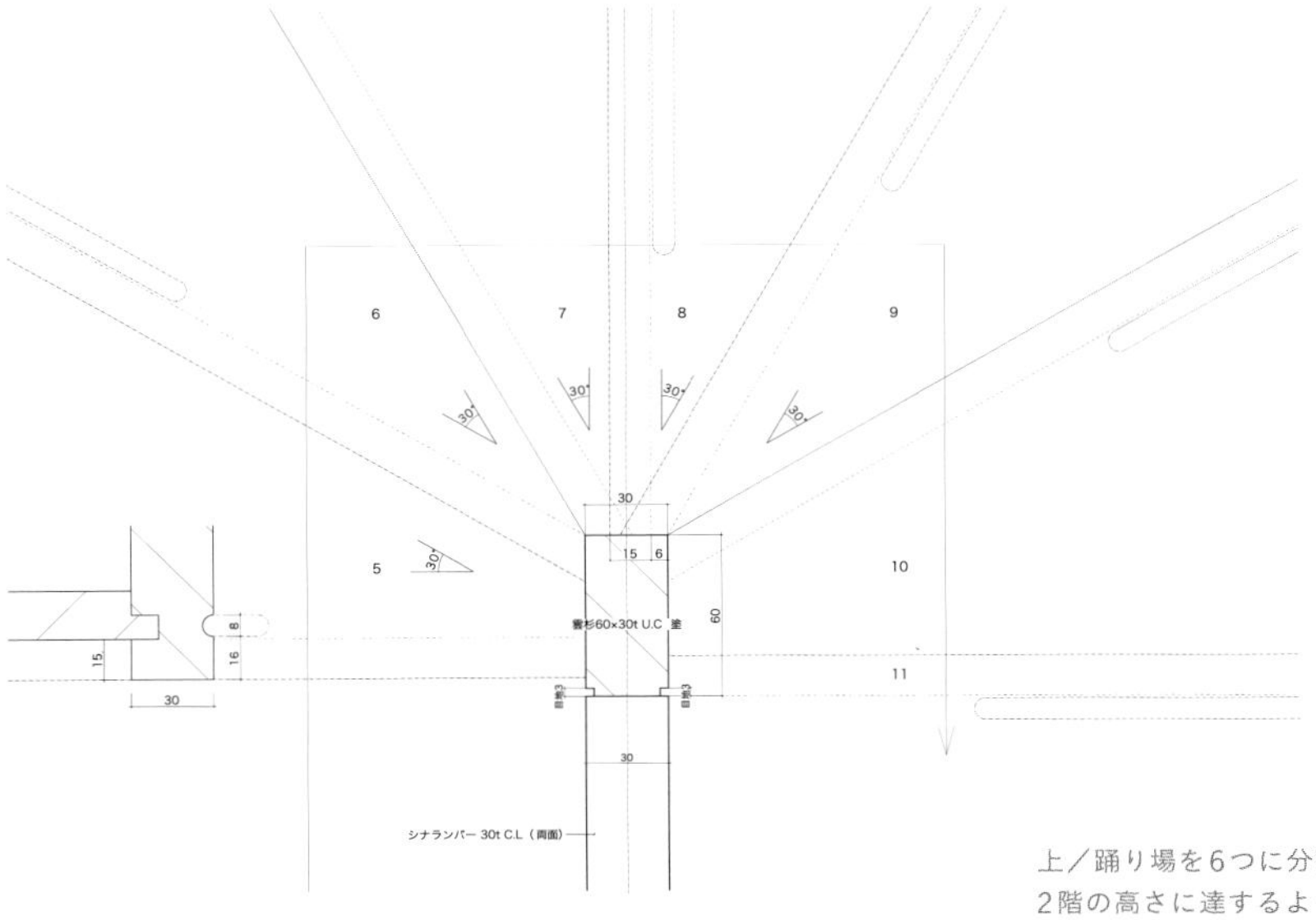

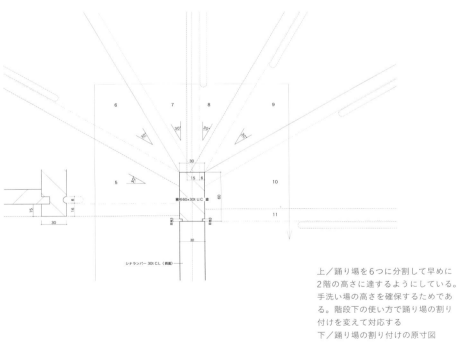

上／踊り場を6つに分割して早めに2階の高さに達するようにしている。手洗い場の高さを確保するためである。階段下の使い方で踊り場の割り付けを変えて対応する
下／踊り場の割り付けの原寸図

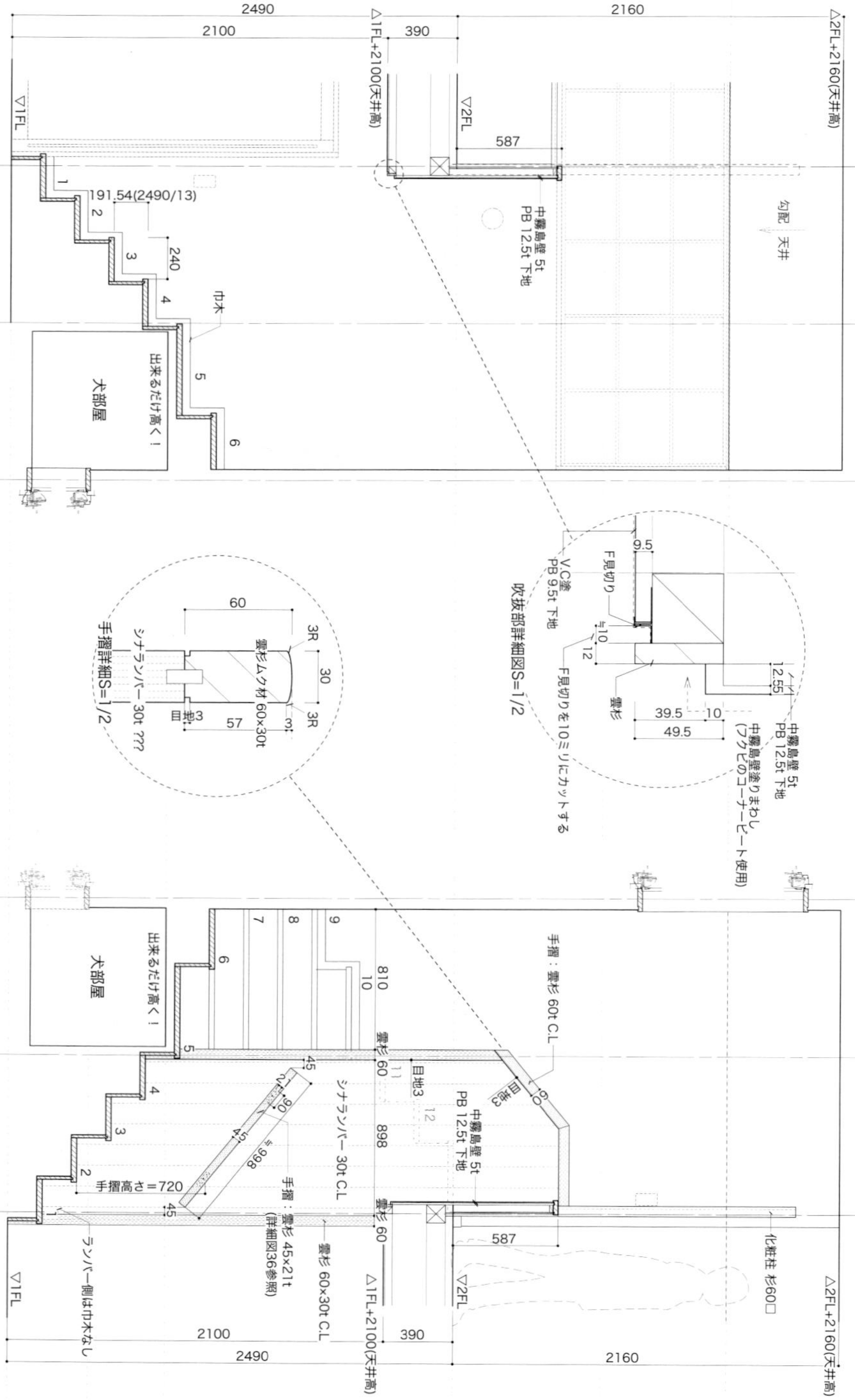

30ミリのシナランバーは上部で手すりとなるが、その手すりの断面構成がわかる。少し丸みを付けて握り心地がよいようにする

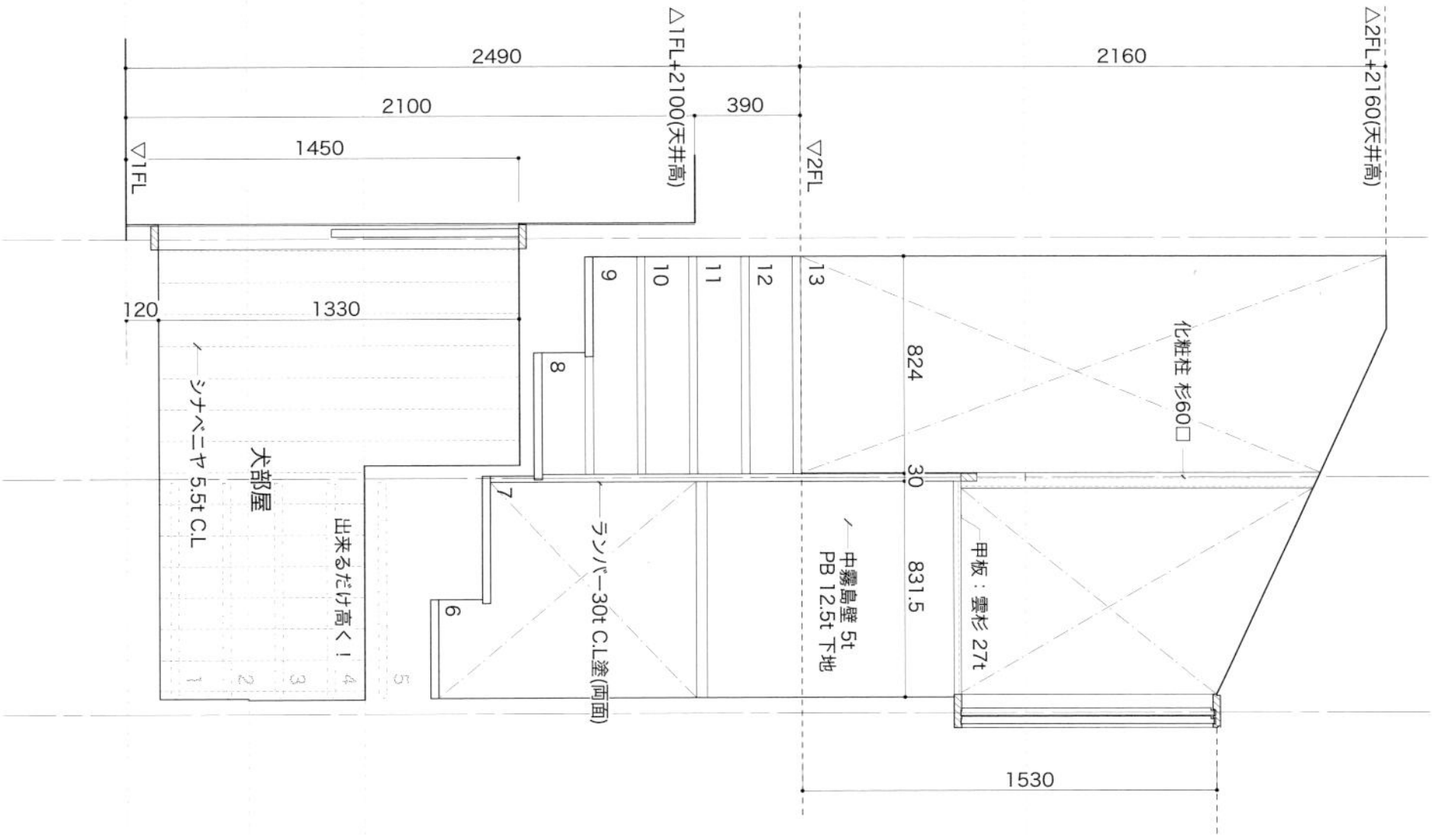

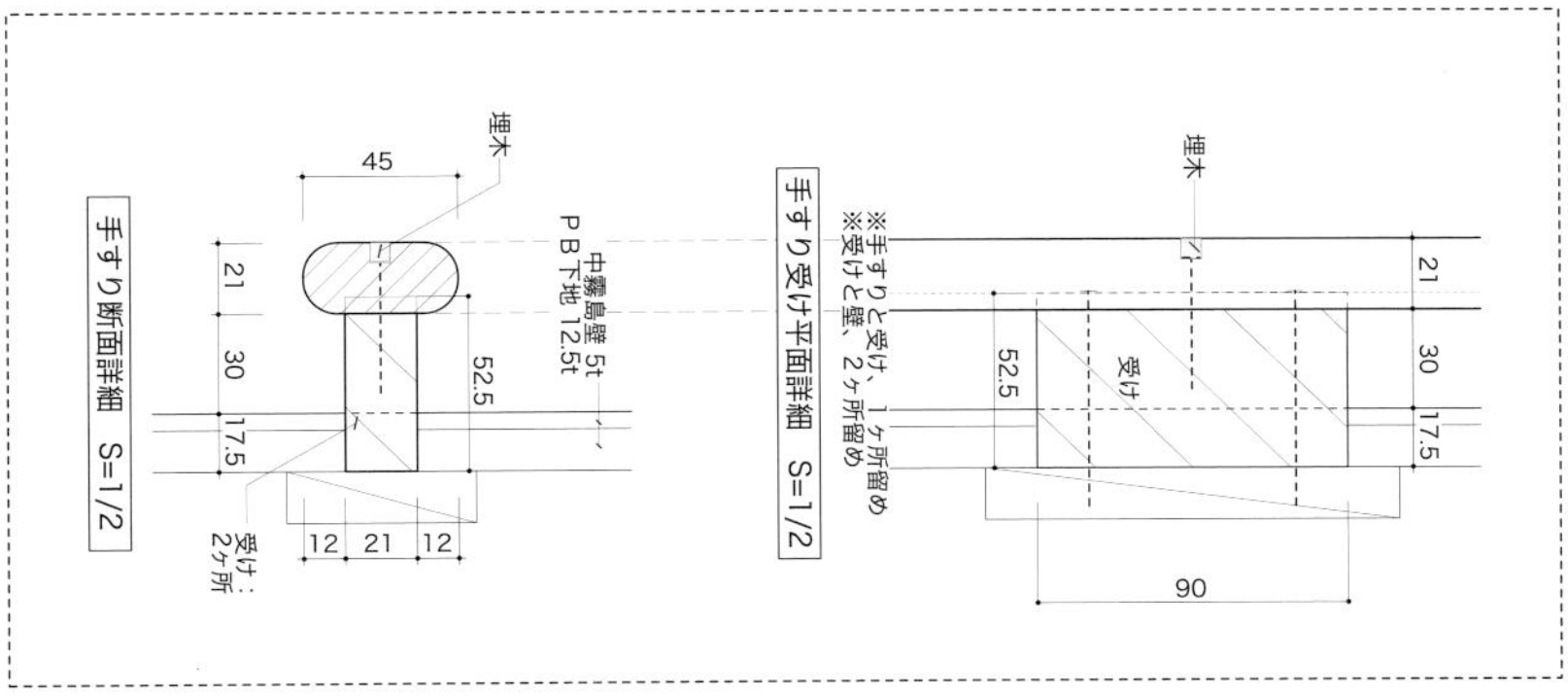

壁面に取り付く手すりも標準にしている。今はより改良されて、手すりを傾けてさらに握りやすくしている

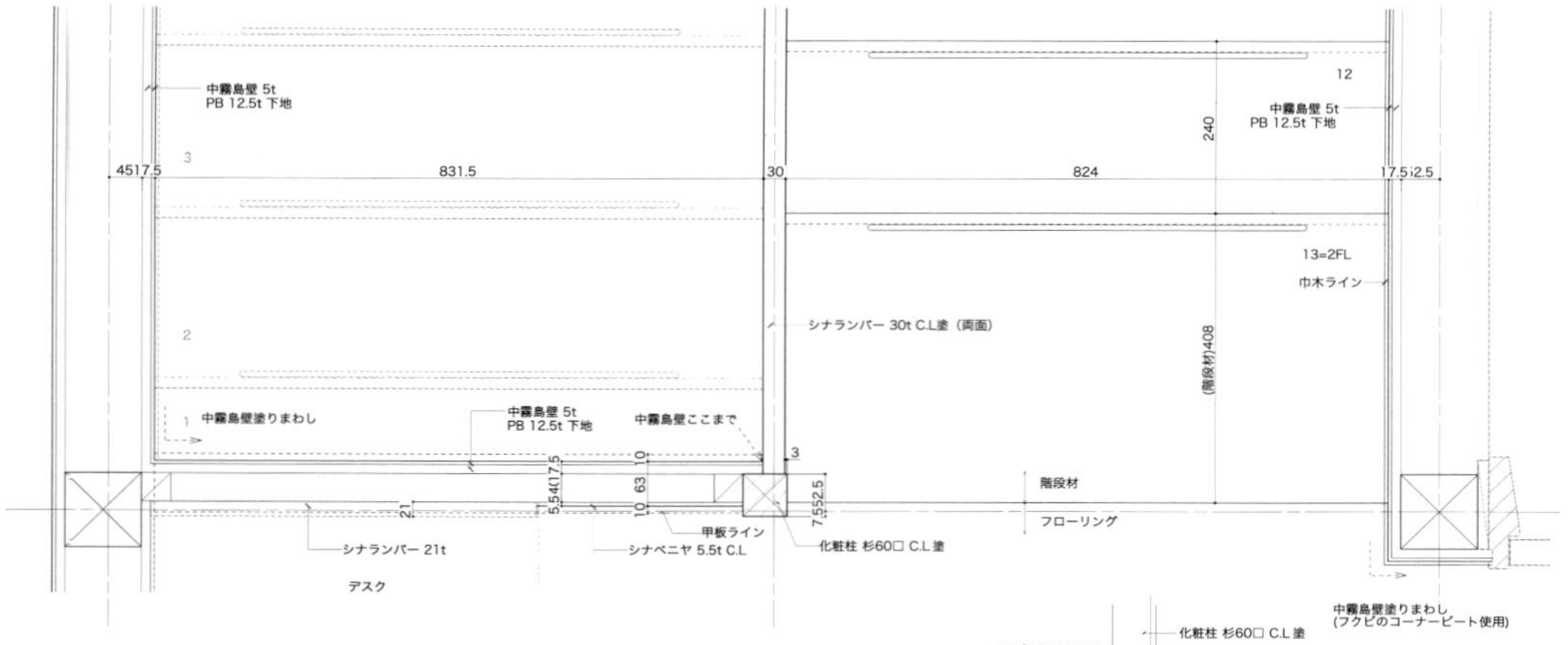

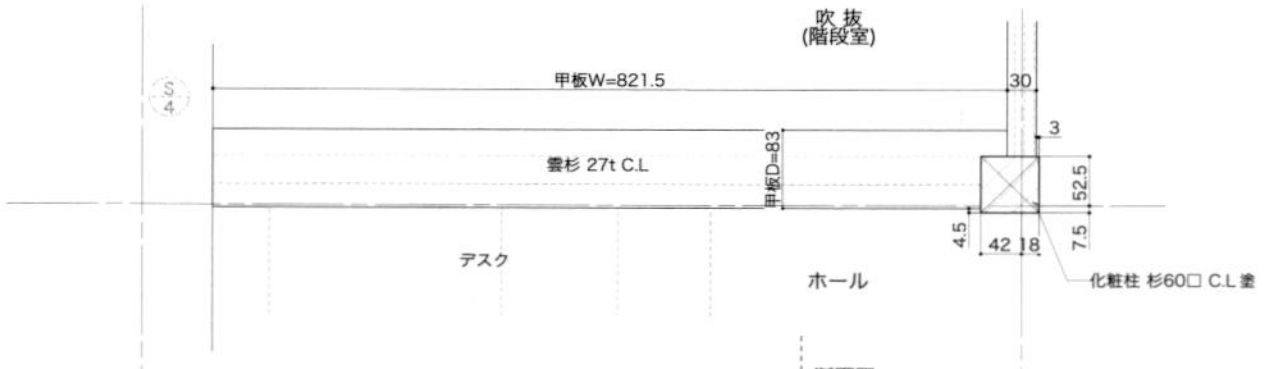

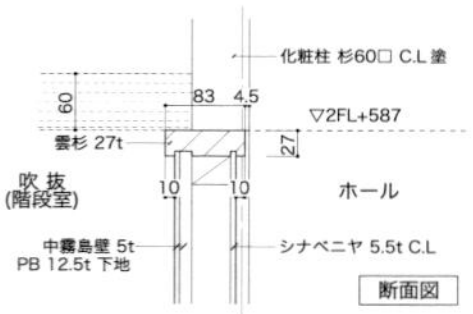

断面図

隔て板30ミリのシナランバーが立ち上がってそのまま、手すりとなる。いつもなら、その「隔て板兼手すり」は階段との落下防止の小壁にぶつかって止まるのだが、今回は上がり口に書斎の低めのデスクがあり、階段側の見切りは吹き抜け側への開口高さに合わせて低くしている。よって60ミリ角の小柱を手すり代わりに立ち上げそれに隔て板をぶつけた

段板と巾木の取り合い。ささら板は見せず、裏に力板を用意する。塗り壁（左官）や和紙張りのときのみ巾木を稲妻に入れる。薄い塗装のときは巾木なしとしている。そのときにコンパネ12ミリを45ミリ高で入れ、処理をした上で塗装、巾木を消す

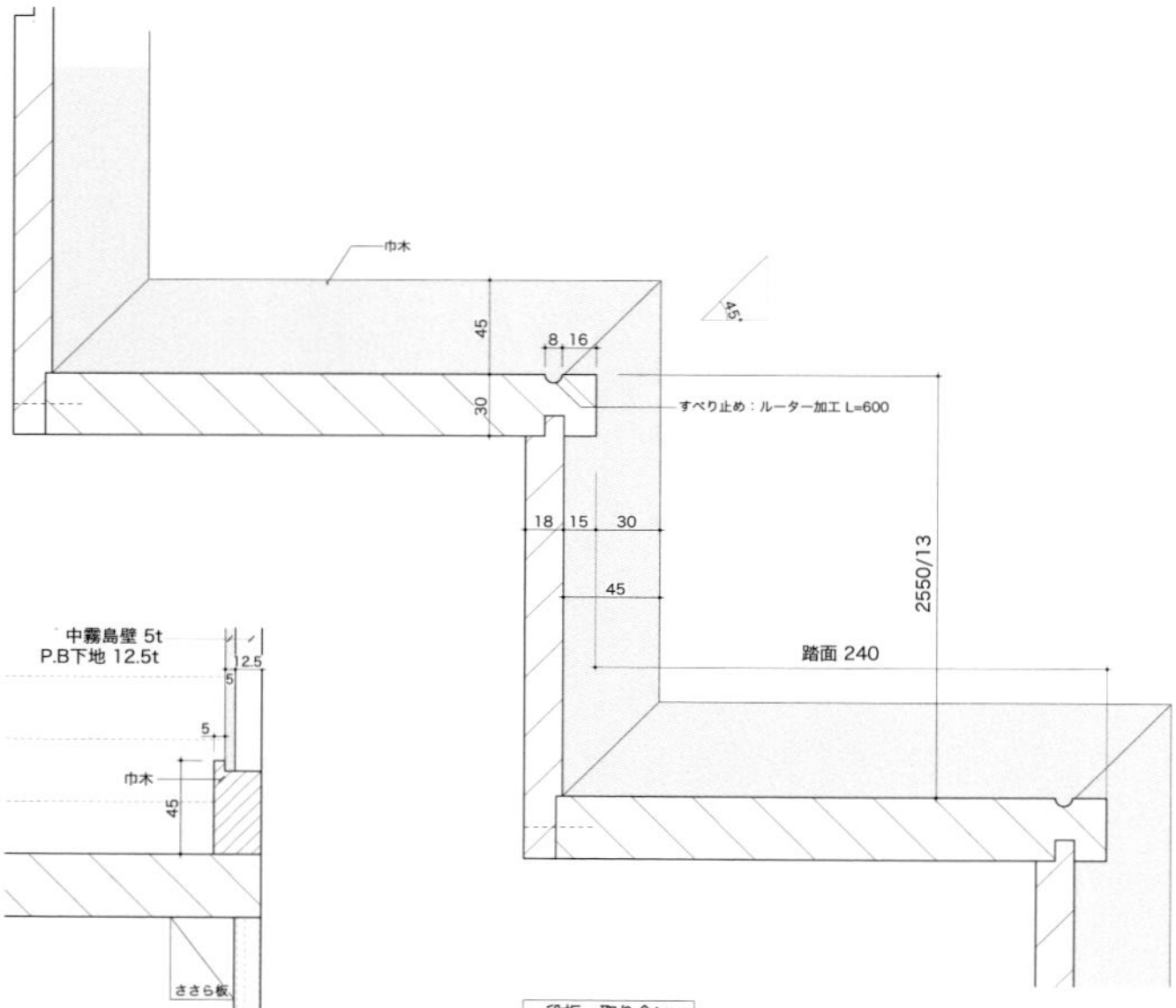

段板　取り合い

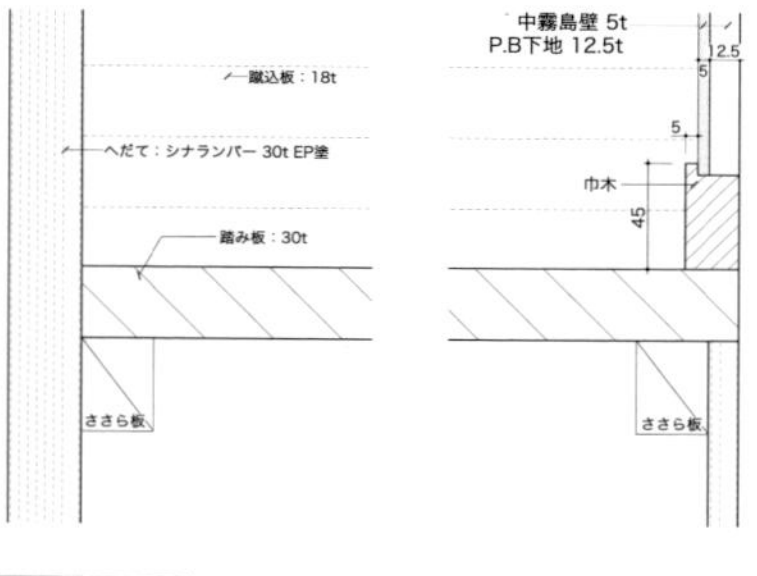

壁-段板　取り合い

階段下の照り場とチワワのパティの部屋。シナベニヤをくり抜いたように見せている納まり。シナベニア5.5ミリを小口見せで納めている。水が掛かるところはチークを用いてウレタンクリア塗装としている。壁はシナベニヤにここもウレタン塗装

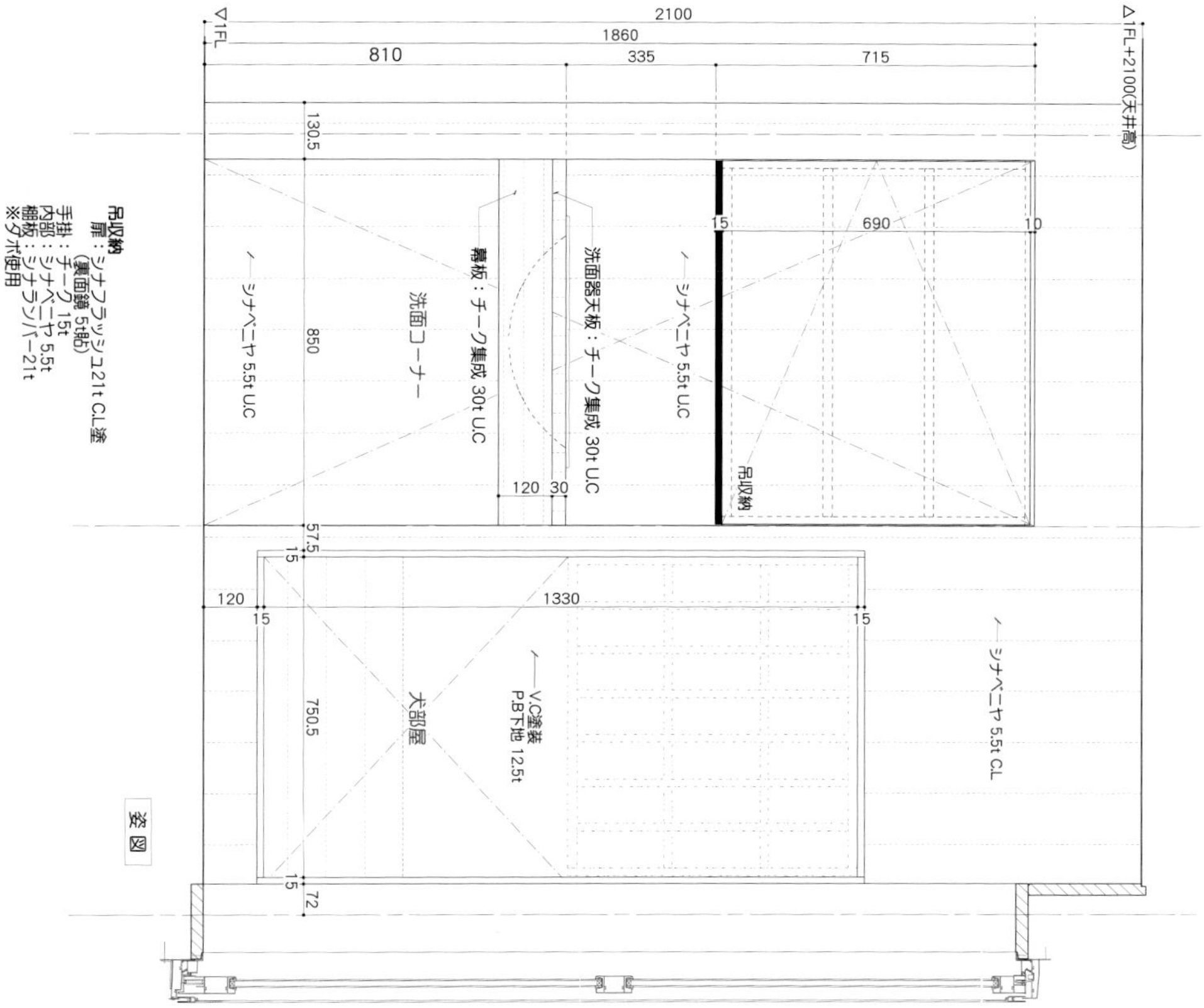

姿図

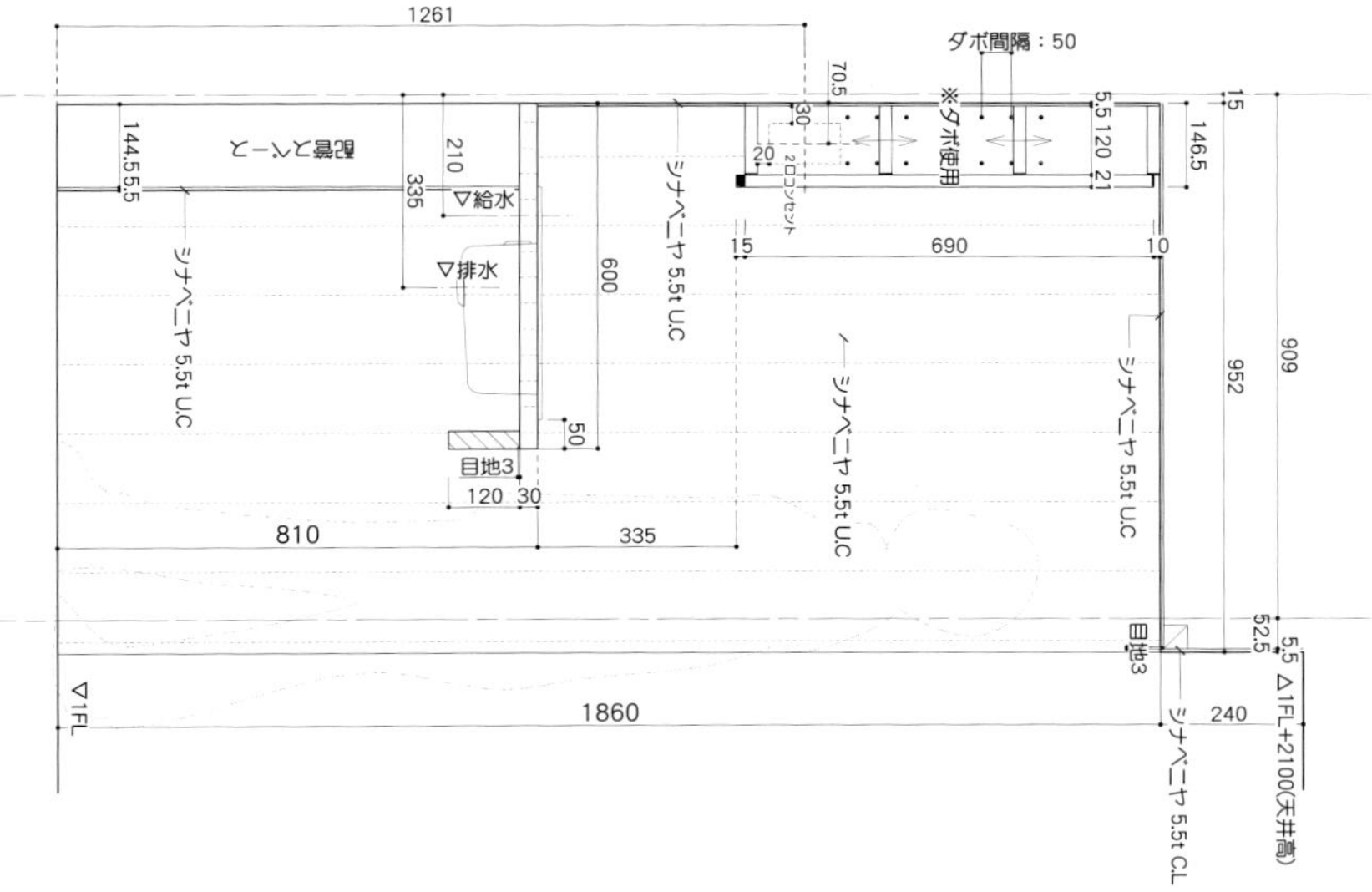

洗面コーナー断面図

Q.

建築家は階段の設計に力を入れる傾向があると思います。
単なる昇降の装置ではなく、
階段はより特別な意味を持つと思われますが、どうお考えですか？

―32

階段

は不思議な空間だと思います。

階段を特別視するか、動線の一部と見なすかで設計のスタンスが異なります。「階段とは上の階の床がだんだんと下がってきたもの」と言ったのは『住まいの解剖図鑑』（エクスナレッジ）を書いた建築家・増田奏さんです。何とも明快で、酸いも甘いも知り尽くしたベテランの言い切り方が気持ちいい。

階段は特別な装置ではなくて、単に「立体化した廊下」だと考えればよい、それが基本であるというように捉えました。一方で、階段は単に上り下りのための装置ではなくて、空間や暮らしを演出するための大事な要素であるから、階段にこそエネルギーをつぎ込むべきだという考えもあります。多くのつくり手はそう思うに違いありませ

ん。

実際、多くの建築家は階段に神経を使うことに間違いありません。階段のあり方にもそれぞれの作風・価値観が出てくるものだと思います。ただし、階段の本来の役割（上の階の床が下がってきたもの）を忘れて、力が入りすぎ、存在感がありすぎるケースも時々見受けられます。地方の工務店さんのモデルハウスなどでよく見かける、よく言えばオブジェ風な…遠慮なくいえば悪趣味としか思えないような（笑）階段を見るにつけ、「普通の階段でいいのになあ」という思いが強くなります。

階段はただの上り下りのための装置ではないぞ！がんばれ！と誰かが言ったために目も当てられないようなデザインがなされている。それならば普通の階段でいいのではないか？と思ってしまいます。

普通の階段とはなにか？

難しいですが、自分なりに定義をしてみました。階段は無理矢理、家の中の目立つ位置にあるのではなくて、そのプラン上最も素直で無理のない、動線的に効果的な位置にひっそりとあること。まるで上の階の廊下がだんだんと下りてきたかのようなあり方でいい（笑）。その家のインテリアに溶け込む素材、家具の一部のような存在感でありたい。そう、家具的である…。「上下階を違和感なくスムーズに繋げる装置」ということでもいいのではないか？それをマスターしたあと、特別な空間としてチャレンジするのも悪くないと思います。

古い民家を訪ね、納戸の中のシンプルな隠し階段に出会ったときのうれしさ。また、地味に置かれた素朴な箱階段を見かけると無性にうれしくなるのは、動線としての素直な階段や、階段の実用的なあり方を垣間見ることができたからだと思います。

眼を惹く階段というよりも、地味だけれども、その空間に溶け込むような完成度が欲しい。階段が家具のように空間に馴染んでいる—それが僕の目指す階段です。

とは言っても、誰もがはっとするような美しい階段に挑戦してみたいという思いも否定はしませんが（笑）。

A.

確かに、階段はただの昇降の装置ではなく、
空間を演出して生活に潤いを与える要素だと思います。
ただ、ぼくの場合は階段をも家具のひとつと捉え、
突出することなく空間に溶け込むことを目指します。
それも生活に潤いを与える設計です。

タタミリビングの家

多機能をすっきりまとめたスタンダードな直進階段

CASE 14

（事例紹介）

2階のキッチンの脇に上がってくるように設計され、洗面所や洗濯室などへの家事動線を優先している

冷房時の冷気が1階へ落ちていかないように仕込んでいる引き戸。高さ900ミリで見込み21ミリ。シナベニヤCLの場合とOP塗装を使い分けている

階段も、造り付け家具のように多機能でありながらも、すっきりまとめる。階段を標準化したときから使い続けているスタンダードな直進階段です。階段の直進方向に沿って長いプランのときに、特に有効です。1坪の面積で、外壁側は大壁仕上げ、廊下側（室内側）はシナベニヤで、間仕切り的に軽やかに仕上げています。

断熱材が入っている壁が外殻（白い壁や左官壁）で、それに守られた内側は軽やかな間仕切り壁としてベニヤの軽い質感で仕上げることで広さを感じさせます。間仕切り的に、家具的に仕切るような階段のあり方が、階段というよりも造り付け家具といった様相でしょうか？

最近は踏み板と蹴込み板にパインの集成材を使用しています（JMLの「クウォーターパイン」）。集成材なのにタテの継手がないので、一見すると無垢板に見えます。

この家の階段下はトイレ、階段下のさらに低いところは収納。階段を上り切ったところには引き戸が仕込まれていますが、2階リビングのときの標準仕様であり、冷房時に冷たい空気が下に落ちないための900ミリほどの高さの引き戸です。引き戸の脇には本棚が造り付けられ、階段の上り口上部は収納（押し入れ）となり、階段周りを有効に利用しています。

よく聞かれることに「階段途中の間仕切り壁の穴は何のため？」というのがあります。2階リビングの住まいでは1階が廊下に面している場合が多いので、暗くなりがちな1階の廊下を少しでも明るくするためであり、廊下の圧迫感を解消できればと考えていました。1階リビングのときはリビングに面していることが多く、そのときにも基本的には同じ理由なのですが、なぜか子どもたちがこの窓を好むようなのです。リビングにいる来客をそっと、この階段から、ニコニコしながら様子をうかがっていたりするのです（笑）。子どもにとっては楽しい居場所にもなるようです。

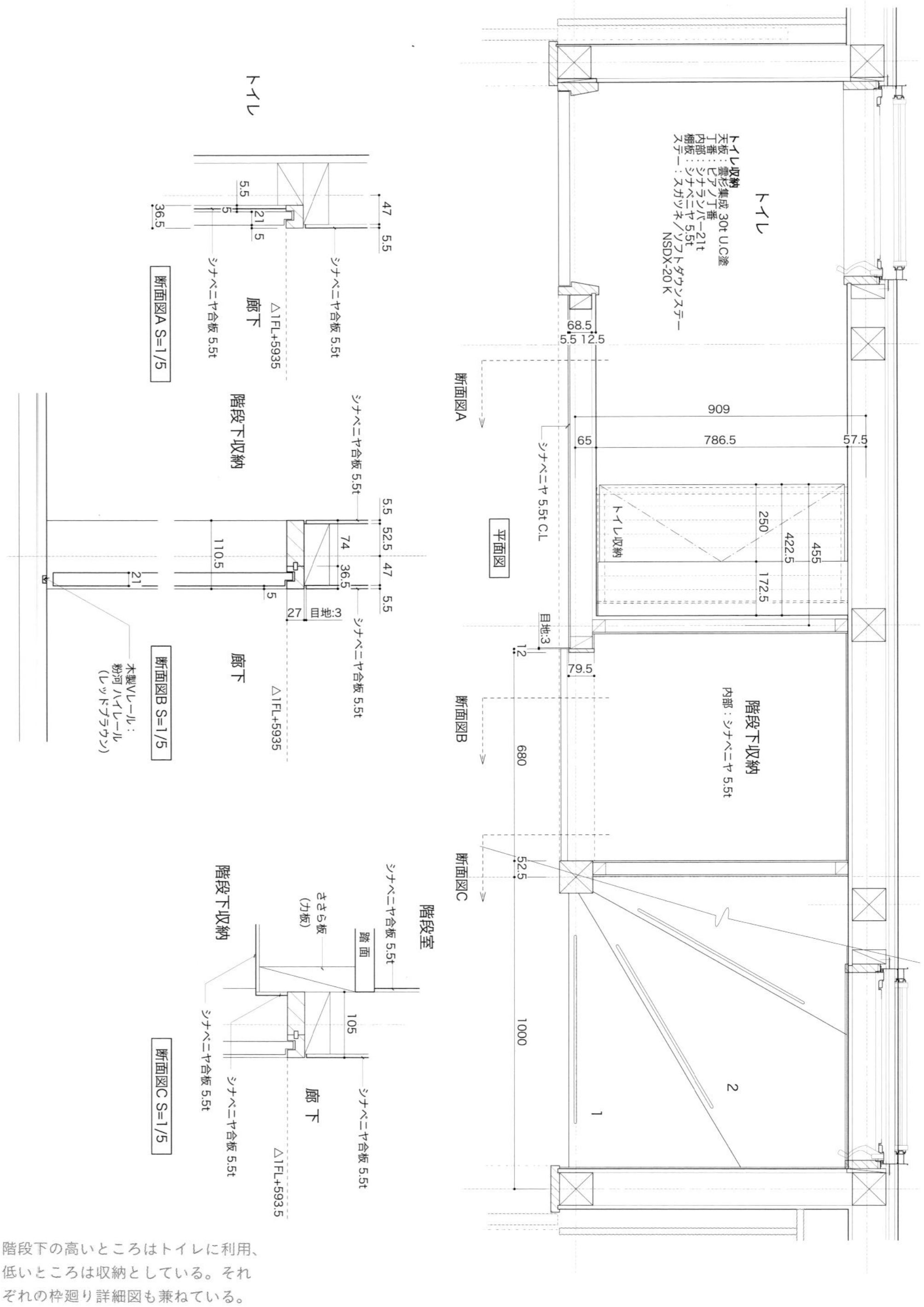

階段下の高いところはトイレに利用、低いところは収納としている。それぞれの枠廻り詳細図も兼ねている。トイレは高さの関係で背面に収納を設け、便器をできるだけ天井の高い位置へ寄せている

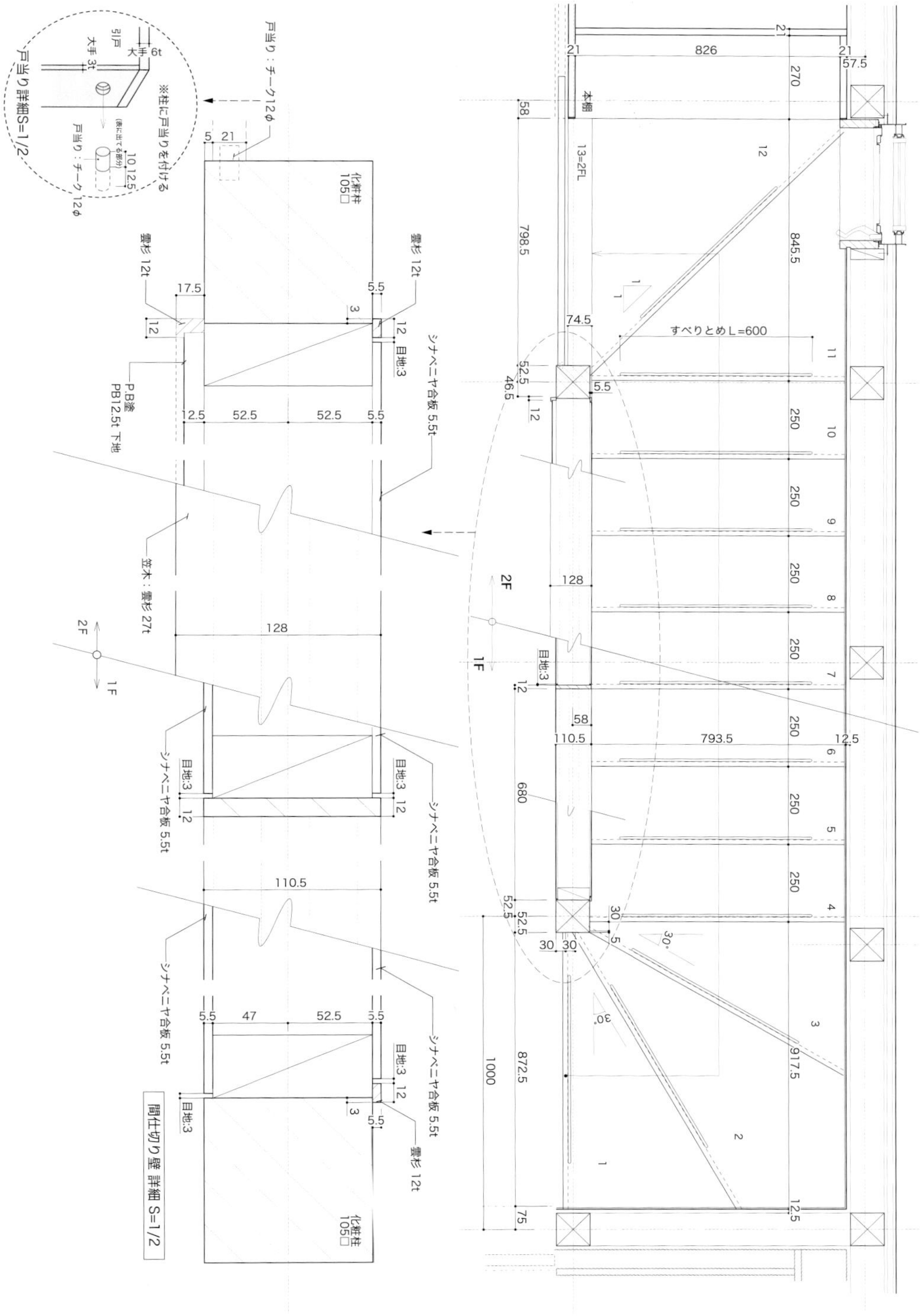

段板の割り付けと上下階の化粧柱廻りの取り合い。開口部の枠廻りを決めている図面でもある

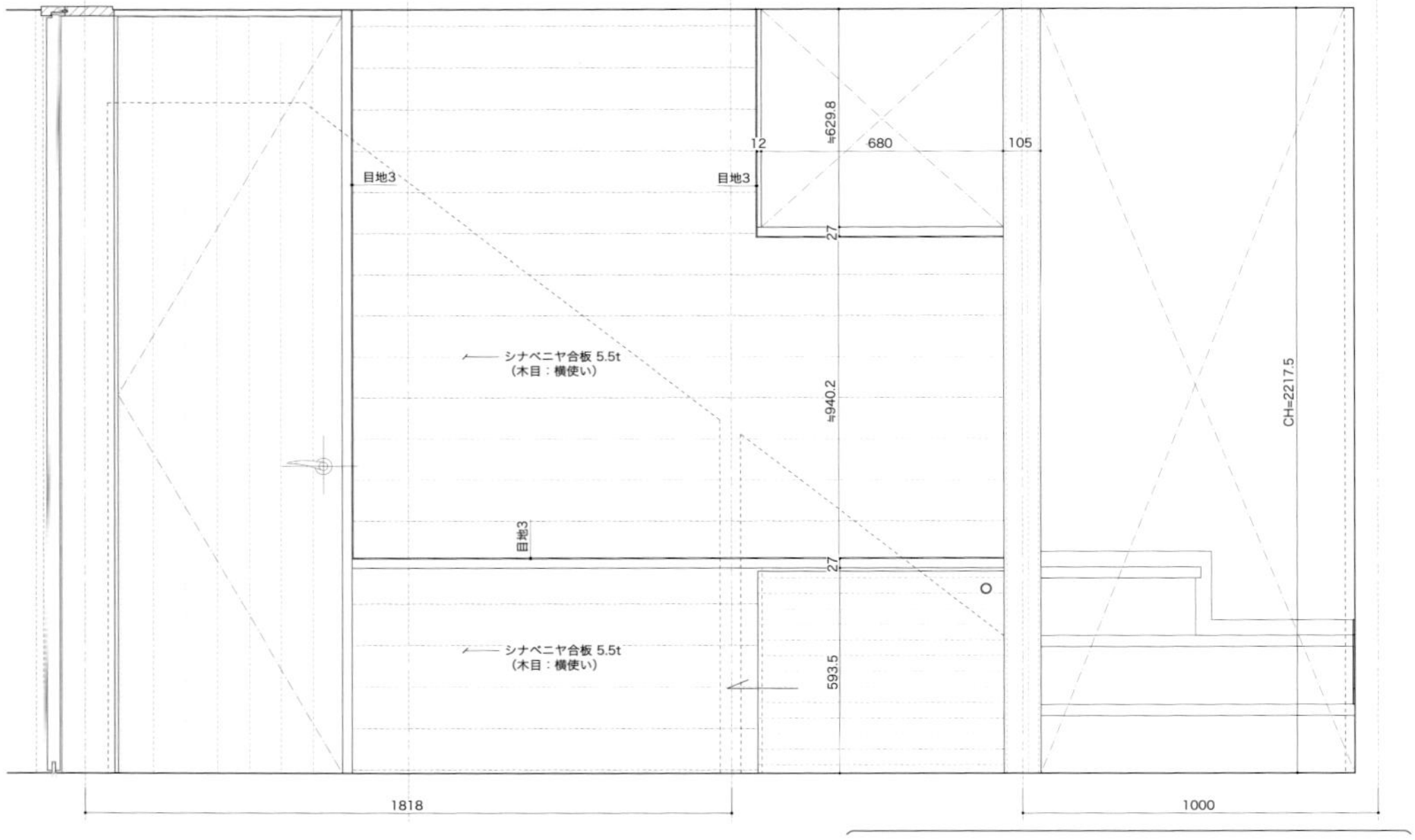

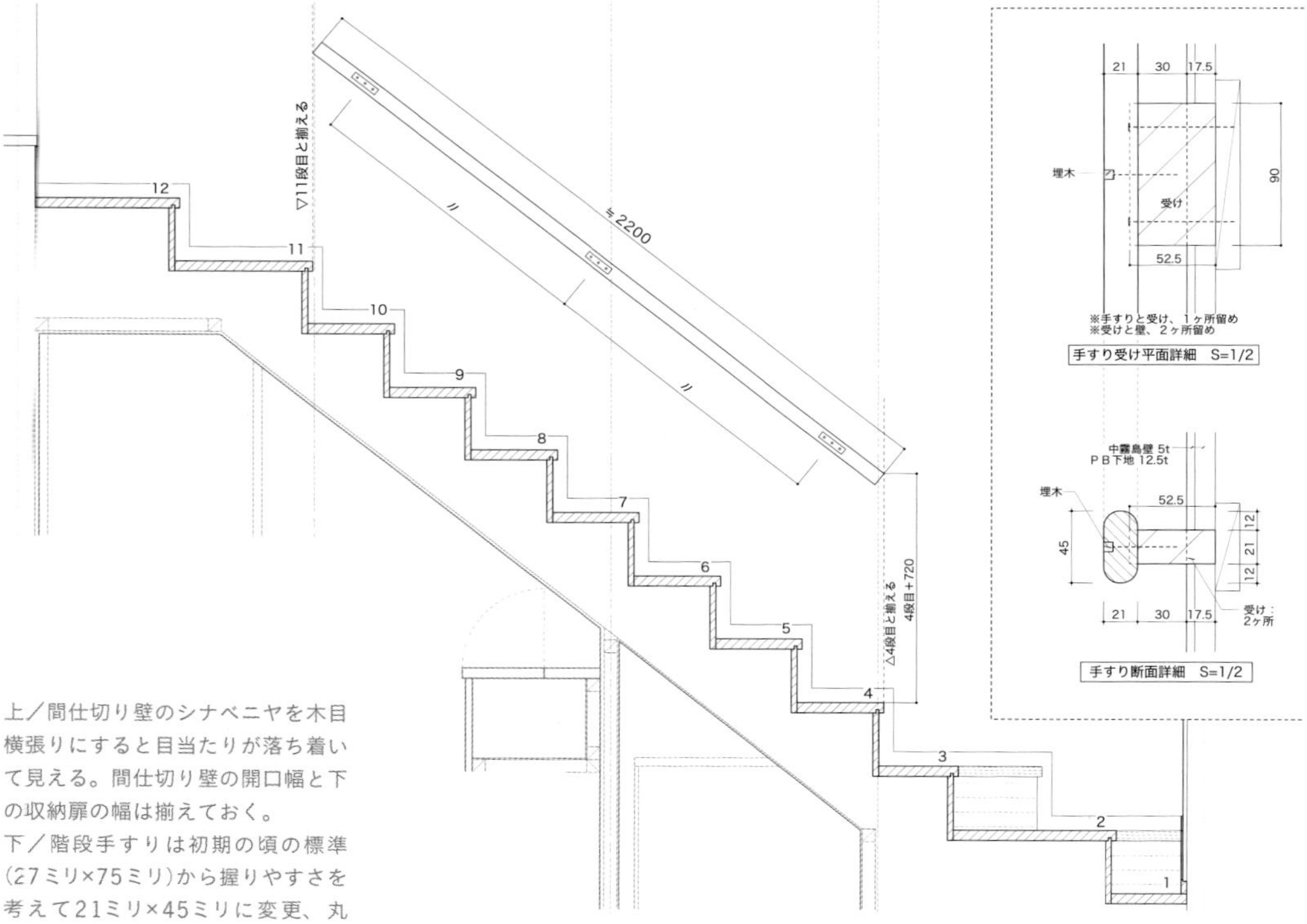

上／間仕切り壁のシナベニヤを木目横張りにすると目当たりが落ち着いて見える。間仕切り壁の開口幅と下の収納扉の幅は揃えておく。
下／階段手すりは初期の頃の標準（27ミリ×75ミリ）から握りやすさを考えて21ミリ×45ミリに変更、丸みを帯びた加工をしてもらっている

階段を見上げる。右が外壁に面した壁で、大壁仕上げとし、左が廊下との間仕切り壁で真壁風となっている。階段の上り口の化粧柱の位置は廻り込みやすいように、芯ズレさせて1000ミリ幅としている

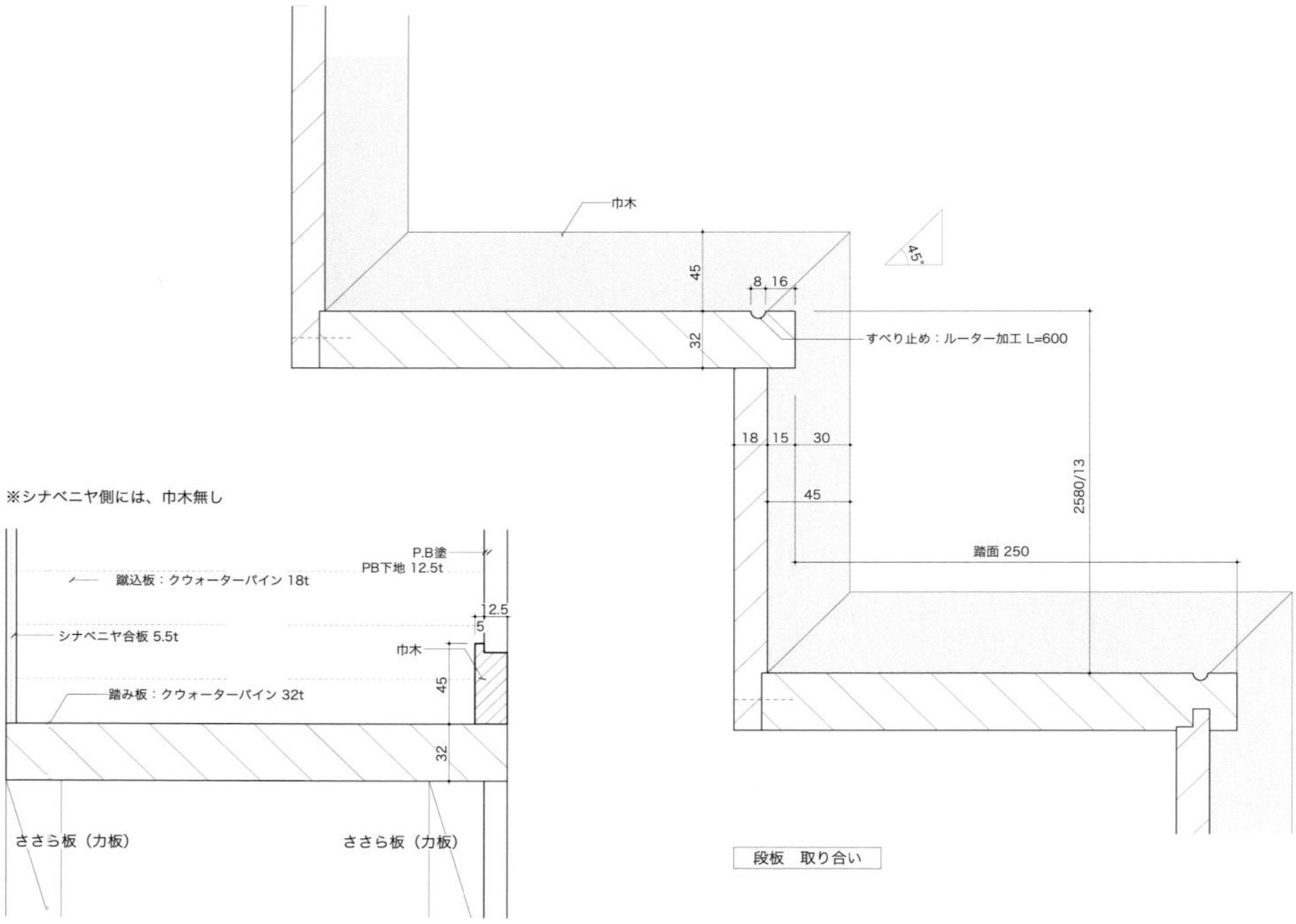

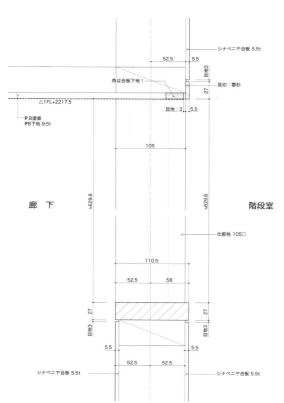

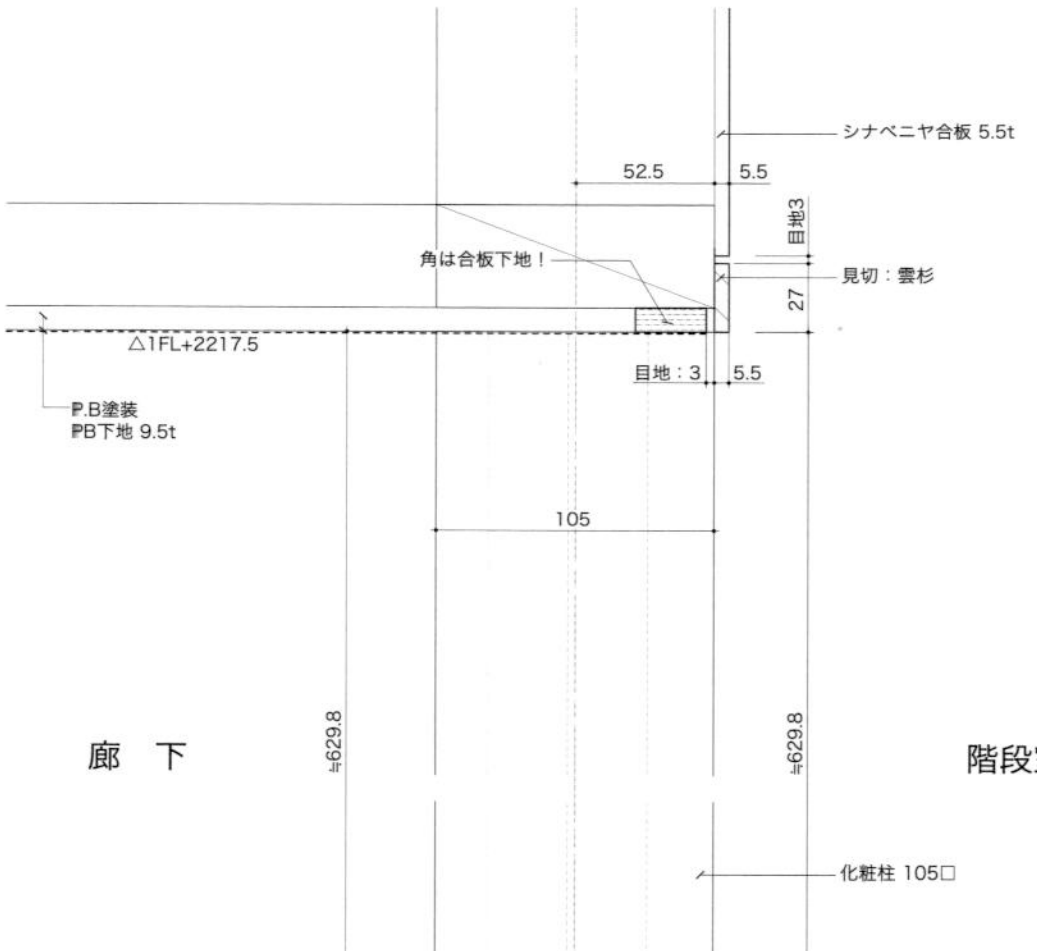

段板と壁の取り合いは「廻り階段」と同じ。大壁側は稲妻で巾木を取り付け、シナベニヤの間仕切り壁は踏面をどん付け（彫り込んで差し込むかどうかは大工さんに任せている）にしている。開口部の納まりは大事で、シナベニヤと枠・見切りは目地逃げで、ゾロで納める。このような納まりが家具的と言えるのかもしれない

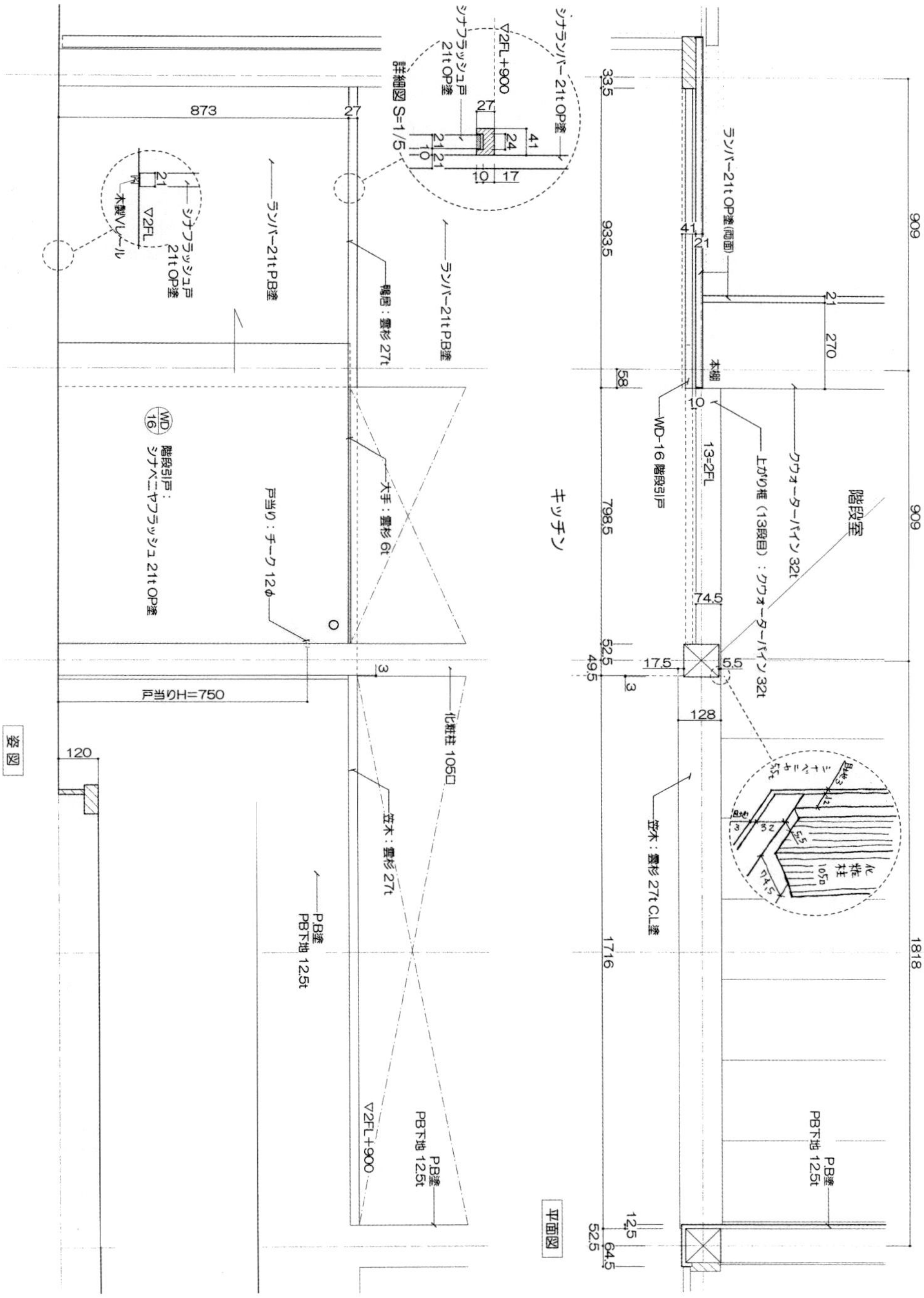

冷房の冷気が下へ落ちていかないように2階上がり口に設ける引き戸。柱にチーク12ミリを埋め込み、引き戸にそのチークが差し込まれるように彫り込みを入れてストッパーとしている。小さな子どもがいる住まいの場合は鍵を付けることもある

Q. 33

Q. 建築家はカッコイイ鉄骨階段を好みますが、
伊礼さんは鉄骨階段をあまり使わないのはなぜですか?

A. 階段も家具のように納めたいという意識が強いからなのですが、
見るためだけのデザイン、カッコイイ階段にしたい
という意識で鉄骨を選ぶことはありません。
カッコいいという意識でつくった空間には嫌みが宿るように感じるのです。
嫌みのない階段を木造でできるのなら木造でやりますが、
鉄骨でなければできない理由があるときは鉄骨にチャレンジします。

「南与野の家」はゆったりとした大人家族3人のための住まい。それぞれが自分の世界を大事にしながら、いい距離感で暮らすための住まいです。玄関アプローチがそのまま室内にも続き、庭に繋がっていく動線となりますが、その動線は家族のテリトリーを分ける役割もあります。そこに階段を設け、2階のリビングにアプローチしていくのですが、この階段の先には中庭があり、中庭への視線を遮りたくないと思いました。木造でも可能な階段ですが、ここは鉄骨でよりスッキリ、細身で軽やかに、宙に浮いたような階段が似合うと考えました。周りの壁からは3点の目立たない振れ止めで支えられ、踊り場は半円形で浮いています。壁と鉄板のささらとの間から、庭の手水鉢の水に反射した光が漏れてきます。手すりも丸鋼16φの細さで構成しています。

普段、裸足で暮らし、素手で触れる住まいでありたいと考えていることも、室内でメタルをあまり使わない理由でもあるのですが、この家ではメタルワークの楽しさ、魅力を再認識した仕事でもありました。階段を見せようというよりも、庭に目がいくようにと考えたことが、嫌みのない、軽やかな階段になったと思います。

階段のファーストステップは大事であると、先輩方から教わってきた。ここでも玄関側からのアプローチに対して、招き入れるように角度を付けてある。ほんのちょっとした工夫が階段の存在に気遣いを感じさせる

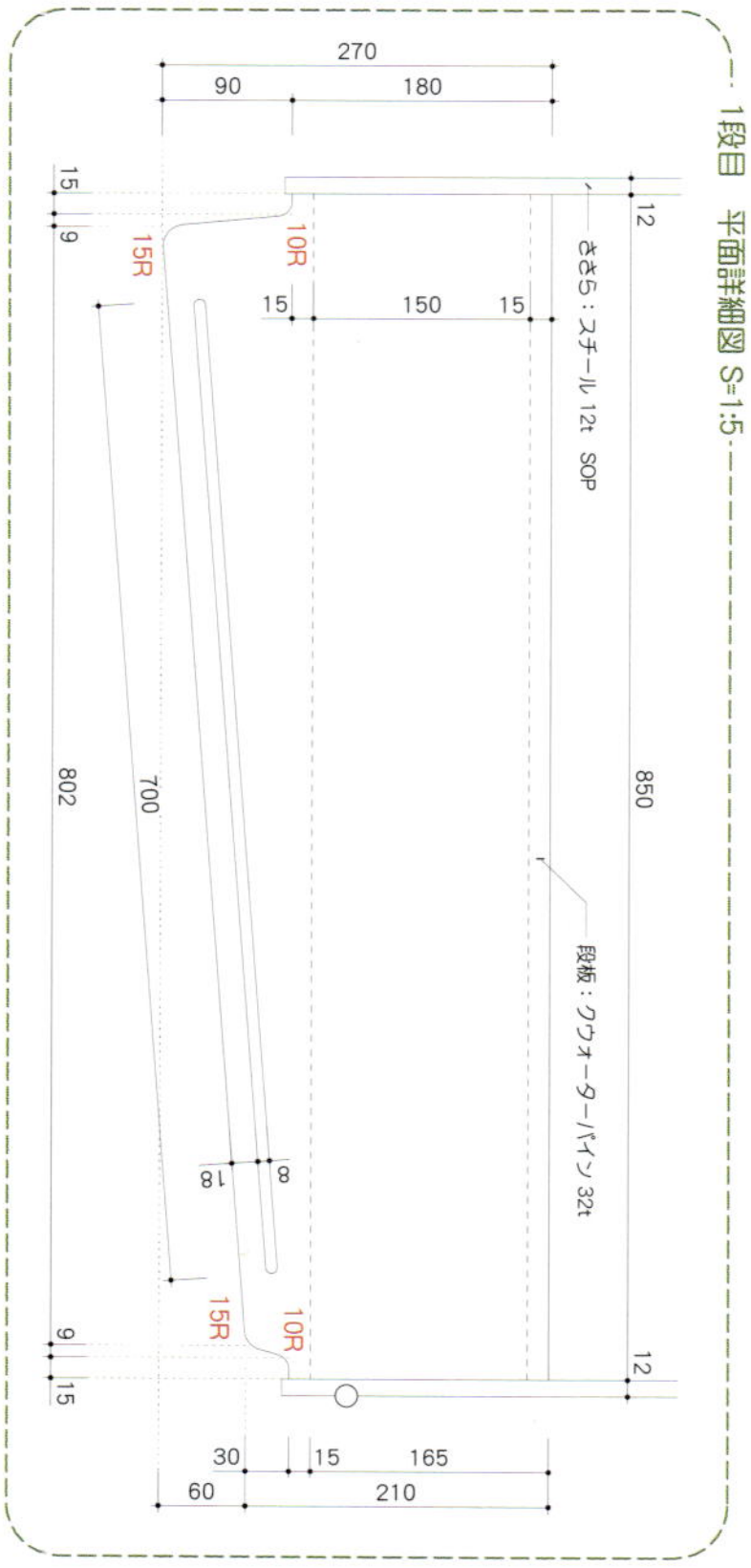

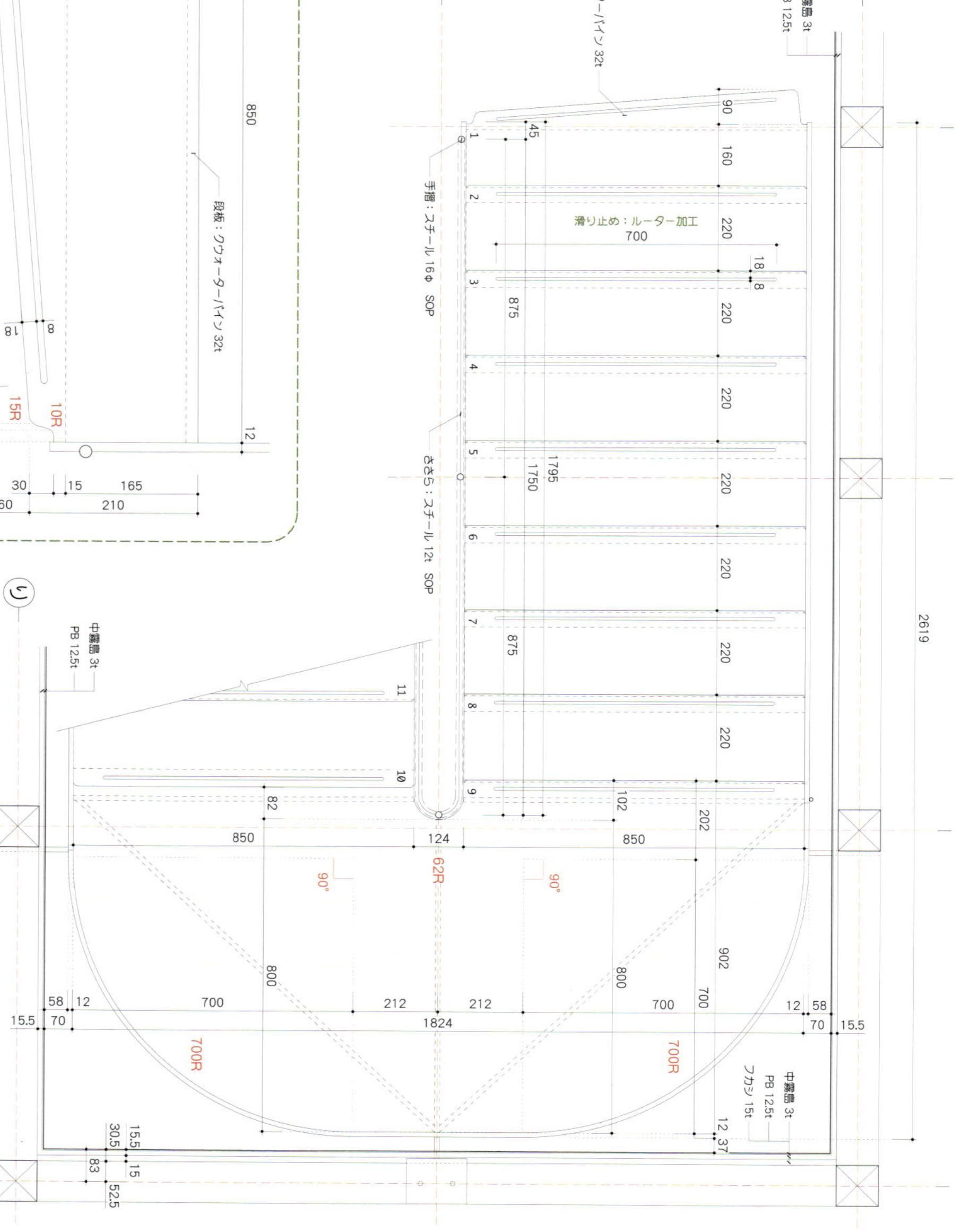

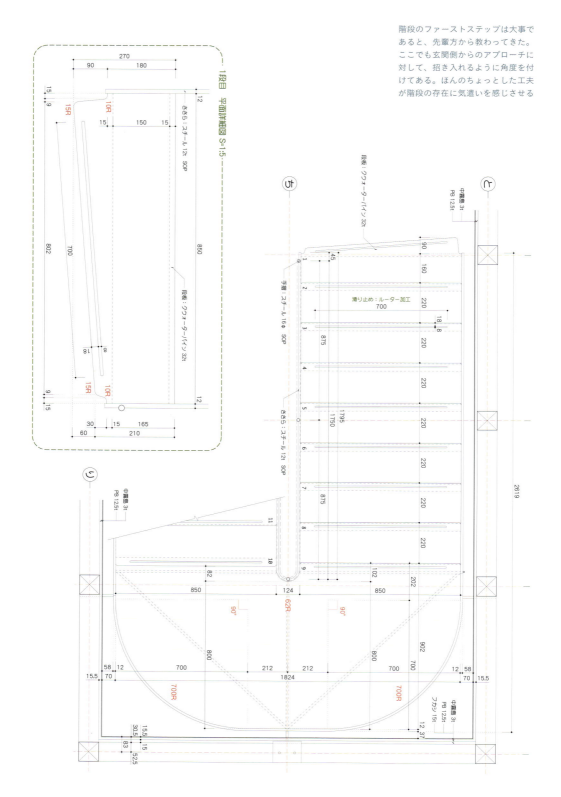

宙に浮いた階段とはいえ、物理的にはどこかで目立たないように支えなければならない。写真は工事中の、壁の中の振れ止めと支え

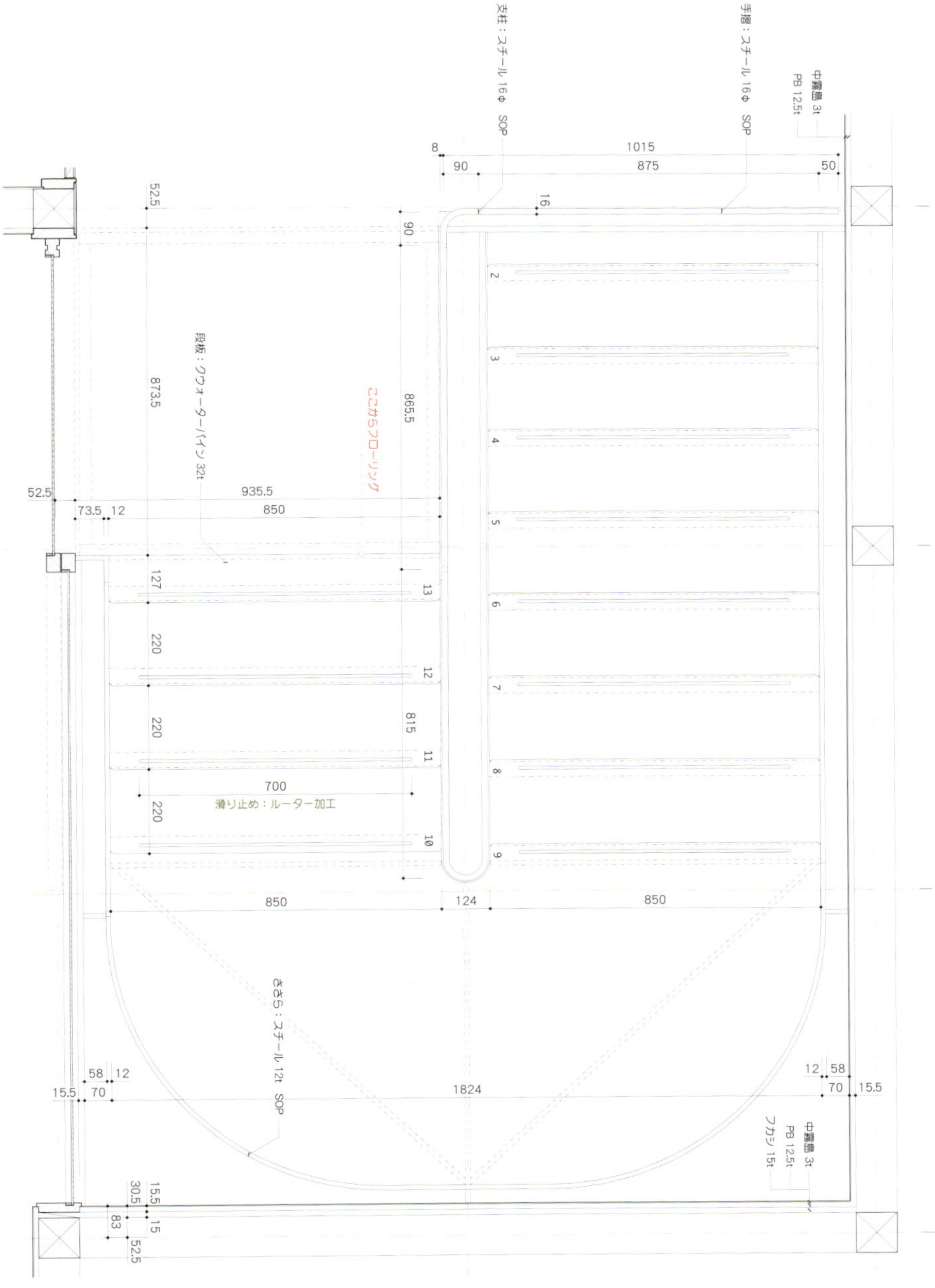

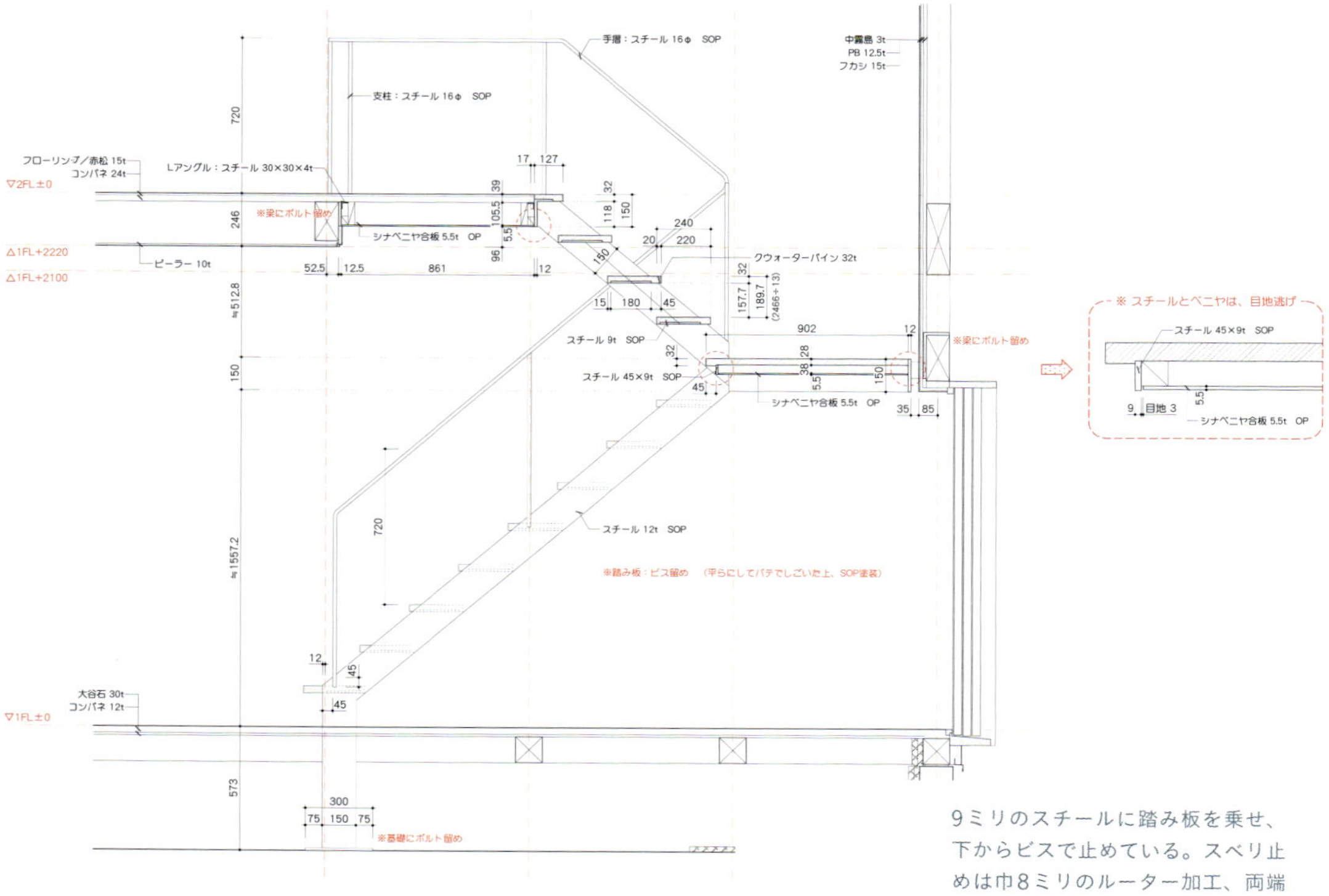

9ミリのスチールに踏み板を乗せ、下からビスで止めている。スベリ止めは巾8ミリのルーター加工、両端をアールで仕上げて柔らかく納めている

（事例紹介）

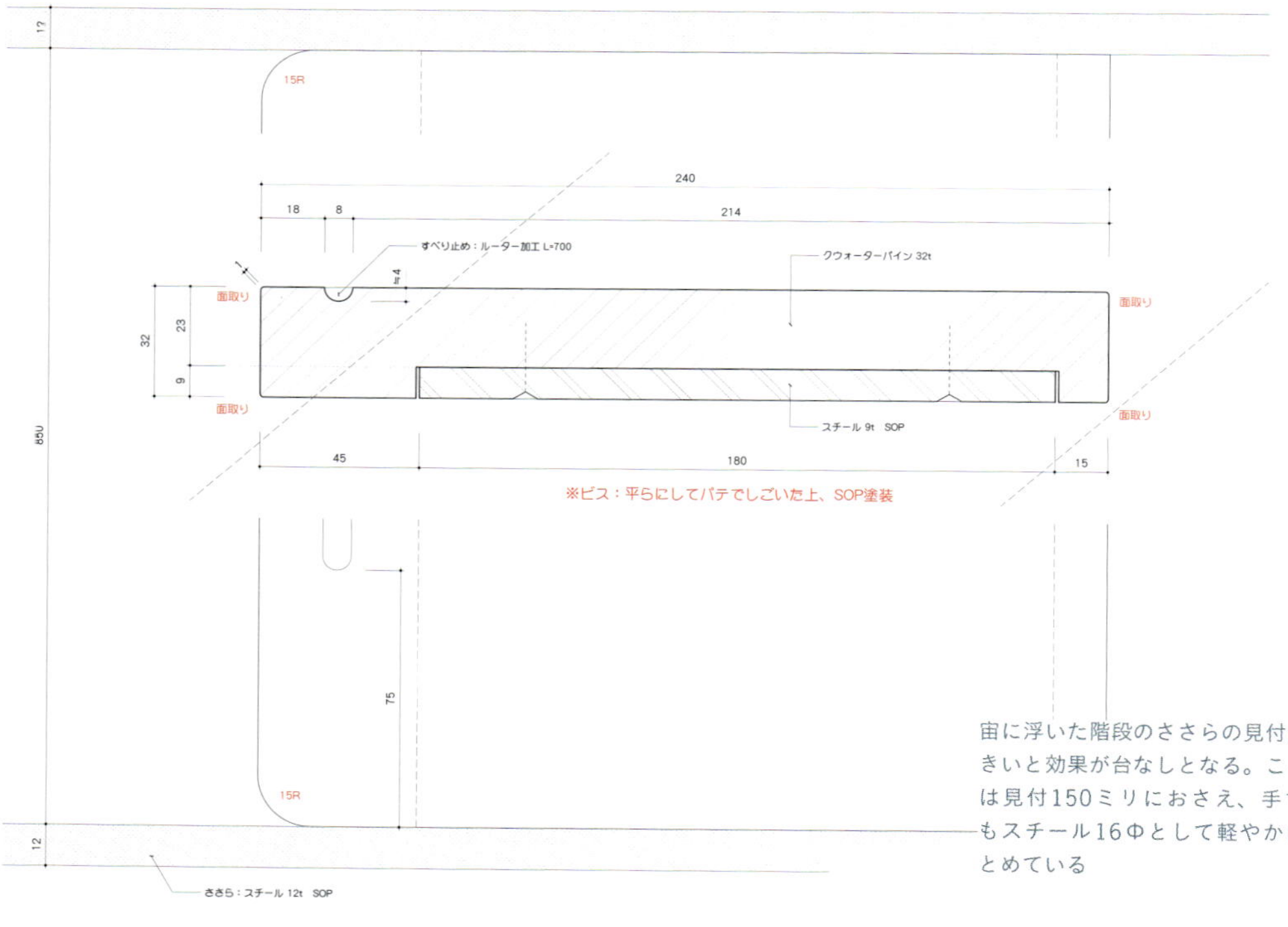

宙に浮いた階段のささらの見付が大きいと効果が台なしとなる。ここでは見付150ミリにおさえ、手すりもスチール16Φとして軽やかにまとめている

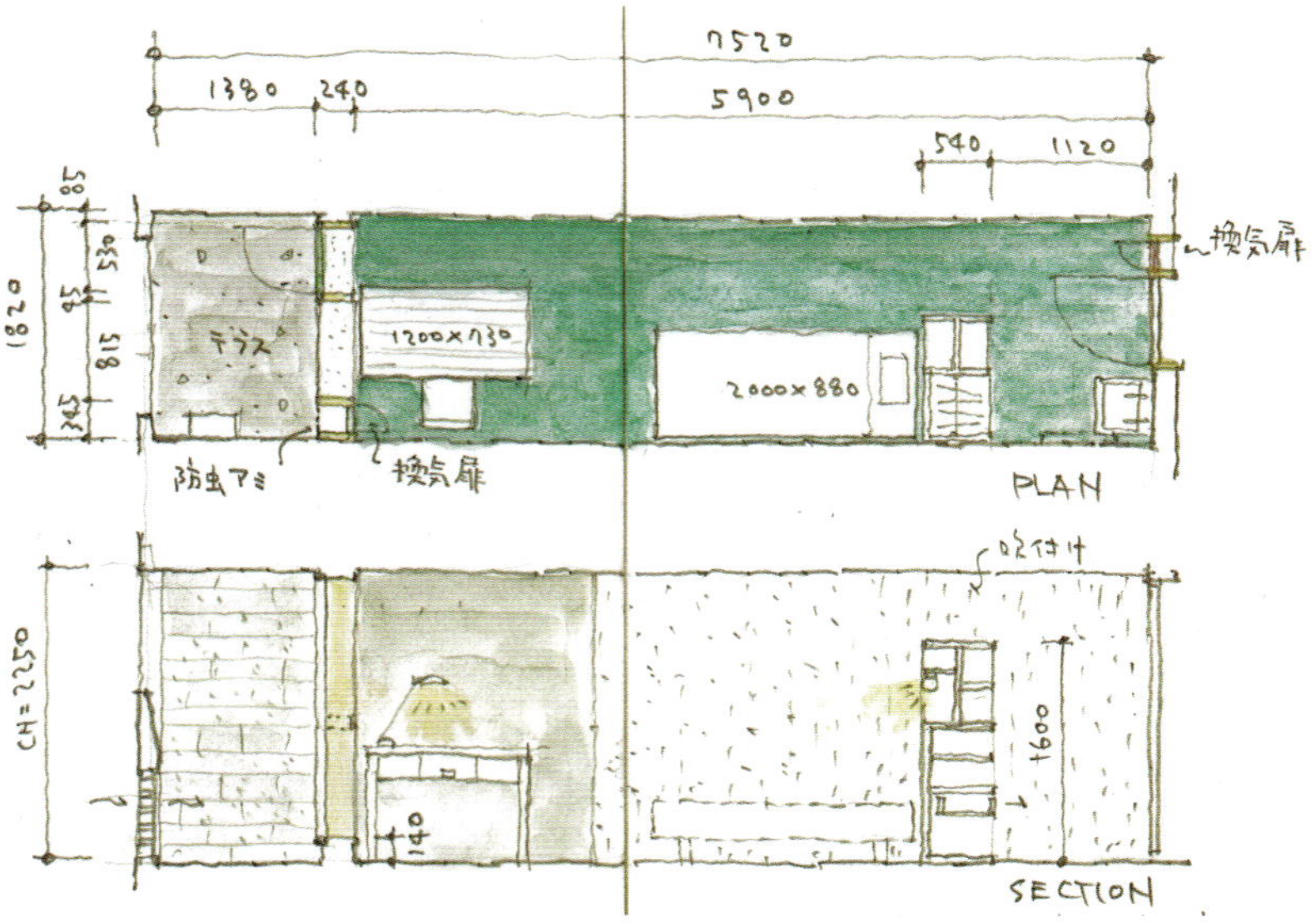

たてもの情報

ラ・トゥーレット 修道院
所在地：フランス・リオン
設計：ル・コルビュジエ
竣工：1959年

各部屋は小さなテラスを持ち、実際よりも部屋は広く感じる。壁と天井は荒々しい、白い吹き付け仕上げ。照明ひとつ付いていないのが、ストイックさを強めている

ラ・トゥーレット修道院（フランス）

巨匠ル・コルビュジエの傑作のひとつである「ラ・トゥーレット修道院」。コルビュジエの近代建築の5原則（ピロティ、水平連続窓、自由な平面、自由な立面、屋上庭園）が具現化された建築です。宿泊した部屋は元々修道士たちの部屋。修行の身には贅沢は必要とせず、簡素で必要最小限の空間を与えたのだと思います。それでも、落ち着きのあるとても心地よい空間だったので、早速実測!!

細長い部屋の巾は内々寸法で1820ミリ…日本の尺寸法に近い、天井2250ミリで低めにおさえてあり、普段の自分の設計に近い。コルビュジエの考案した「モデュロール」という独特の寸法体系を、実測を通して身体化できたのです。

第5章

Irei Satoshi's
House Design
RULE II

Q/A
34→39

CASE
15→22

暮らしの中心となるキッチン

Q.—34

お昼の「まかない」をブログで拝見しています。
伊礼さん自身で料理されているとか？
料理好きの建築家は少なくないように思います。
料理をするメリットは何でしょうか？

A.

料理をすることは仕事で硬直しそうになる思考のバランス回復作業であり、
「小さな建築」行為とも言えるのではないでしょうか？

料理も設計も、ものをつくる喜びを与えてくれます。つくる楽しみ、食べる（完成したモノを味わう）喜び…。扱っている素材や技法、表現の違いはあれ、料理という行為は「考えること」「身体を動かすこと」「完成させること」の素晴らしさを味わうことができます。

本業の設計と大きく違う点は、完成までに要する時間と「つくり手」が異なるということ（本業の方は、つくるのは工務店）。

住宅は依頼を受けて引き渡すまで約1年、つくる意欲を持続するのは意外と難しいものです。料理に比べると掛かる費用も素材の数も桁外れに多い上に、クライアントが存在します(笑)。

つくる行為とともに、クライアントの要望を読み解き、理解し、さらにこちらの考えを伝える努力を重ねて設計をまとめ、現場に入ると工務店の監督さん、大工をはじめとする職人さんたちに設計の意図を伝えるため図面やスケッチを描き、現場で説明したりと、決して、楽しいだけでは済まないものです。

事務所の中でも、所長ともなると事務所すべての仕事に関わり、各担当者と実施設計を詰め、指示を出し、自分の意図の伝わらなさにイライラすることもあれば、スタッフの失敗に怒りながらも先頭を切って対応しなければなりません…くたびれますよね？

そんなときにすべてをひとりでつくり上げることができて1時間ほどで完成する料理は、思い通りに進まない日々の「生業」の中で、仕事漬けで硬直した思考をほぐしてくれる「リハビリ」であり、発散するだけのストレス解消でなく、技術を積み上げ上達していく喜びを与えてくれる行為だと思うのです。それは「小さな建築」行為とも言えるのではないでしょうか？

そのような理由で、事務所にいるときは、できるだけぼくがお昼ご飯をつくるようにしています。スタッフの迷惑を顧みず！（笑）。

『男のだいどこ』（文藝春秋）という優れたエッセイ集があります。著者は映画評論でお馴染みだった荻昌弘さん。もう40年近くも前の本ですが、20代の頃の愛読書のひとつでした。この本の中に「少なくとも食いものへ直接関わることは、男にとって素晴らしいバランス回復作業なのである」と書かれたくだりがあります。文中の「男」を「建築家」あるいは「住まいづくりに関わる者」に差し替えると、そのままいただいた質問の答えになりそうです（笑）。この本は、旅先のあちこちで食べた「うまいもの」を、なんとか自分の台所で盗用・再現できないか？と努力した奮闘記でもあり、高度成長期の日本の食の荒廃に対する怒りが綴られた批評本とも言えます。また、時折出てくる江戸っ子口調の文体が小気味よく気持ちいい。

旅をして、舌を養い、手を練り、その料理やその地方、つくった料理人に対する敬意を持ち、自分の舌を通して、世のイカサマにもの申す――そんな内容のエッセイ集です。

「舌」を「眼」に、「料理」を「建築」に、「料理人」を「つくり手」に置き換えてみると、台所に入ることが家づくりに関わる方々への処方箋（アドバイス）に思えてきます。事務所のキッチンは「男のだいどこ」（リハビリ）の実践の場になったのです。

タタミリビングと対面するキッチン「タタミリビングの家」

35

Q. 住宅の中でキッチンはどうあるべきでしょうか？

A. 袋小路のキッチンをつくらないよう心がけつつ、家族の誰もが、出入りしやすいキッチンでありたいと思います。

いっしょにご飯をつくり、食べることとは、人と人を結びつける最もプリミティブな行為だと思っていること。だからキッチンという場を大事だと考えていること。「キッチンは生活の中心」であり、「全体の動線の中に位置づける」ということは『伊礼智の住宅設計作法』に書きました。

自分の設計を振り返るとキッチンの型が見えてくるように思いました（自分でもよくわかってないものですから…）。実例をいくつか並べてみると 動線を常に意識して、袋小路のキッチンをつくらないよう心がけているようです。どうしても廻れる動線が確保できないときは、コの字型にして奥行きを減らすようにしています。家族の誰もが、出入りしやすいキッチンでありたいと思います。

i-works 2008

廻れるキッチン

4人家族を想定したスタンダード住宅「i-works2008」は延べ床面積25・5坪の小さな家。セミオープン型のキッチンは廻れる動線を持つことで、コンパクトながらも1階やキッチン後部の水廻りへの動きもスムーズ。キッチン脇の1畳大のパントリーは小さなデスクも内蔵し、機能的にまとめています。キッチンから大きな開口を通して景色が望めるのも特徴。

キッチンとダイニングを両面使いの家具で仕切り、収納量を確保しつつ、雑多な家電が隠れるように手元を立ち上げている

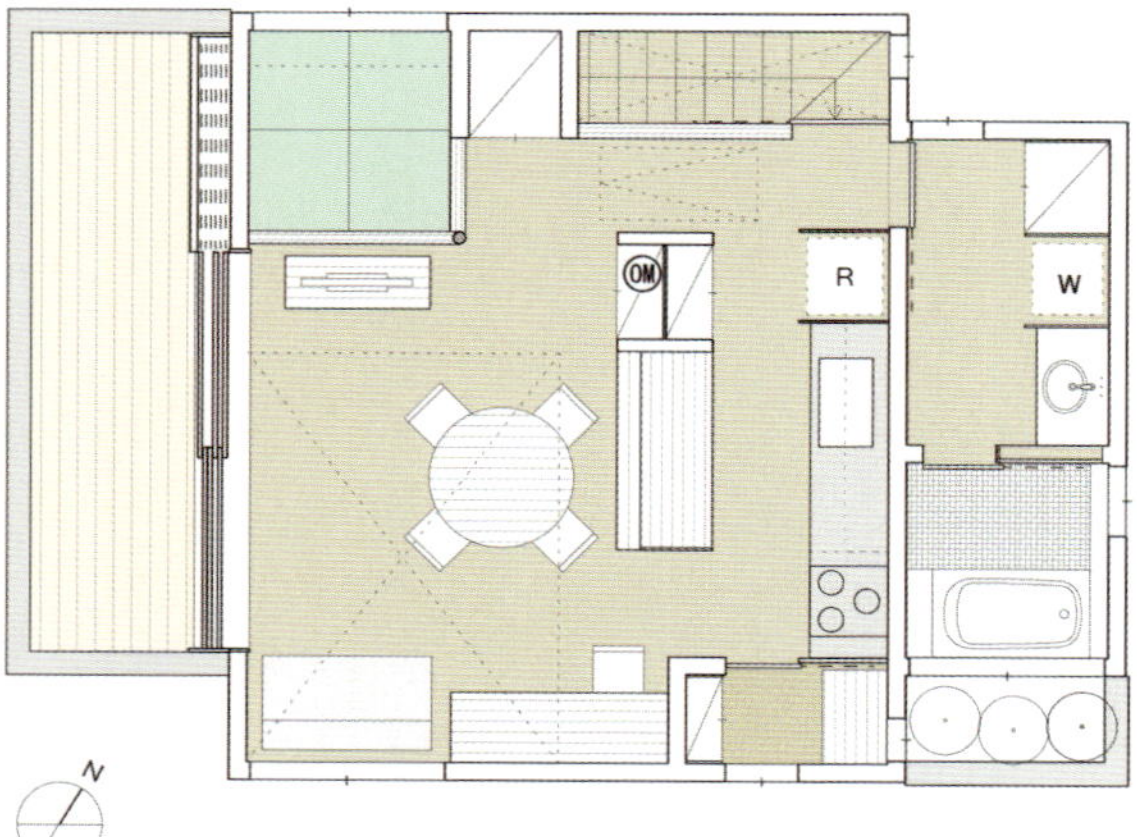

S = 1/100

CASE 15

キッチンの真向かいにダイニングテーブルを置かず、斜め横の日当りのよい場所にテーブルを配置している。配膳が楽になることもメリット

CASE 16

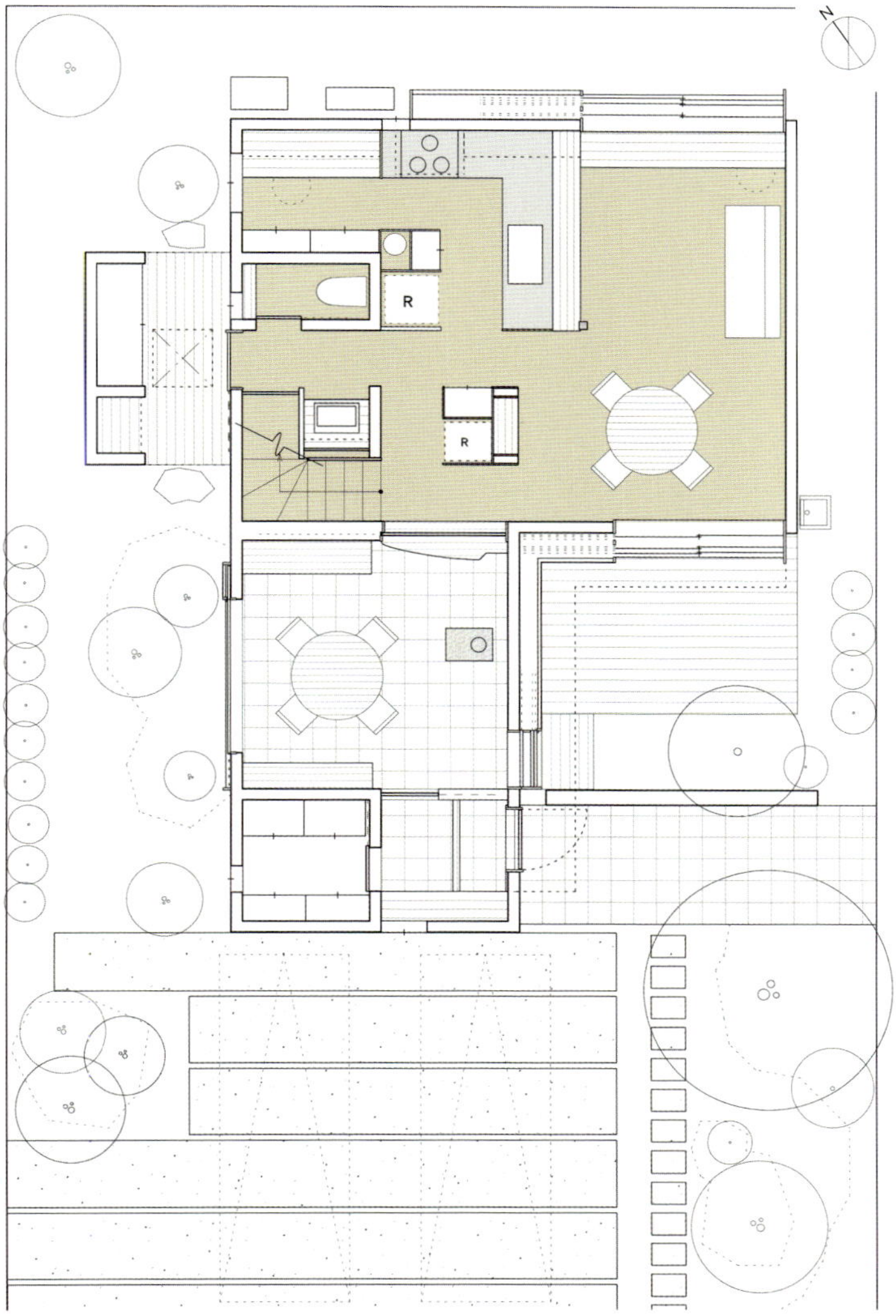

守谷の家

L型の対面式キッチン

「守谷の家」はL型の対面式キッチンですが、その対面にダイニングテーブルではなく、リビングのソファが配置され、向かい合うようなあり方です。キッチンの家具の中にテレビをしまったのでこのような対面する形になったのです。ダイニングは斜め横へ…そのほうがむしろキッチンからの動線が楽なのです（決して一般的なあり方ではないのですが…）。キッチンから北面の遊歩道が望めることと、キッチンの奥にパントリーを兼ねた奥さんのスペースがあることも特徴のひとつです。勝手口から裸足で外物置にアプローチできます。

CASE 17

幕張本郷の家

リビング・ダイニングと一体となるセンターキッチン

家中に目が届く位置に配置、廻れる動線を持ち、トップライトで明るいキッチンとなった

「幕張本郷の家」は廻れる動線が3つ重なる、単純なプランながらも動き廻れる動線を持っています。配膳台は壁を1100ミリまで立ち上げて手元の物が見えないようにした上で、手元灯を仕込んで明るさを確保しています。リビングダイニングの中にキッチンがあるかのようなインテリアなので壁と同じく、キッチンも白で統一されています。

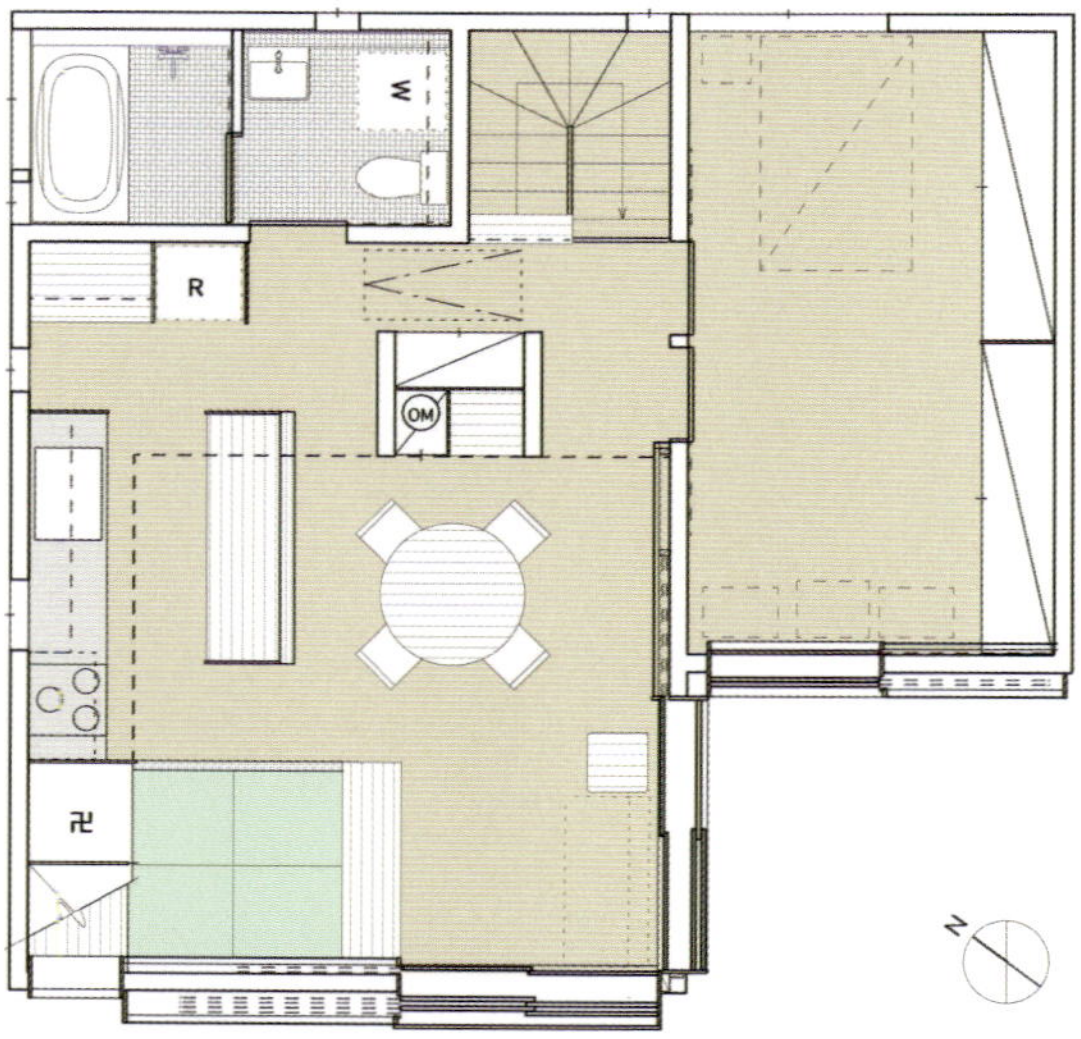

那珂湊の家

動きやすいダイニングキッチン

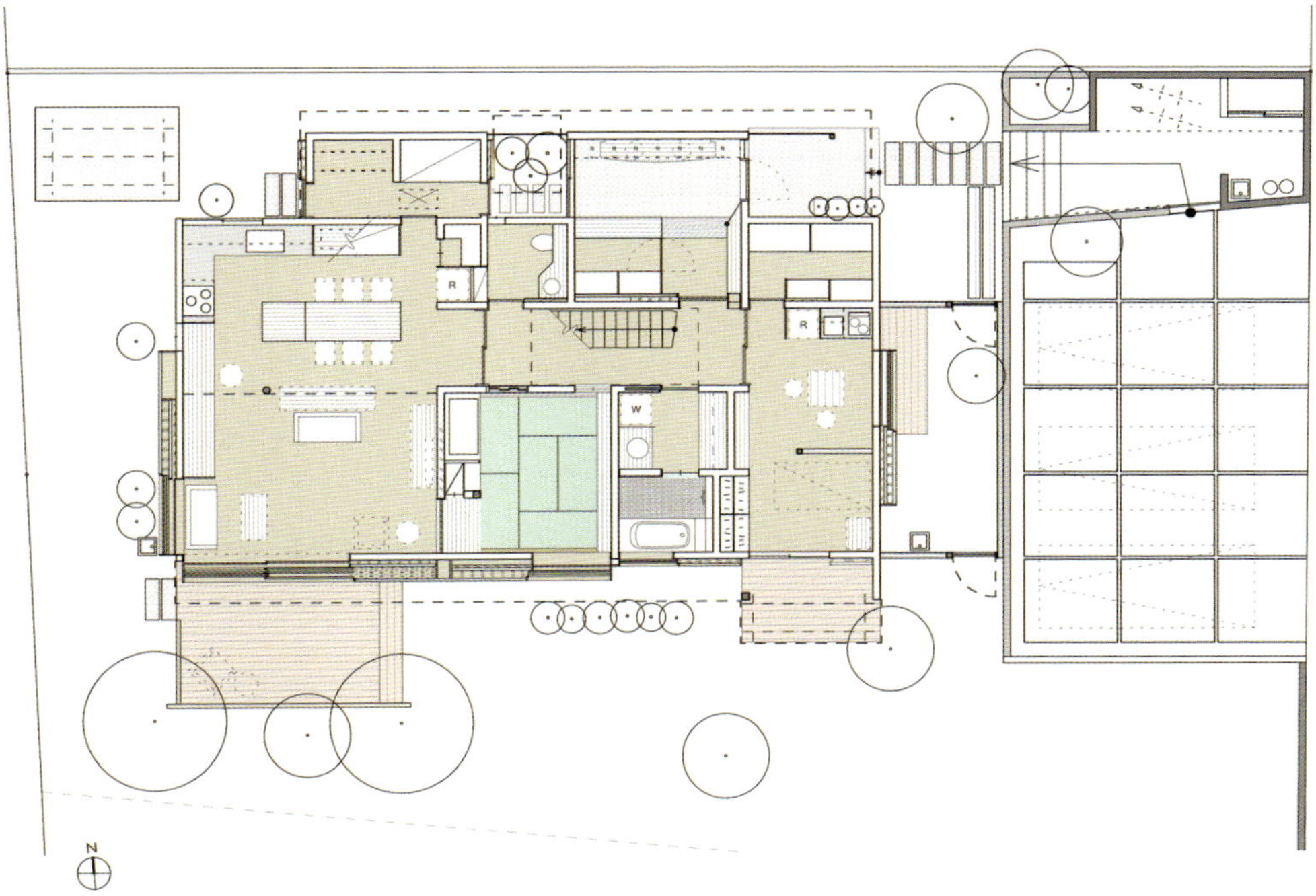

（事例紹介）

キッチンはリビングの造り付けの家具と繋がってリビングと一体となる

CASE 18

「那珂湊の家」はダイニングキッチン。ダイニングテーブルが調理台も兼ねることができるのでパーティ好きの家族に向いています。ダイニングをキッチンに取り込む形なので、少ない面積でゆったりしたキッチンがつくり出せます。この家はバックヤード的な納戸を持ち、中庭を抜けて、玄関へ繋がります。

キッチンとダイニング・リビングが一体となった「那珂湊の家」

白馬山荘

コックピットのような小さなキッチン

元スタッフのご両親のスキーを楽しむための週末山荘。よってキッチンは最小限を目指した

CASE 19

週末、スキーを楽しむご夫婦のための小さな山荘、短期滞在のための最小限の機能を持ちます。1坪ちょっとの面積の中で、できる限り機能を持ち、収納量も確保しつつも、楽しいキッチンを目指しました。

山荘の中央に小さな囲われた空間として配置されることでキッチンの生活色をリビングから払拭しています。外の景色を楽しみ、土間方向を小窓から伺い、小さいながらも山荘の司令塔のような存在です。コの字型にすることで限られた空間の中で作業カウンターの面積を多く確保し、コの字の一辺を斜めにすることで動きやすさも確保しています。

本格的な料理はつくらないということでしたのでシンクは小さめにしてありますが、もう少し大きなものにするだけで住宅用のキッチンとして十分通用することでしょう。この仕事を通して、コの字型のキッチンの可能性と楽しさを知りました。

CASE 20

秩父の家

キッチンに寄り添う家族の居場所

ベンチと一体となったキッチン

落語の「寿限無」に出てくる「喰う寝るところに住むところ」の「住む」という行為にこそ住まいの大事な部分があるんだ!と昔、教わった記憶があります。

それでは「住む」とはどのような行為なのでしょうか?おそらく、考えること、会話をする(団欒)ことなど、人間らしい、文化的な行為を指すのではないかと思います。

ぼくが若い頃に耳にしたことですが、食べること、料理をすることは文明の発達とともに「アウトソース」されて家庭の外へ出て行くものだと予測されていました(それは一部間違いではありませんでした)。都市化するとはそういうものだと…。しかし、「料理」は技術であり重要な文化であるというのが、今の時代のコモンセンスだと思います。何しろ、和食がユネスコ無形文化遺産として登録されたのですから…。そうなると、料理することは「住む」行為に劣ることのない重要な文化行為であり、それを理解して「喰う」ことも立派な文化である。だからこそ、料理している姿が見えるキッチンにしたいと考えるし、料理の匂いや音こそ文化そのもののように思います。

密室で食事をつくるのではなくて、みんなが見えているところで楽しくつくる。誰もが参加できる出入りしやすいキッチン。活気と楽しさにあふれている居場所でありたい。

「秩父の家」はダイニングの背後にキッチンがあって、ダイニングのベンチがキッチンと一体となった感じです。ベンチはリビングのソファの役割も果たし、「つくるところ」「喰うところ」「住むところ」がひとつにまとまったエリアとなりました。

キッチンからもダイニングからも、テレビと薪ストーブの炎が見えて、キッチンの横のパントリーの中にはデスクが内蔵され、現代の外部との回路・パソコンがしまわれています。住まいの中心にあり、家族がアクセスしやすく(冷蔵庫はみんなのものですから…笑)、家族を繋ぐ居場所がキッチン周りだと思います。

食(つくること、食べること)は文化であると理解したとき、キッチン周りは最も楽しい場のひとつとなり、暮らす楽しさをもたらしてくれる場となるでしょう。

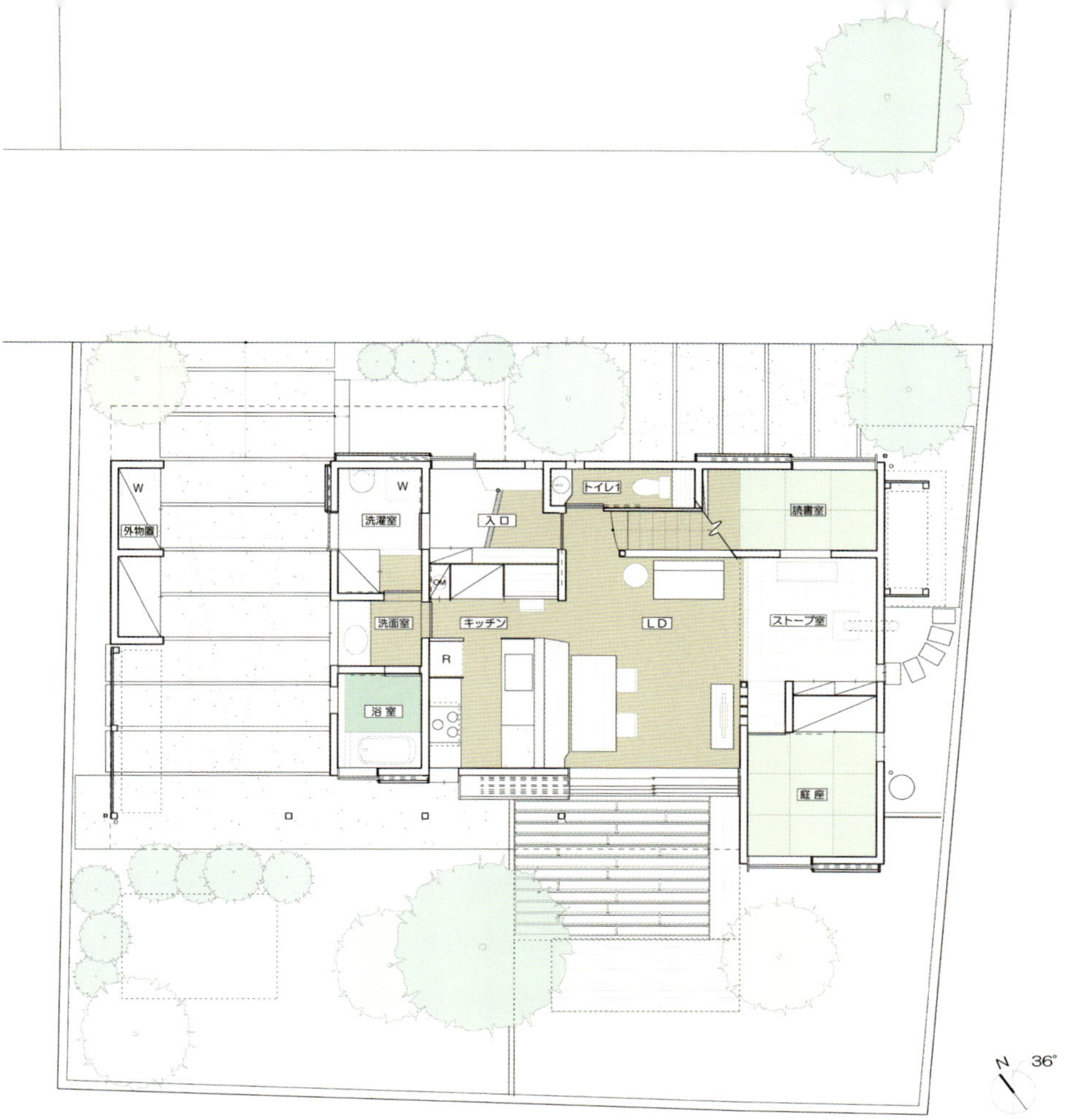

「秩父の家」の1階平面図

いつもあまり凝ったデザインはしない。必要な収納を必要なだけつくり（と言いつつ、少し多めに）、ダイニングやリビングとの繋がりを大事にする。そのためには壁の仕上げの見切り方がポイントとなる

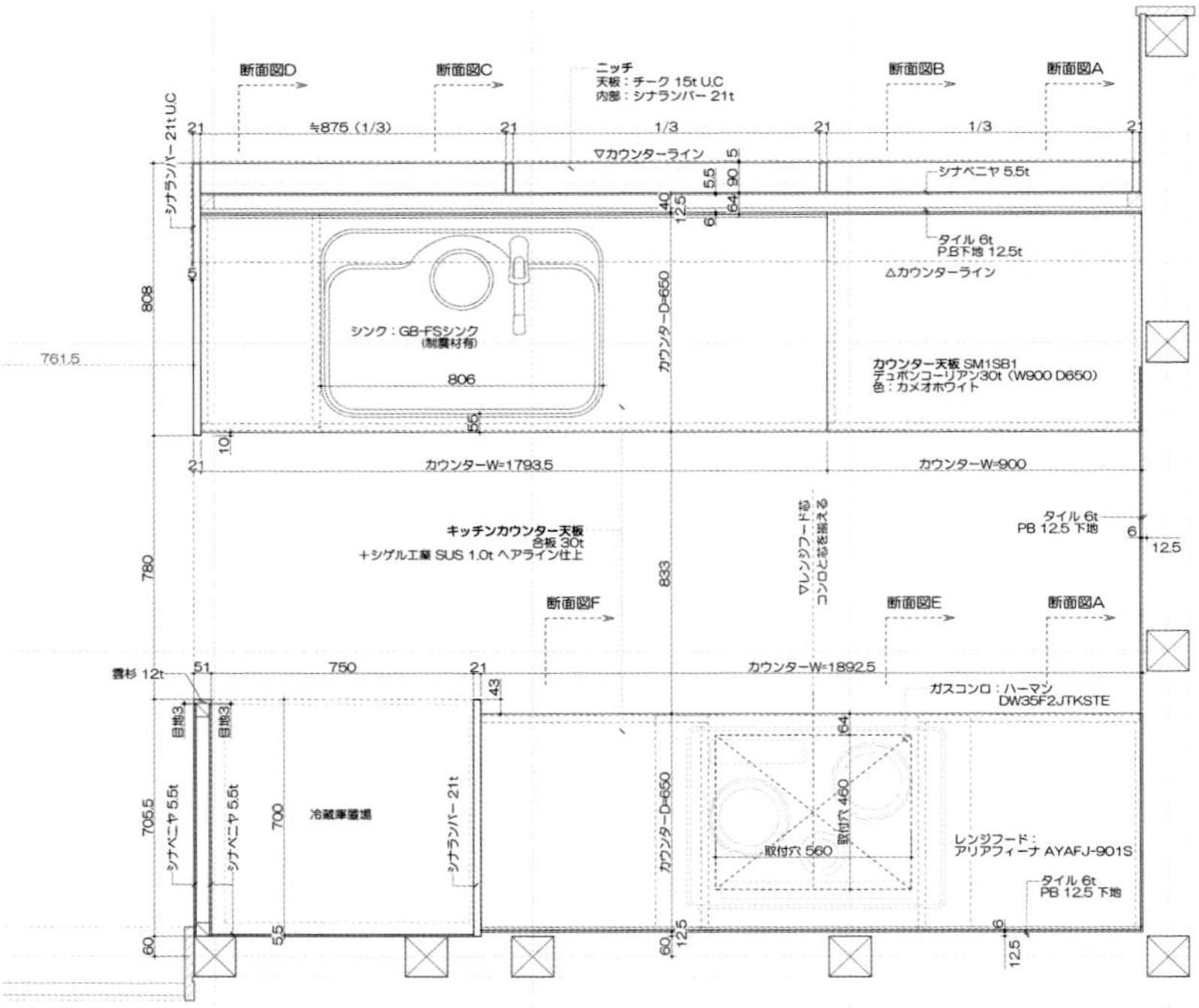

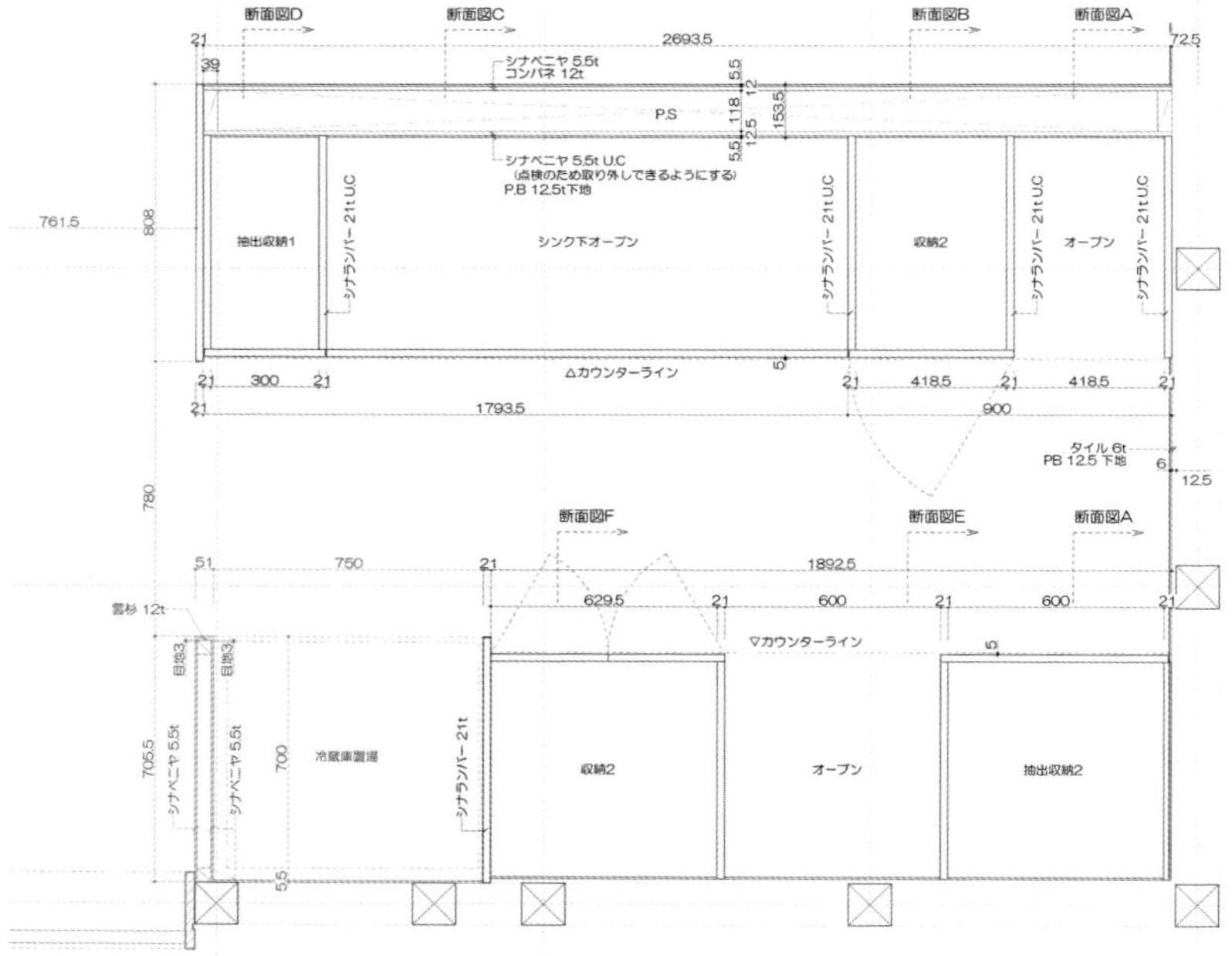

「秩父の家」キッチン平面図

基本は セミオープンキッチン

手元を立ち上げたセミオープン（対面式）キッチンの構成で、背後にガスコンロ、ダイニング側にシンクを配しています。天板はステンレスHLの1ミリ厚、扉はシナベニアにウレタンクリア塗装、手掛けはチークの無垢、壁はタイル張りを基本に、一部リビングと空間が繋がるように左官壁にしています。

パンづくりを楽しむため、シンクの脇は人造大理石の天板。手元を隠しながらリビングや庭へも繋がるキッチンです。

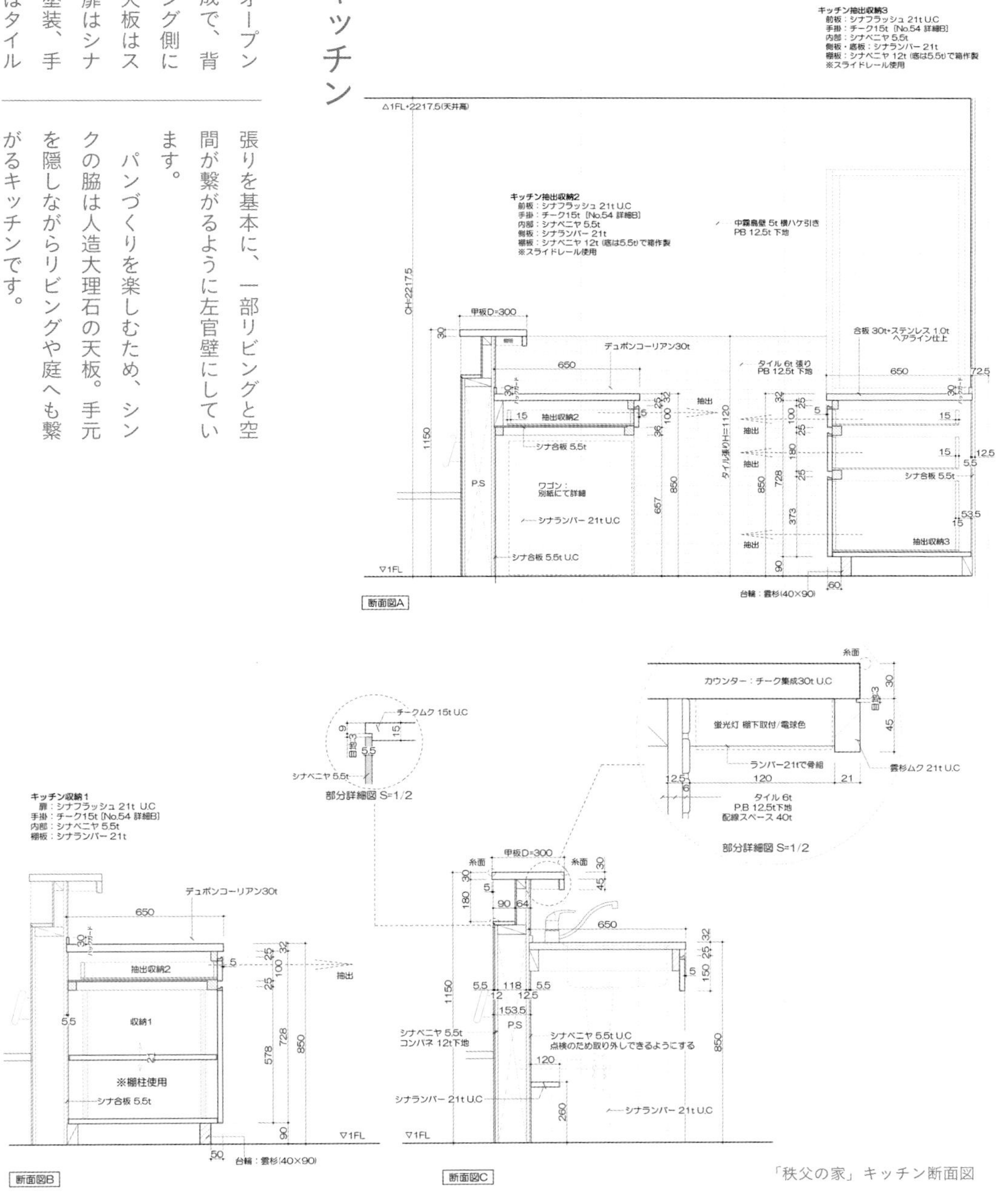

「秩父の家」キッチン断面図

「秩父の家」キッチン横収納平面図

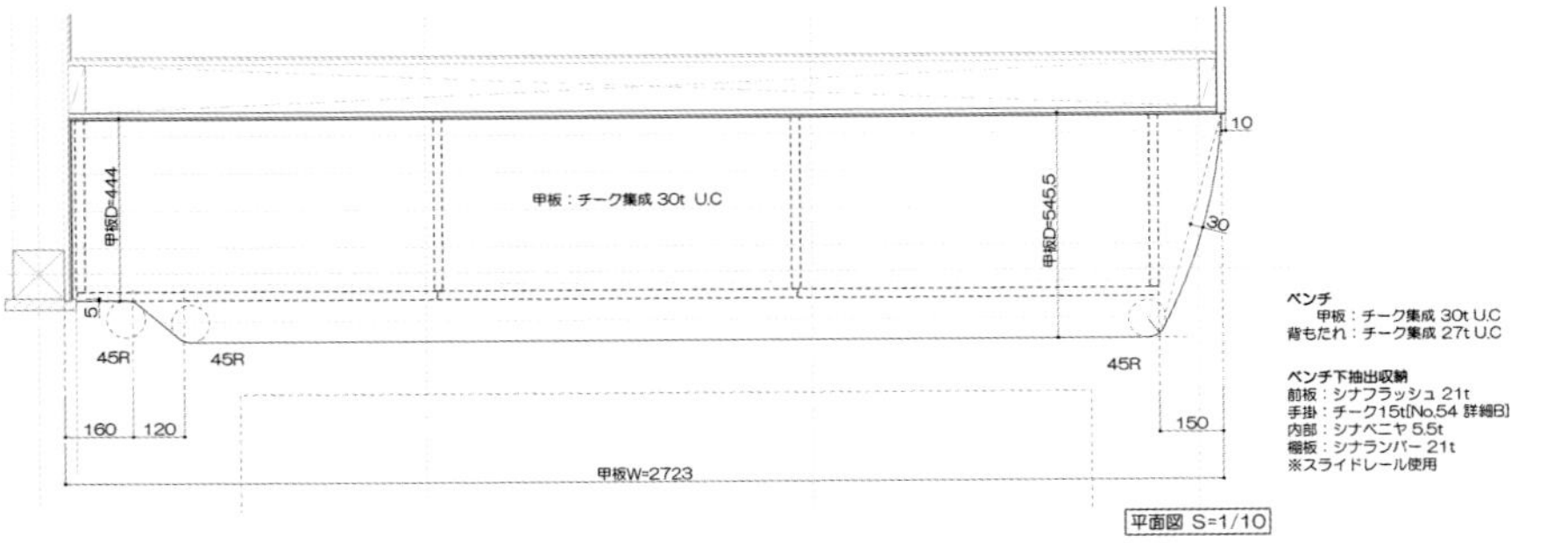

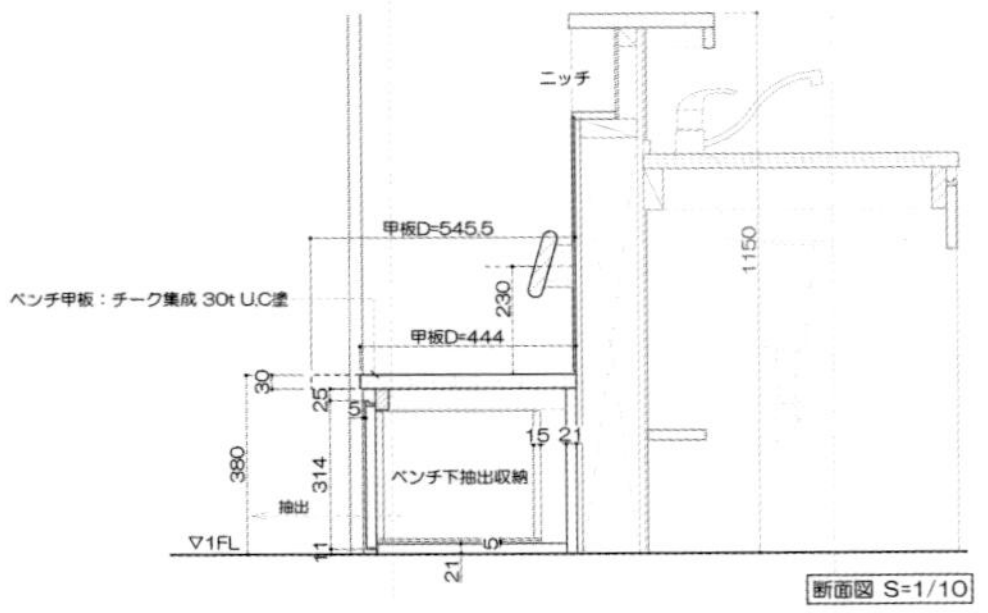

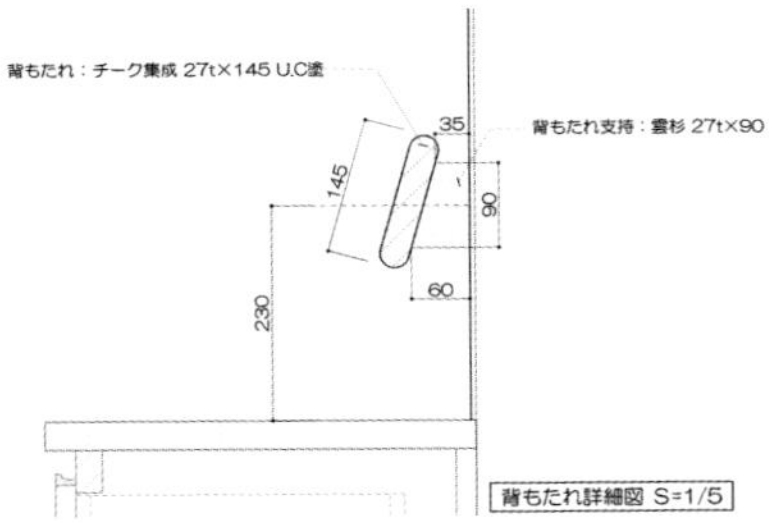

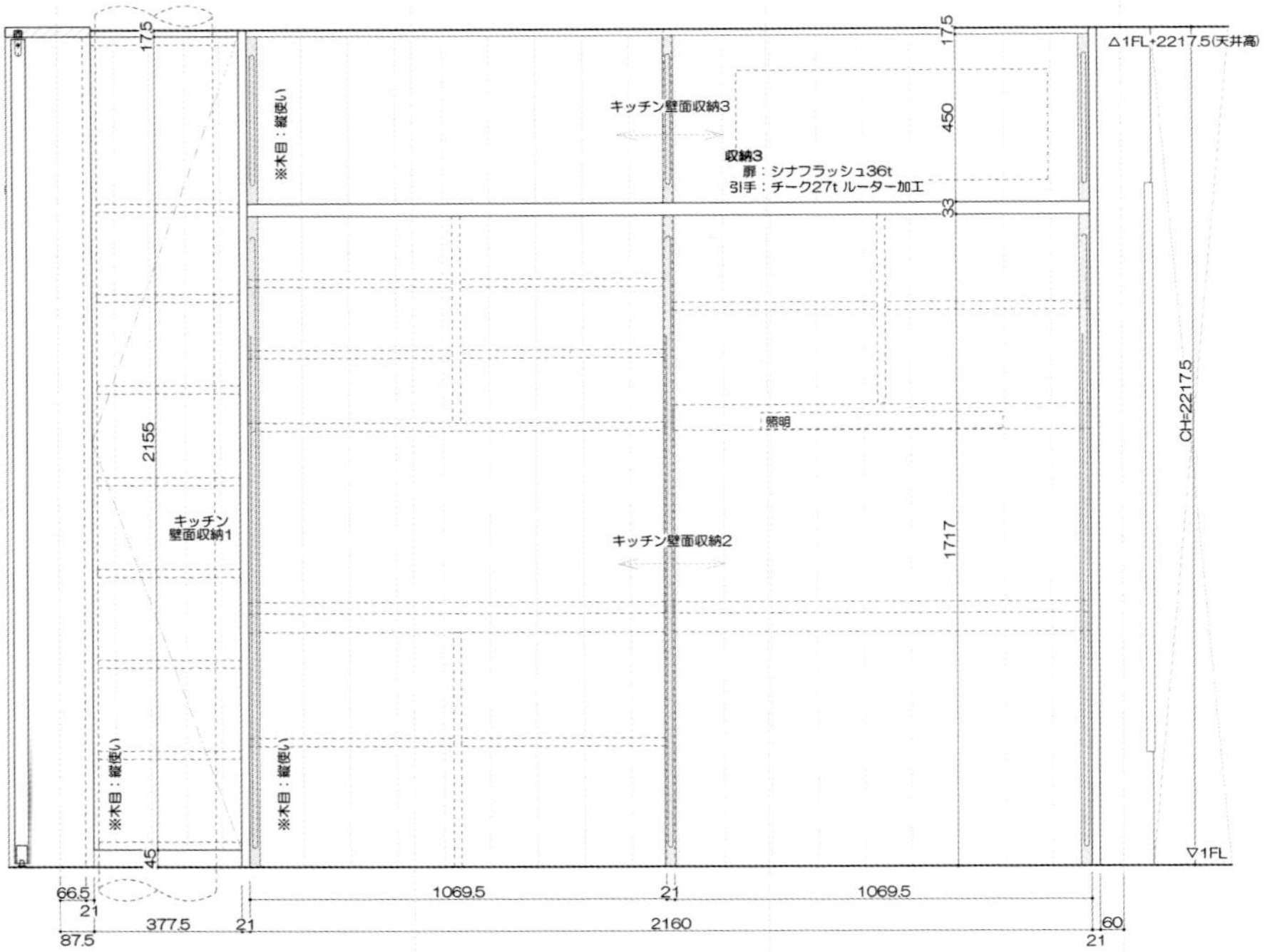

「秩父の家」キッチン横収納姿図

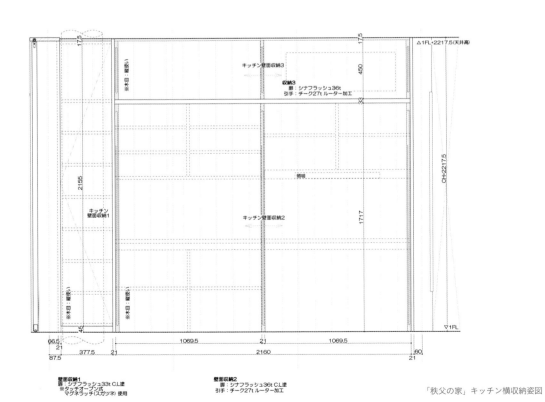

「秩父の家」キッチン横収納断面図

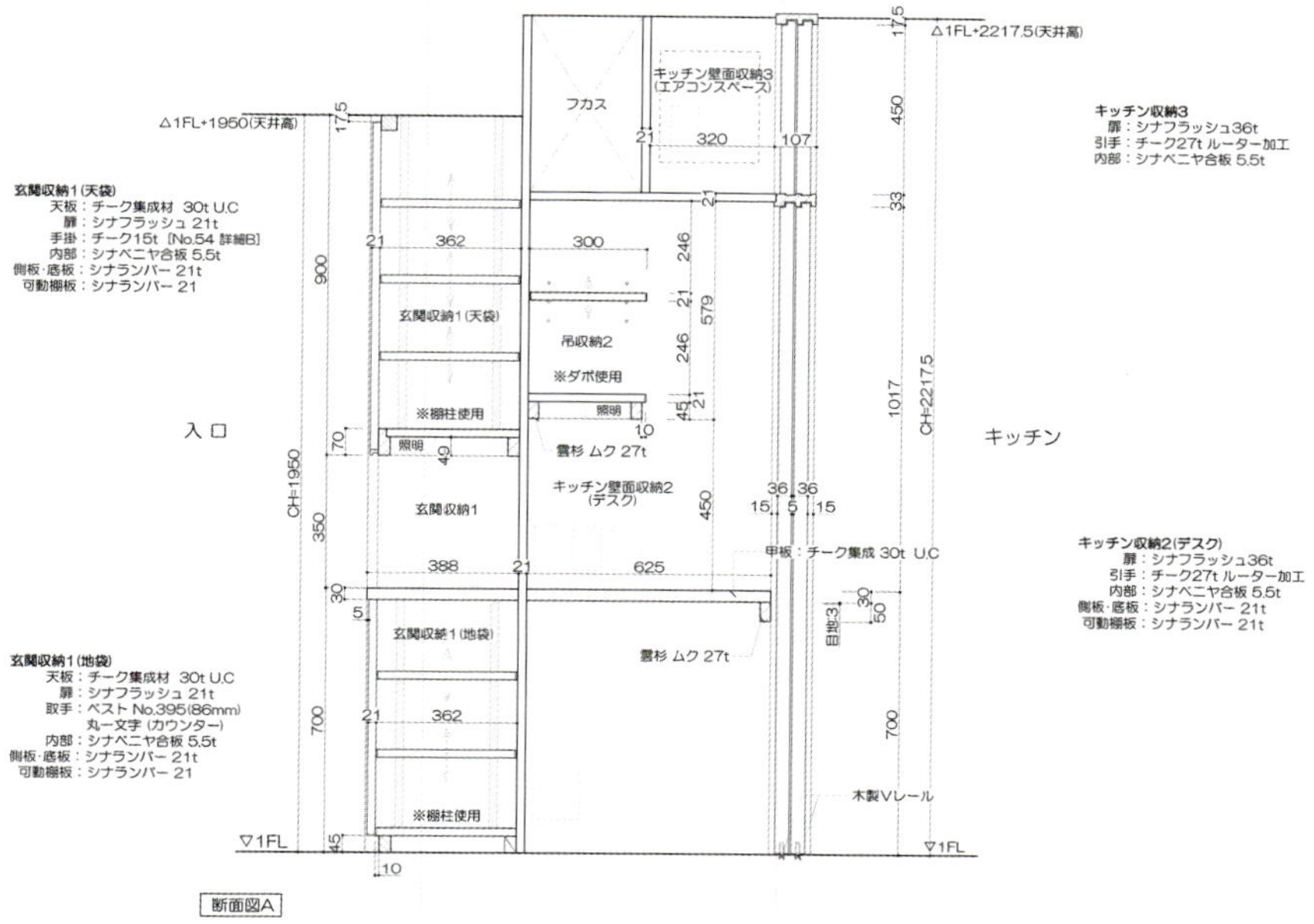

デスクを内蔵するパントリー

キッチンの脇は長さ1間半のパントリー、一部をOMソーラーのダクトスペース、約半分はデスクが仕込まれていて、パソコンコーナーとなっています。扉は引き戸にして、開けっ放しで使えるようにしてあります。パントリーの反対側は玄関の収納で、玄関とキッチンを家具で仕切っているようなものです。壁をつくらずに家具で空間を仕切ることをよくやります。壁がない分、両方から奥行きを自由に設定することができる、大工と建具屋による家具づくりです。

「秩父の家」のようにキッチンの脇にパントリー（食器入れであったり、食品庫であったり）を設けることはよくやる形で、パントリーの中に冷蔵庫を組み込んでも動線的に使いやすくて便利です。

キッチンからダイニング、リビングをみる

開口部とベンチの取り合い

対面式キッチンの場合、ダイニングと対面する側は壁か収納になっていることがほとんどだと思いますが、「秩父の家」ではそこへベンチを造り付けています。

近い距離感で家族がいながらも、庭やテレビ、薪ストーブの炎など、それぞれ違う視点で居られて、ダイニングをコンパクトにまとめることが可能です。

「秩父の家」リビングダイニングのベンチ詳細図

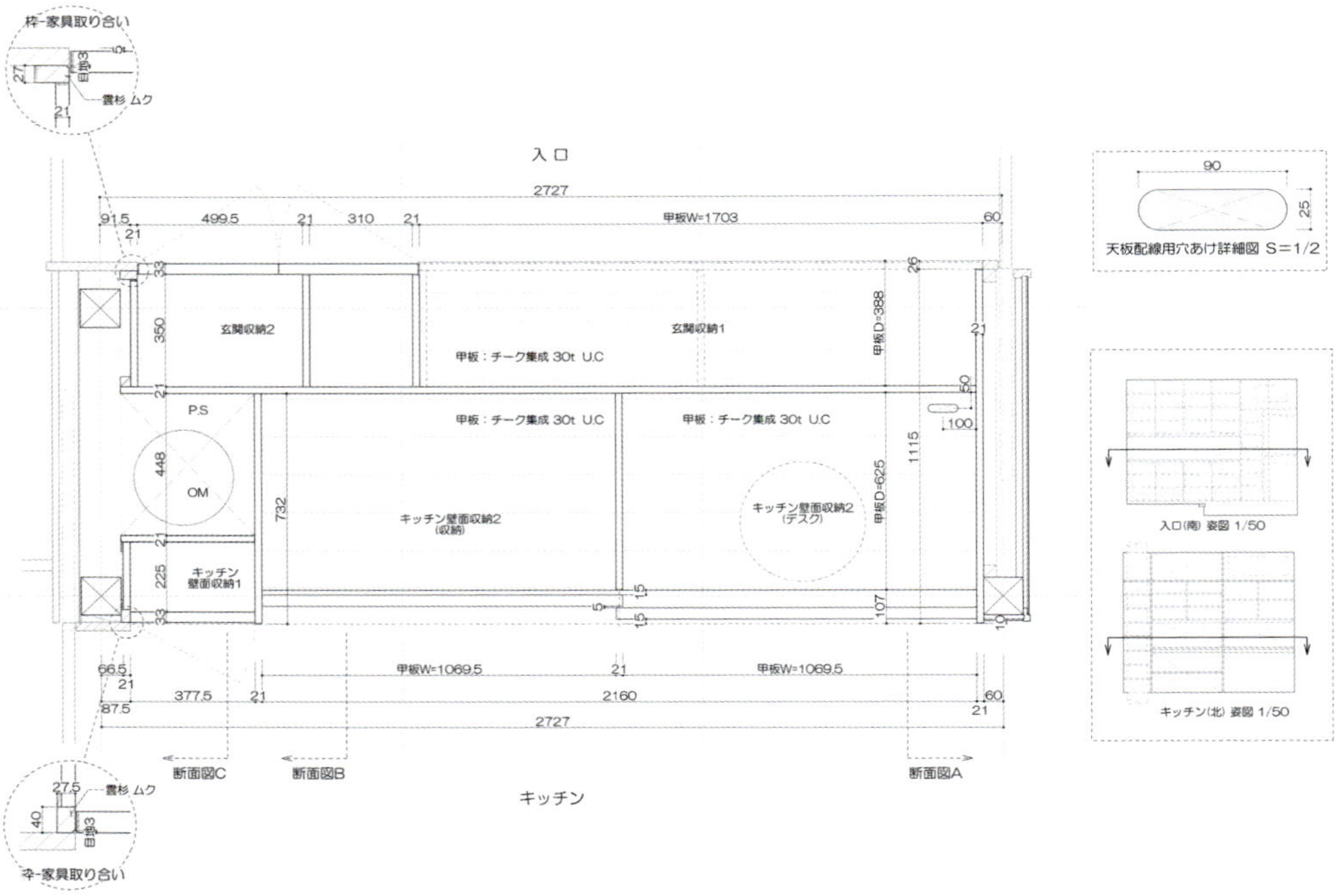

「秩父の家」のリビング

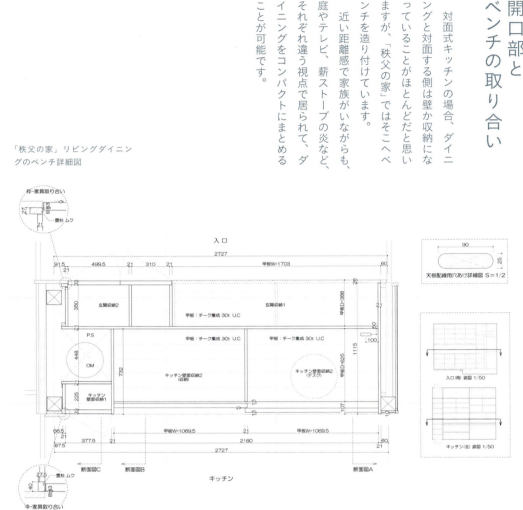

「秩父の家」のダイニング

CASE 21

住宅のプロダクト化を目指し、長野県・山形村に建てられた「小さな森の家」

小さな森の家

スタンダードな小さなキッチンを プロダクト化する

「小さな森の家」は住宅のプロダクト化を視野に入れ、イメージリーダーとして建てられたコンセプトモデルです。

　まずは部分をプロダクト化し、ついには全体をプロダクトとしてまとめたいと考えています。その手始めとしてキッチンをプロダクト化して、キッチンのみでも、「i-worksキッチン」として販売してはどうだろう？とのお話をいただきました。そこで、このモデルハウスでその試作をしてみたいと思いました。

　プロダクト化にはいくつかのハードルが立ち現れます。量産化に伴い、コストの削減、施工性の向上、素材の変更と、普段の仕事とは別の論理でスピーディに進んでいきます。ちょっと油断すると流されていく感じがするかもしれません。大手のメーカーにはぼくらがどうあがいても動かせない価値観があり、だからこそぼくらの存在意義があり、その相反する価値観でいっしょに取り組んでみようということ自体に意義があった！と思います。

担当者レベルではお互いに歩み寄ろうという意識が充分に感じ取れて、楽しく順調に試作は進みました。キッチン幅2100ミリ、奥行き700ミリ。背面にも食器用造り付け家具、最小限の小さなキッチン。「15坪の家」（『伊礼智

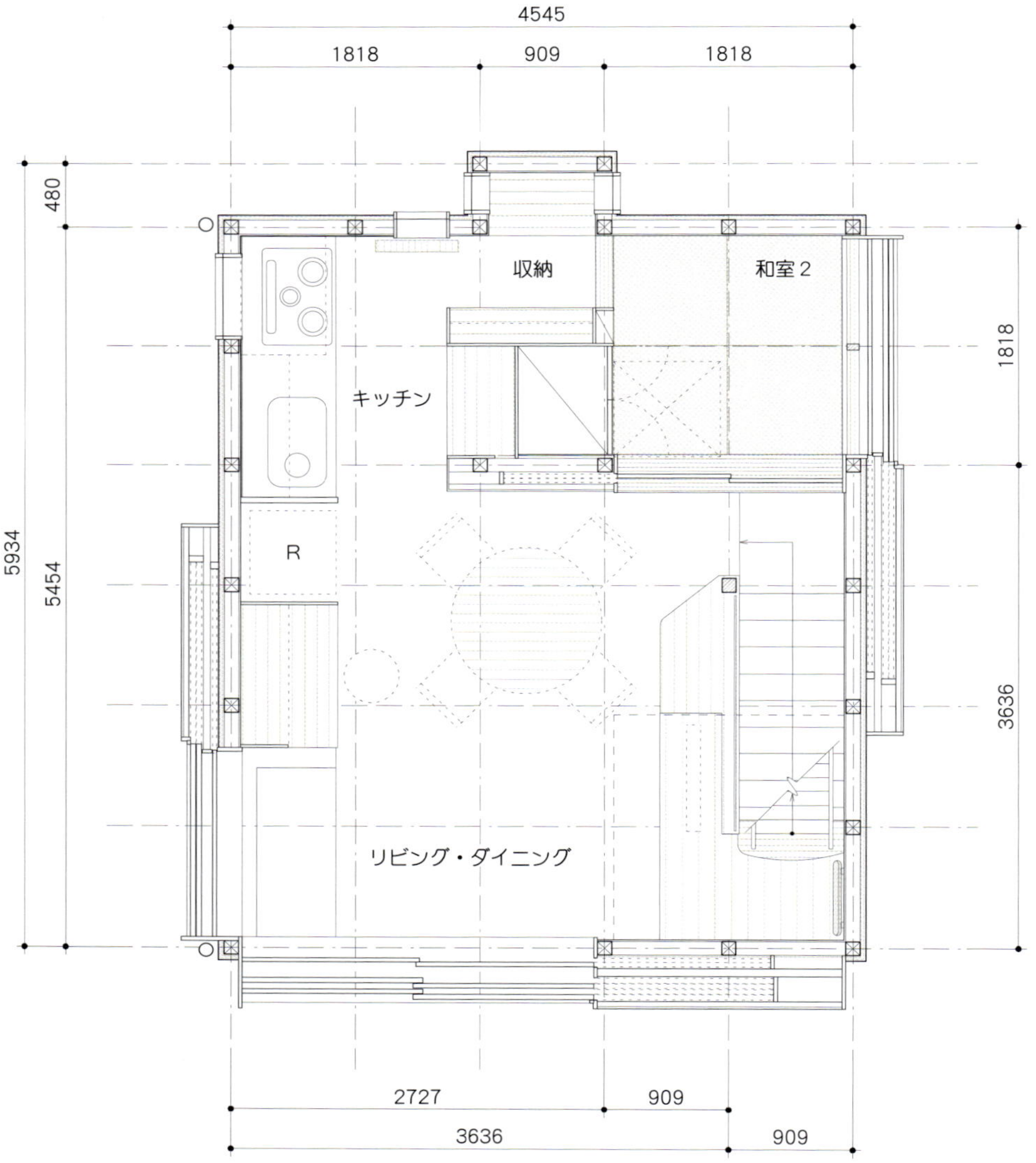

の住宅設計作法』の事例を参照）のキッチンをベースとして簡易化してみました。

「i-works」の特徴でもある手掛けのチークは残し、扉の面材はそのメーカーの技術による塗装品としました。標準の塗装のひと工程手前のマットなテイストでよしとしました（なかなかいい）。

試作品は完成し、充分手応えはあったものの、小さな、特殊なキッチンの出荷量に関して先方から「待った」がかかり、試作品を納めたところで中止となりました。

しかし、この件が大手頼みではなくて、いつもどおりの価値観で、自分が主体となって、プロダクト化に向けて取り組もうというスタンスに切り替えるきっかけとなったことは収穫…。

いつもの仕事をプロダクト化・プレタポルテ化していく。それをなんとか実現したいと思います。その後、別のメーカーとともにプロダクト化に取り組み中。

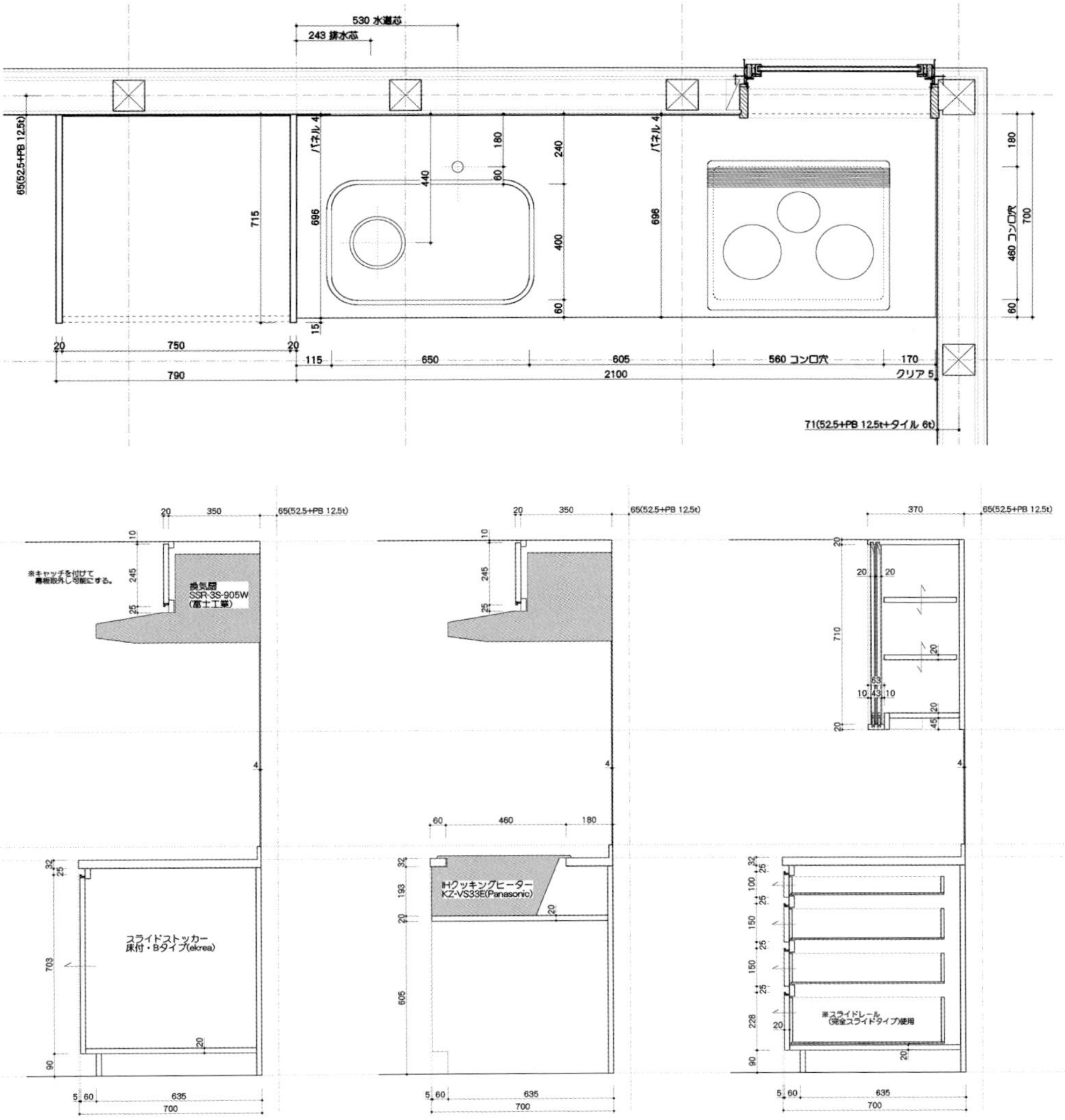

プロダクト化にあたり用意した図面

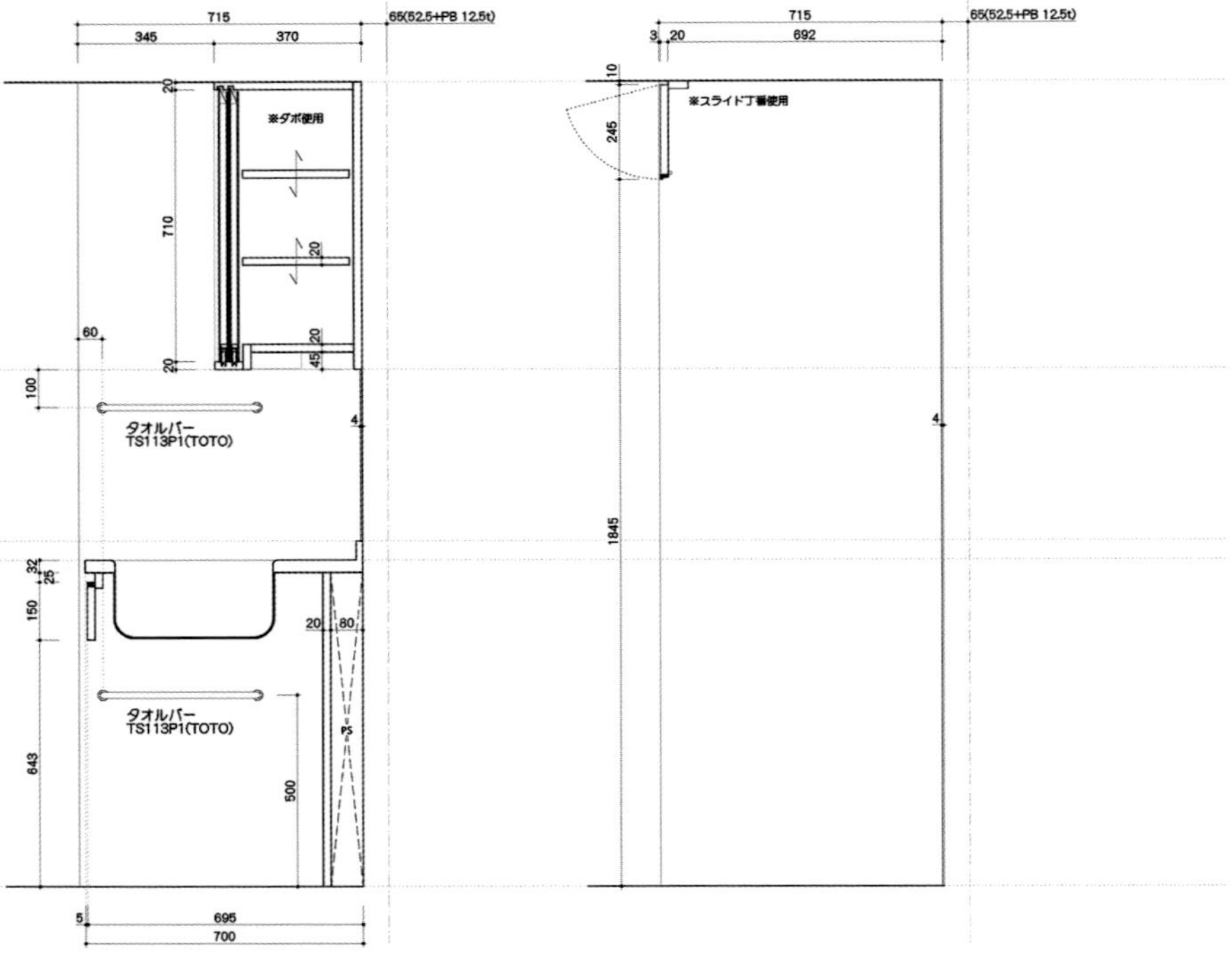
※ダボ使用
タオルバー
TS113P1(TOTO)
タオルバー
TS113P1(TOTO)
PS
65(52.5+PB 12.5t)
※スライド丁番使用
65(52.5+PB 12.5t)

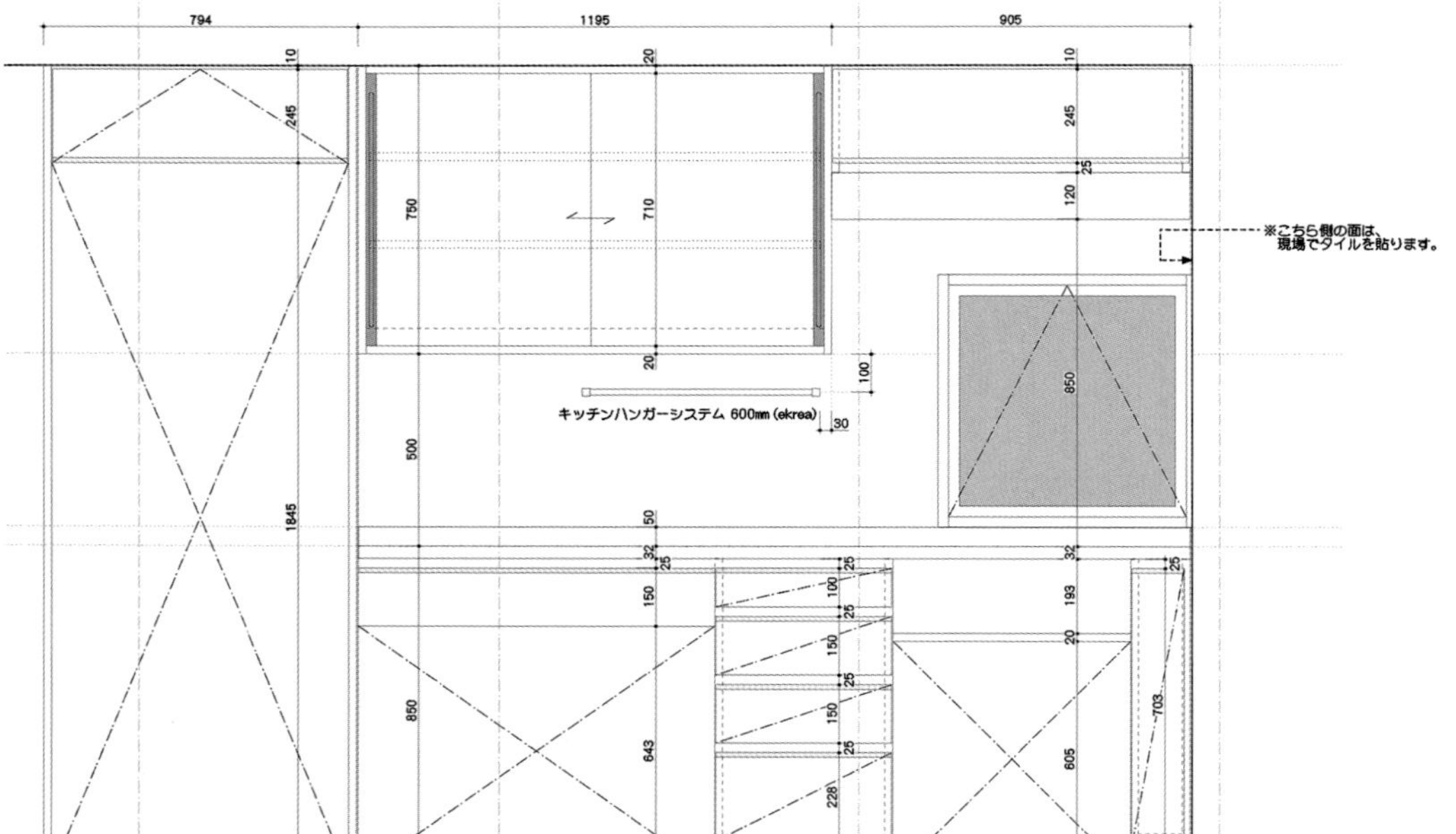
※こちら側の面は、
現場でタイルを貼ります。
キッチンハンガーシステム 600mm (ekrea)
クリア 5
71(52.5+PB 12.5t+タイル 6t)

（事例紹介）

メーカーが打ち合わせを元に自社仕様で起こしてきた図面の一部。現場の施工図でもある。金物やディテールがメーカー仕様となっている。箱物で現場に納められるため、設置上の逃げも考えられている

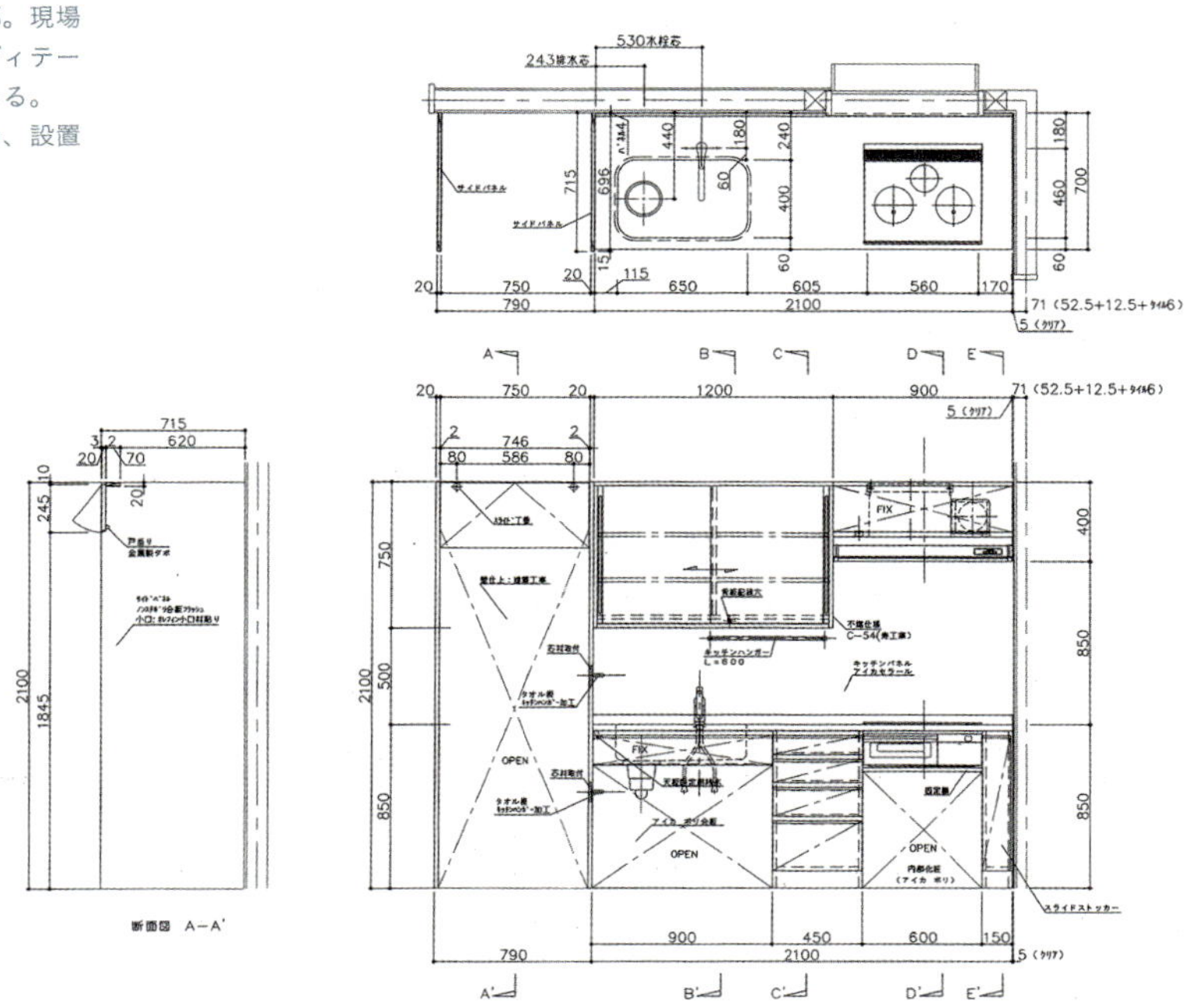

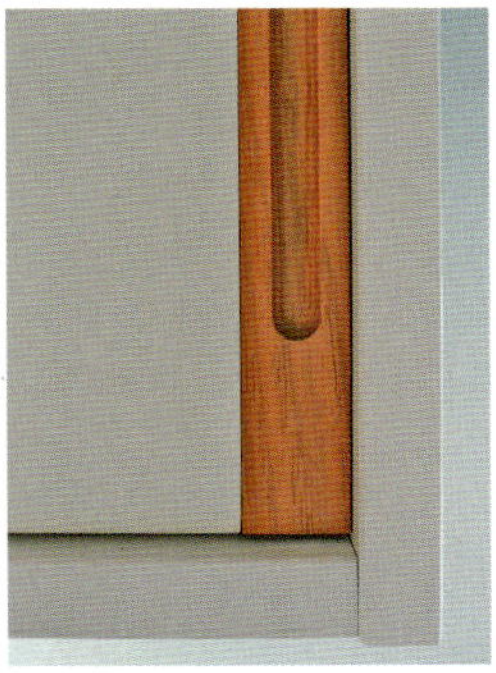

チークの手掛けとマットな塗装の面材。工業製品的なテイストと無垢材の手触りは面白かったのだが…

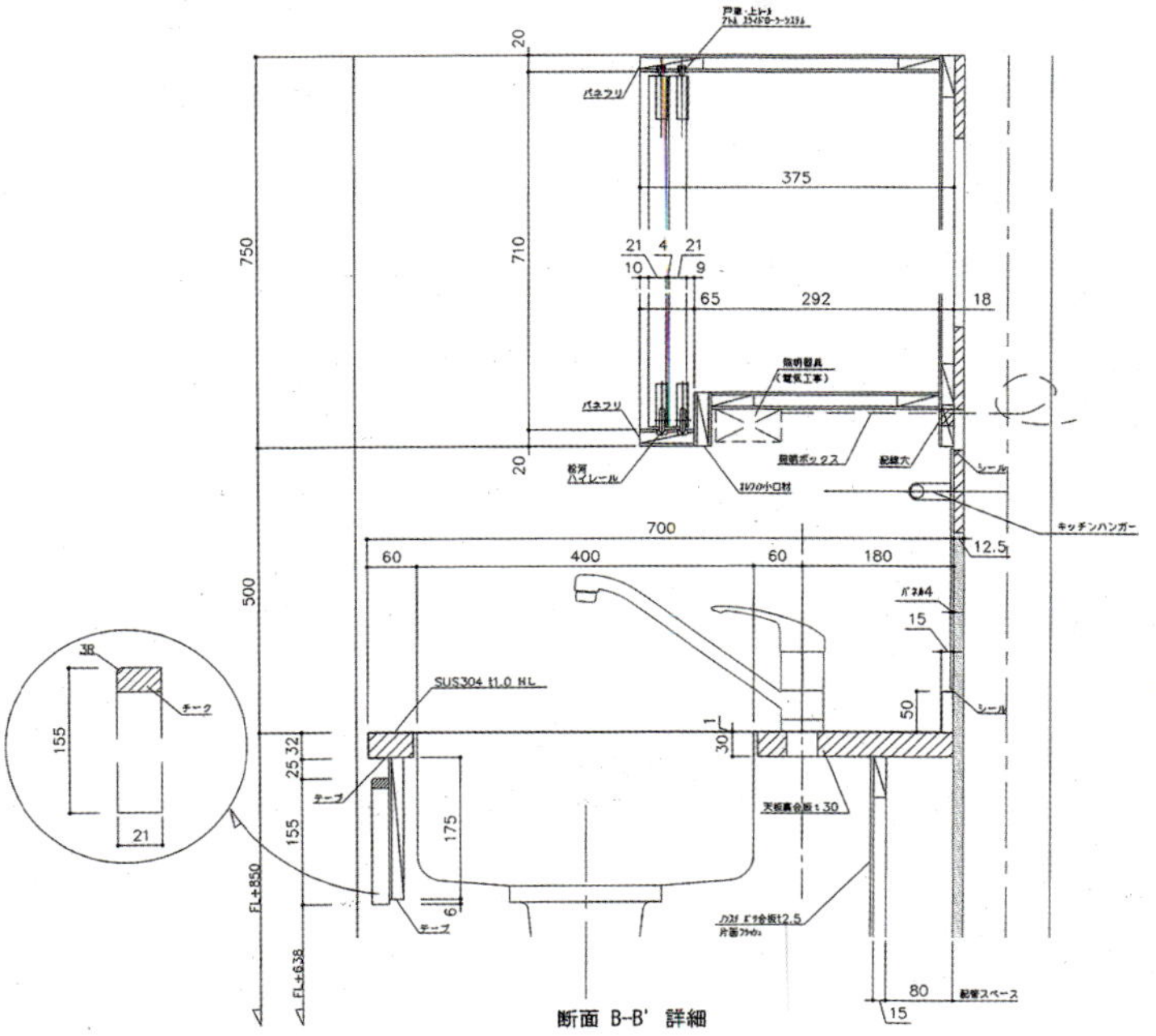

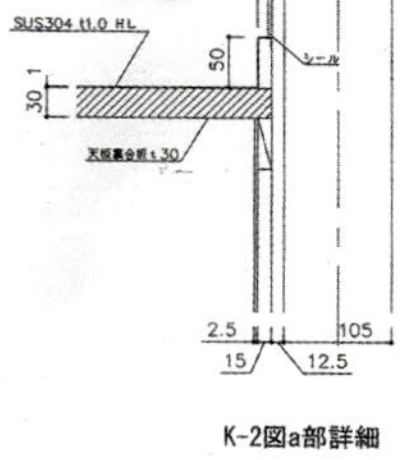

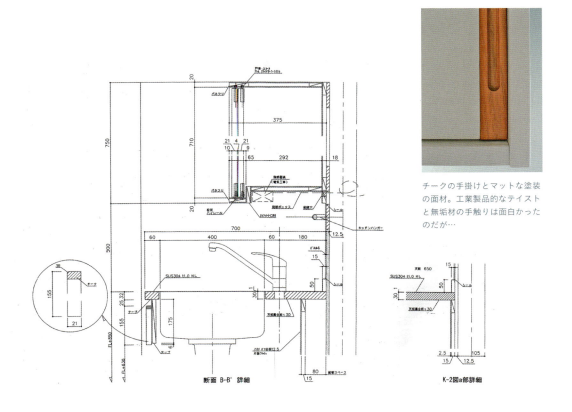

左頁／奥行きが700ミリあることで幅2100ミリのキッチンでも、十分に成立している。モザイクタイル張りの壁の右手はパントリー、通り抜けできることで小さな家の楽しさと動線の便利さを確保

上／小さなキッチンを有効に使用するために、パントリーの存在は大きい。和室とキッチンの間にあり、通り抜けできることが、小さな家全体の動線のストレスを緩和している

バックヤードの要は水廻り

「あずきハウス」の木の浴槽

Q. —36

サニタリールームや浴室を設計するときに心がけていることはありますか?

A.

まずは実用的な設計を心がけています。
新しい水廻り空間の提案も楽しいとは思いますが、
設計の基本である「FUNCTION」(役割、働き、意味、意図、効用、目的など)をおろそかにせずに、
設計に磨きをかけていきたいと思っています。
そのために、「標準化」された水廻りをベースに設計を積み重ねます。

まずきちんとした、コンパクトな水廻り空間でありたいと考えています。きちんとしたというのは、洗面室や浴室の「FUNCTION」(役割、働き、意味、意図、効用、目的など)が担保された設計となっていること。その上で、必要であれば、さらなる目的を突き詰めたいと思っています。よほどのリクエストがなければ、挑戦的な、新しい水廻り空間を目指すことはしません。まずは、「確かな設計」を!!

10年ほど前、標準的な洗面室・浴室とはどんなものだろう?と考えたことがあります。たとえば洗面所の場合は、まず1坪程度の広さで、洗面台と洗濯機置き場があり、タオルなどの収納がある。鏡と歯ブラシや化粧品、ドライヤーの置き場と収納場所がある。タオル掛け、またはバスタオル掛けも必要となる。洗濯機の近くには洗剤も置くし、通風のための窓も要る…という具合です。

必要な機能を浴室・洗面所それぞれ1坪の面積の中でまとめ、それを繋げるかたちで、サニタリールームと浴室を一体で考えます。後々、問題の多い水廻りを標準化し、設計のクオリティを確保したい。平凡と言えば平凡な設計のアプローチですが、繋げて、一体でまとめ直す…というところが大事だと思います。

たとえば、洗面室と浴室を隔てる壁を利用して「メディスンキャビネット」にし、

浴室の出入り口の枠廻りと一体になった納まりでまとめることで、空間として一体となっていきます。浴室への出入り口のように洗面室を設計しているので、壁・天井仕上げがほとんど同じになる傾向があります（床仕上げと防水のありなしは異なります）。水や水蒸気対策のために洗面室とは仕切ることがほとんどですが、できる限り一体に感じる設計を施します。

「標準化」された水廻りをベースに、住まい手に合わせて設計を積み上げていく、リクエストがあれば、新たな空間へもチャレンジする（慎重にですが…）という、普通のスタンスを心がけています。

37

Q.

「標準化」された水廻りをベースにした設計には、どのようなバリエーションがありますか？
「標準化」という思考で発想が退屈になることはないのでしょうか？

A.

標準化しているからこそバリエーションは生まれるものだと思います。住まい手のリクエストに論理的に対峙し、的確な提案をするには必要な思考だと思います。「標準化」という思考は創造性を退化させるものではなくて、次々と課題をあぶり出し、自信をもって次の新しいことへの挑戦を可能にしてくれます。

標準

化された洗面室も浴室も広さはそれぞれ1坪。これをベースに大きくしたり縮めたりします。浴室はハーフユニットが標準ですが、リクエストがあれば在来（普通の浴槽で現場でつくり上げるタイプ）も大丈夫。

ハーフユニットも1階であれば木製建具の引き戸タイプ（オリジナルのハーフユニット）、2階であれば木製建具の開き戸タイプ（ＴＯＴＯかＬＩＸＩＬのハーフユニットを使用）と分かれ、2階で在来でとなれば、ＴＯＴＯの「ラフィア」のような据え置き型か一般の浴槽の埋め込み型かを選択します（２０１６年にＬＩＸＩＬとハーフユニットバスを開発、今ではどの階でもそれを使用しています。ただし、限定発売で限られた工務店しか使えません）。さらに、景色のいいところであれば大きな開口を設けて景色を採り入れます。都心部で視線が気になるときや防犯上心配なときは、通風に絞って2カ所の窓を設け、排湿を考えます。それでも都心部で開放的な浴室をつくりたいときは、小さなボックスガーデン（出窓の庭）を用意します。

小さな浴室を吹き抜けにしたこともありますが、開放感だけでなく、空気が淀まず、気流が起きることで、板張りの壁・天井であるにもかかわらず、カビが発生していなかったのです。気流があることの大事さを再確認できました。

「小田原の家」。オリジナルのハーフユニットバス使用。木製の引き戸が使え、洗面室とゆるやかに繋がる

たとえコンクリート造の住まいであっても基本的なスタンスは変わりありません。沖縄の「与那原の家2」では、ローコストの住まいであること、そして沖縄の気候上から、浴槽のないシャワーのみの浴室をつくりました（南国・沖縄では一般的）。コンクリートは撥水剤を塗布し、簡素に仕上げています。湿気が尋常でないので、開口は通風を旨としています。標準化された水廻りは決して目を引くような造りではありませんが、小さな工夫を積み上げることで気持ちのいい居場所に仕立て上げることは難しいことではないと思っています。

息を飲むような、心を揺さぶられるような空間も、着実な手法の裏付けがなければ、後々、住まい手の厳しい審判を受けることになると思います。

標準化の上に築いた自分のスタンスの延長線をどこまで延ばせるか？このことを強く意識して設計をしています。そうであれば、「標準化」という思考は想像力を退化させることではなくて、次から次へと課題をあぶり出してくれると言っていいでしょう。むしろ、自信をもって次の新しい挑戦を可能にするのだと思います。

右上／「葉山の家」の2階の浴室。景色がいいところには大きな開口を設ける。置き型の浴槽を設置することで防水のトラブルを緩和している
右下／「与那原の家2」。トイレ側を見る。浴室とはワンルーム
左上／「幕張本郷の家」の2階の浴室を在来（一般の浴槽を埋め込んだもの）としたもの。漏水リスクが大きいので防水工事に気を使うものの、自由度の高い浴室デザインが可能
左下／「与那原の家2」。浴室はシャワーのみ、壁のコンクリート打放しには撥水剤を塗布。コンクリート造のローコストの水廻りだが、伸びやかに仕上がった

「i-works2008」。2階に水廻りがあるときの標準、TOTOのハーフユニット使用。出入り口は木製の開き戸となる

Q.

38

よく旅行をされていますが、
旅先で印象に残った
水廻りはありますか？

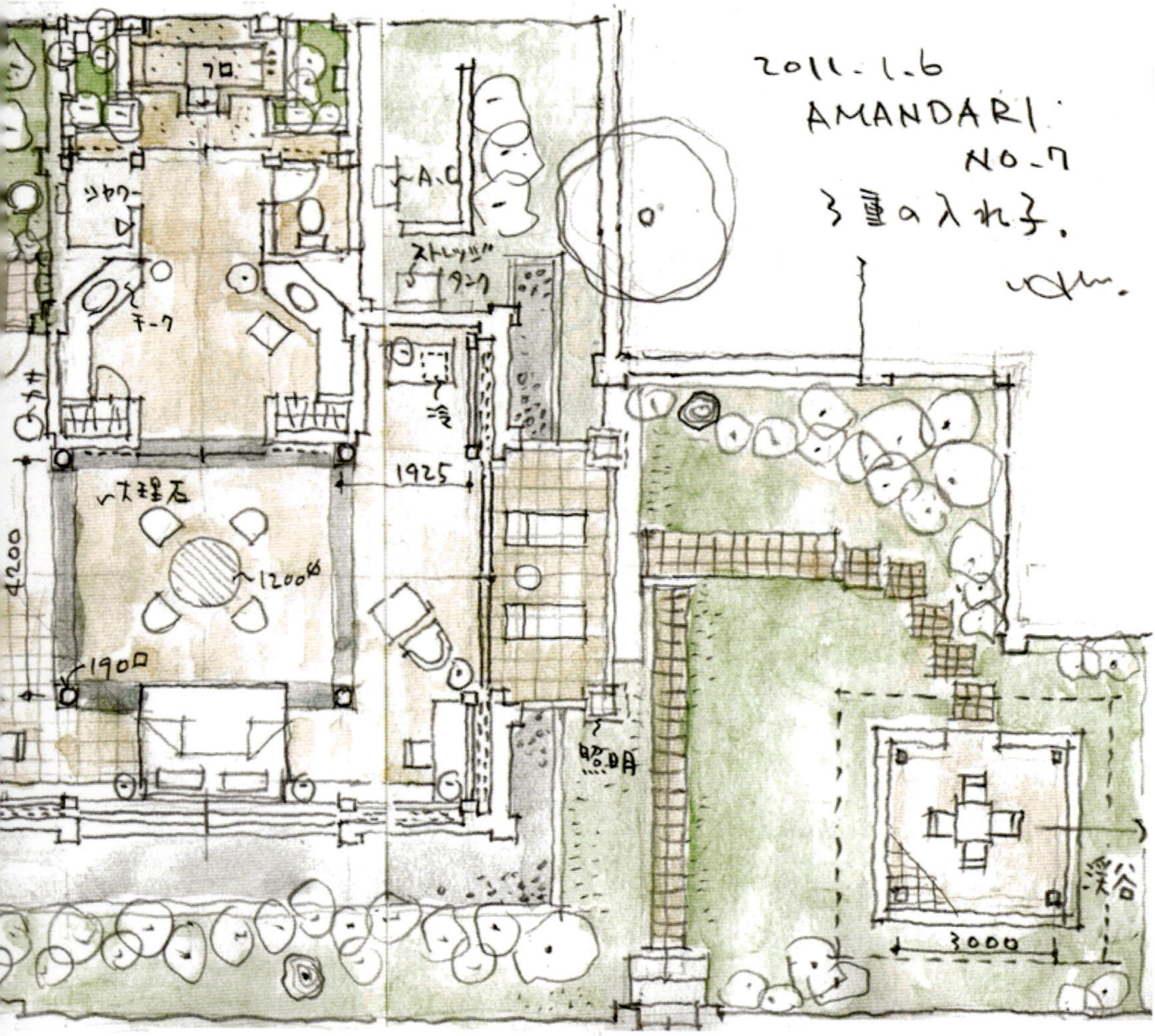

アマンダリホテルは日本で言うと京都の俵屋旅館に匹敵する、簡素でありながらも上質で品格があり、憧れのホテルでした。

バリ島・ウブドのアユン渓谷に向かって位置し、その地の村と共存し、ホテル内の通路はまるで村の中の路地のようです。ゲストにストレスを与えない、控えめでさりげない、表に現れないサービスは、俵屋を参考にしたと聞いています。風景と室内がグラデーションを描くように繋がっていく、それでいて明快な骨格を持つビラの設計がどこか懐かしく、心地よい。早速、実測してみました［実測図参照］。

空間の骨格が3重のリングを描きながら外に広がっていくプラン。自然や風景を採り入れ、外部と内部がゆるやかに繋がっていく、境界をあいまいにしていく点に心地よさを感じました。その水廻りが、素朴でありながら質が高い。左右対称でサニタリーが用意され、無垢のチークのカウンターが心に馴染みます。外部に浴槽が据え付けられています。高い塀に囲われ、空に抜け、緑に縁取られた浴槽は何とも気持ちいいもの。内部にシャワールームがあるので、天気が悪い日はシャワーで済ませることができます。

外部を採り入れる、内部を外部へ放出する…建築的に華美なあり方ではなくて、どこか「パッシブデザイン」（自然を採り入れる設計手法）を感じさせるところが、巷のリゾートと一線を画しているのではないでしょうか？本当の豊かさとはこういうものではないかと…。外部に対する積み上げられた技術や知恵の延長線上に、確かで豊かな提案があるように思いました。

A.

日本では京都の俵屋、
海外ではバリのアマンダリホテルが心に残ります。
どちらも決して華美なつくりではなくて、
自然（外部）と共存する知恵や技術、畏敬を感じるのです。
そんな設計を目指したいと思います。

右上／バリ島「アマンダリホテル」。洗面台は左右対称に2台。カウンターはチークの無垢板。正面、外部に浴槽がある
左上／洗面台の左側はクローク。長期滞在の時に重宝しそうだ
下／外部の浴槽。植物に囲まれ、空を見上げながら、お風呂が楽しめる

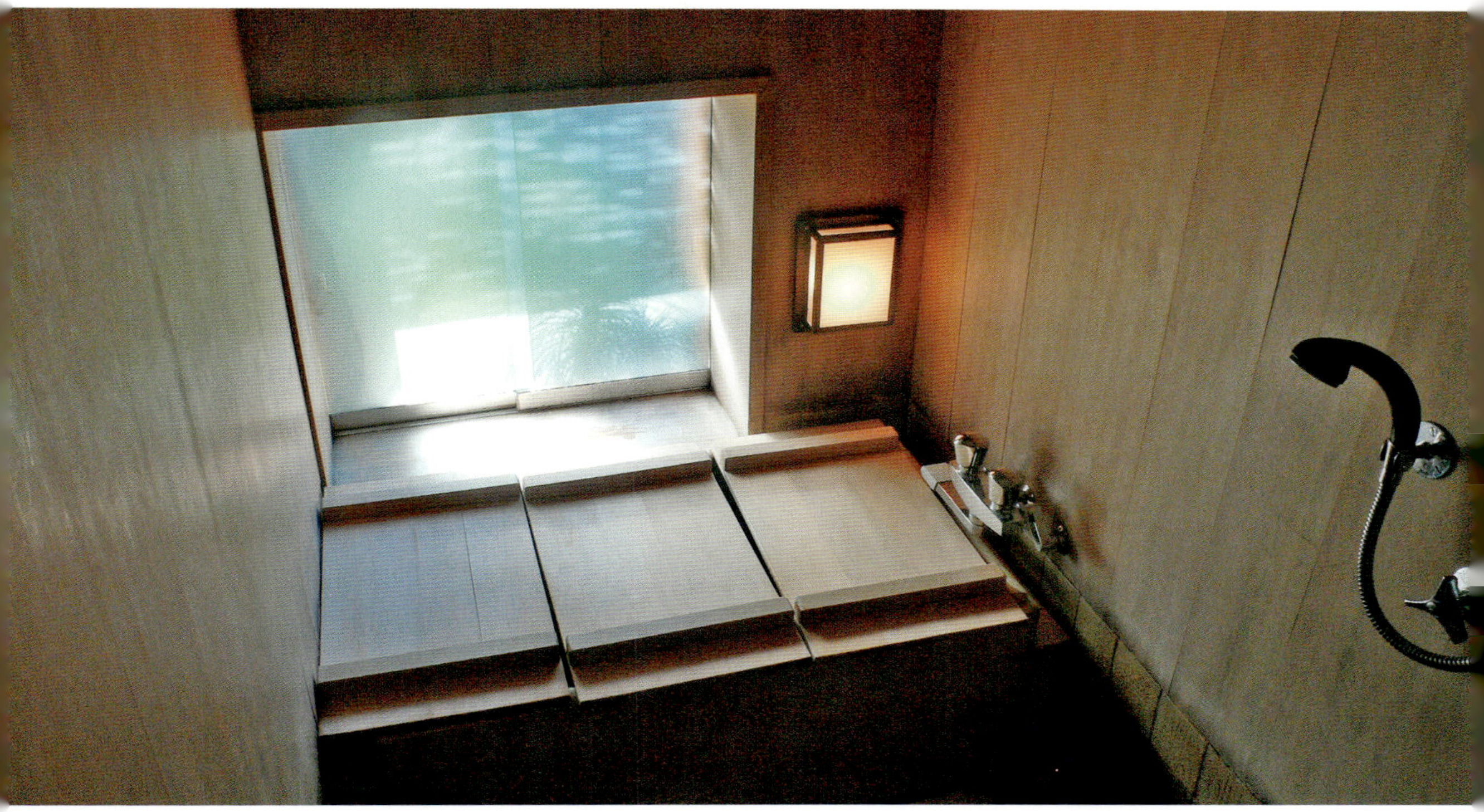

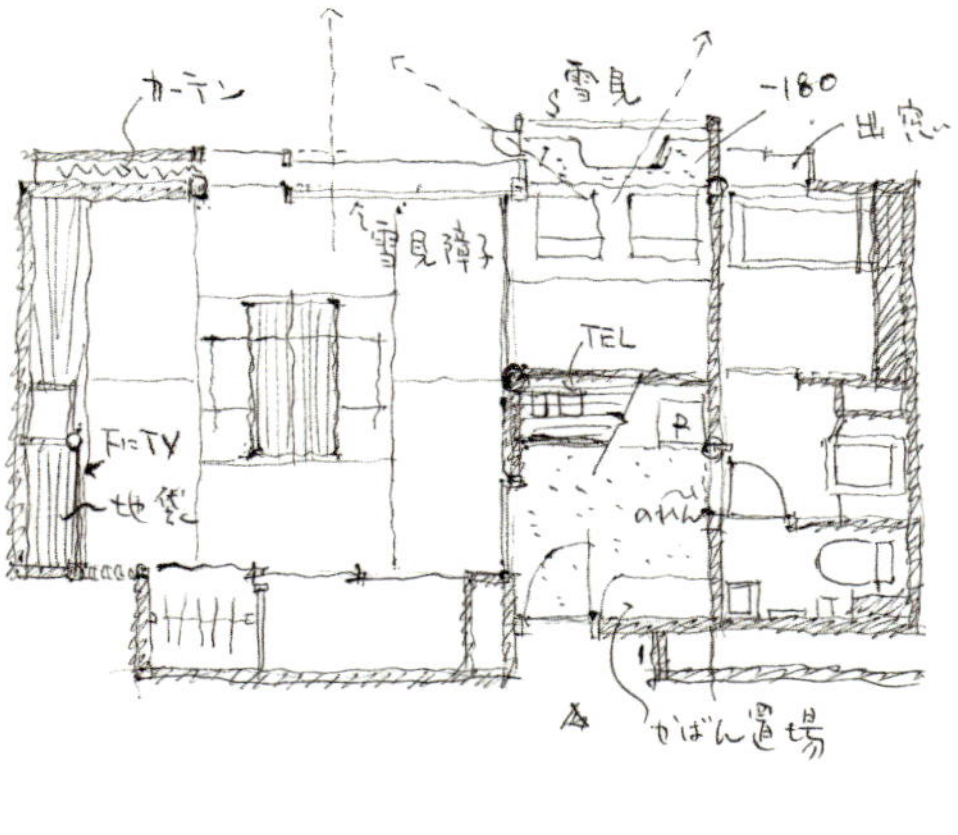

京都「俵屋」の楓の間の浴室。檜の浴槽に檜の壁、天井、浴槽に浸かって庭を盗み見る。照明は低く、浴槽に張った水を照らすような感じで暗め。和の浴室の基本がここにある

15坪の家

タテに拡がる小さな水廻り

CASE 22

（事例紹介）

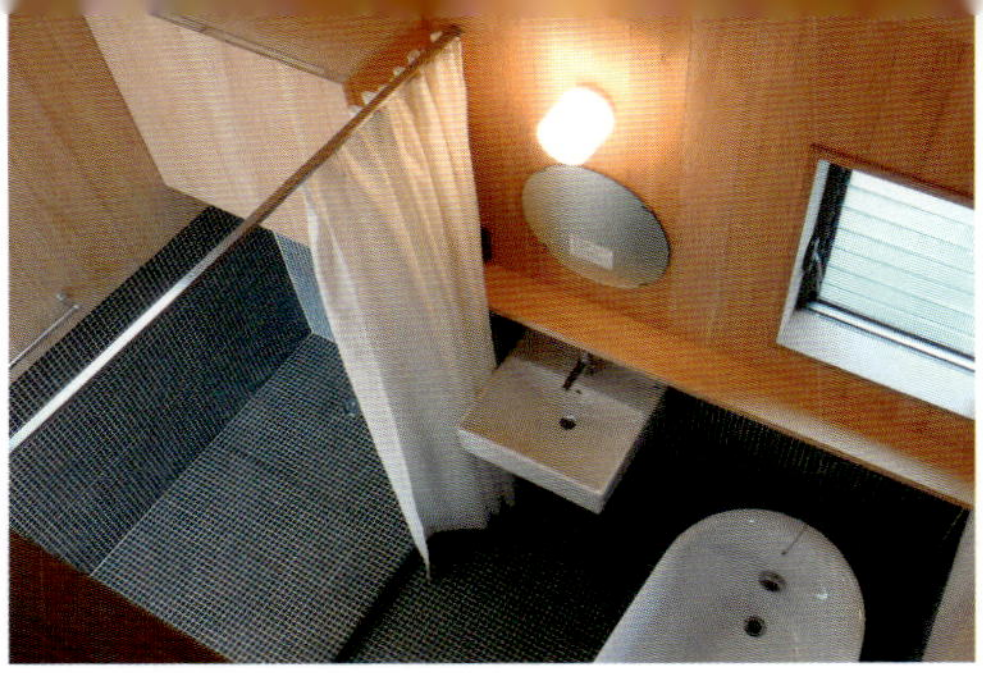

「15坪の家」の浴室。吹き抜けた浴室は小さな家に開放感をもたらす。ロフトより、建具を開けて換気扇のメンテナンスができるようになっている

2002年に取り組んだ分譲住宅のために考えたことですが、水廻り（浴室、洗面室）の他に、階段、トイレ、玄関など、住宅のコアとなる部分の部屋ごとの標準化を試みました。

水廻りや階段、玄関は1坪の大きさ。小さな家の標準化を試みたので、もともと水廻りもコンパクトにまとまっていました。ただし、「極端に小さな家」（笑）の場合は、そうはいきません。できることなら浴室と洗面室は区切られていることが望ましいと思っていますが、必要に迫られて一体となって考えることもあります。「15坪の家」は建坪7・5坪、延床面積15坪、4人家族のためのとても小さな住まいです。

4人家族のための最小限住宅と言っても過言ではないほどの生活面積で「普通の暮らし」（他の人では住めないような住まいではないということ）を盛り込み、その上で建築家として新しい試みに取り組みたいと考えていました。

建築と家具が融合するような空間で、多義的な使い方ができる居場所があちこちにあり、より楽しい住まいにしたいと…。

平面的な寸法も数センチ単位で検討し、水廻りとキッチンの仕切りの位置を決めていきました。

小さな家では数センチが効いてきます。壁厚も30ミリのシナランバーで仕切り、胴縁20ミリ、仕上げのサワラ15ミリ、合計65ミリとして、少しでも水廻りが広くなるようにおさえてあります。

小さな家の設計で気をつけたいことは、どこもかしこもぎゅうぎゅうに詰め込んだ設計をすると住まい手にストレスを与えはしないか？ということです。「ただの小さな家」にならないように工夫を凝らす…「奥行き」を感じ、町からの「引き」があり、どこか「抜け」を感じる空間がほしい。「15坪の家」では浴室にロフトに繋がる吹き抜けを設けてあります。1・5坪弱の中に浴槽と洗面器、洗濯機と脱衣場をとっていますが、この吹き抜けのおかげで、開放感さえ感じます。空気のボリュームが大きく、トップライトの他に窓が2カ所もあるので常に気流が起きている…。特別な気遣いもしてないそうですが、壁天井のサワラのカビ防止に役立っているようです。

下町の密集地、周りを隣家に囲まれた小さな住まいの思わず背伸びしてみたくなる、ちょっと特別な居場所となりました。

建坪7・5坪（15畳）のうち、リビングダイニングは階段も含んで10帖ほど。

その中にキッチンが一部入り込んできたり、ライティングデスクや造り付けのソファ、奥行きの浅いもうひとつのデスクにテレビ台、さらに床が盛り上がってきてベンチとなりロフトへのハシゴに繋がる…という具合に建築と家具が融合し、あちこちに多義的な居場所をつくろうと考えました。

水廻りはリビングより210ミリ上げて、防水や配管のスペースを確保している

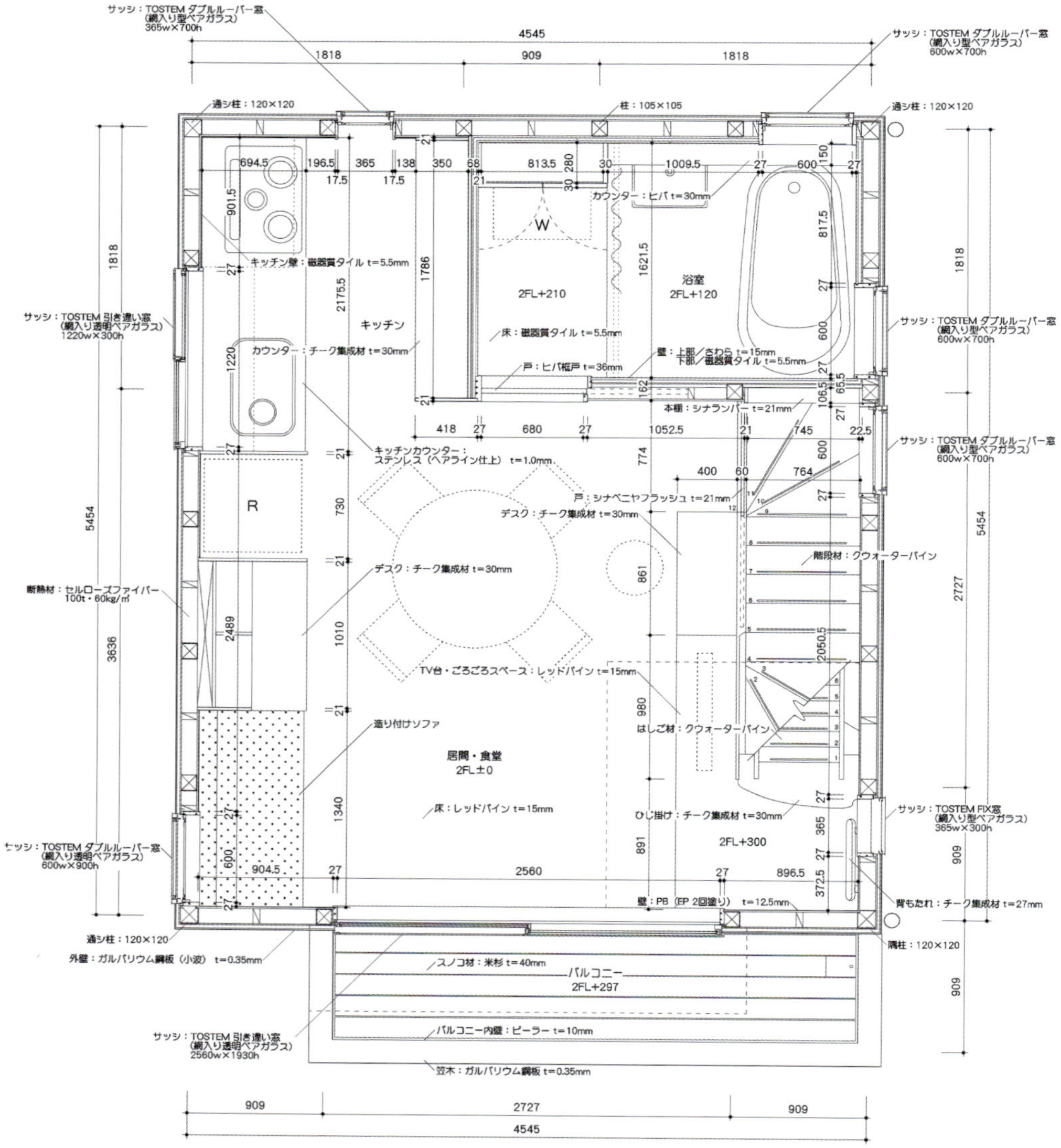

浴槽はTOTOの「ラフィア」。
防水工事が手堅くできるので、
2階に浴室を設けるときによく
使う。追い炊きもできて便利

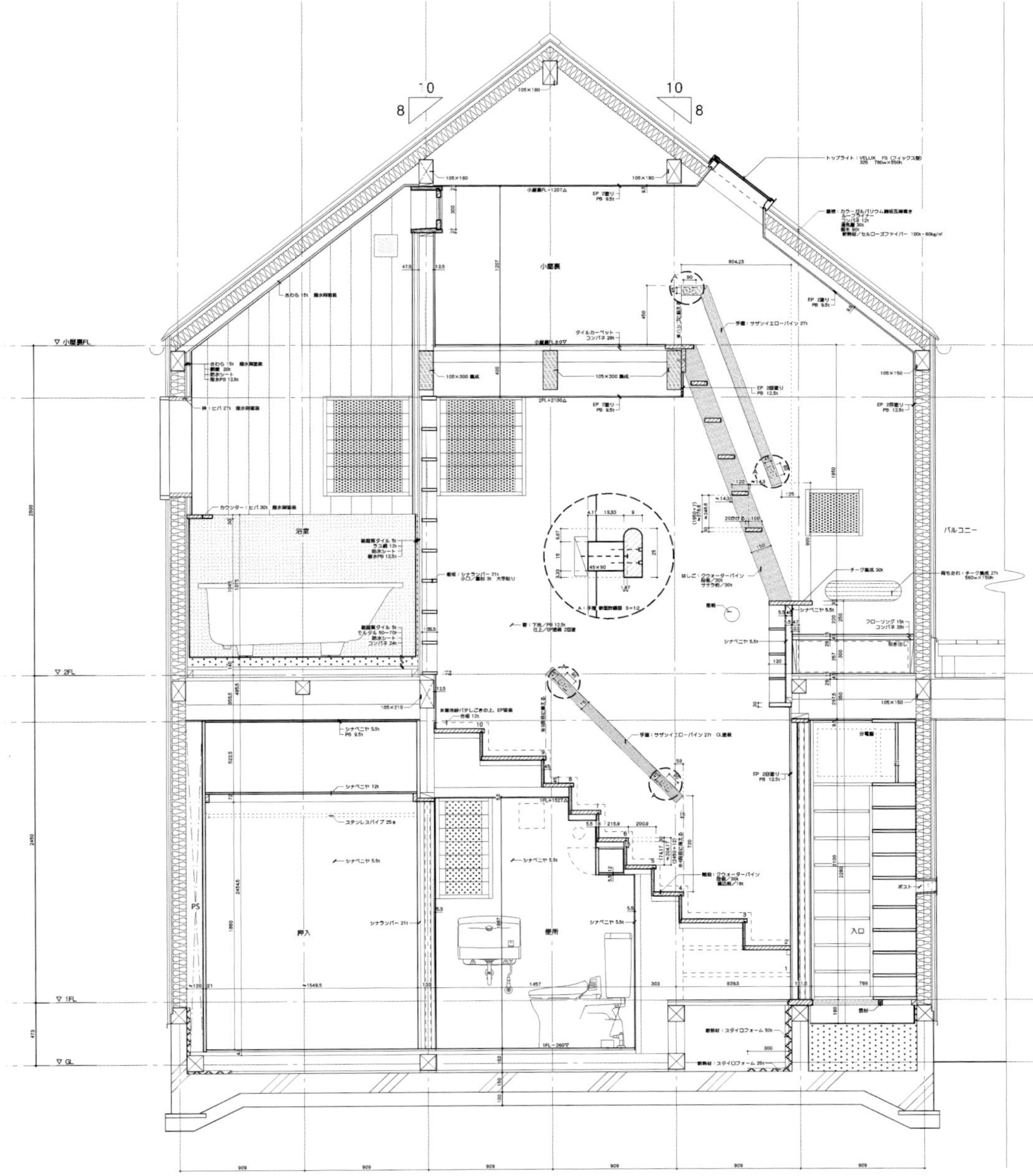

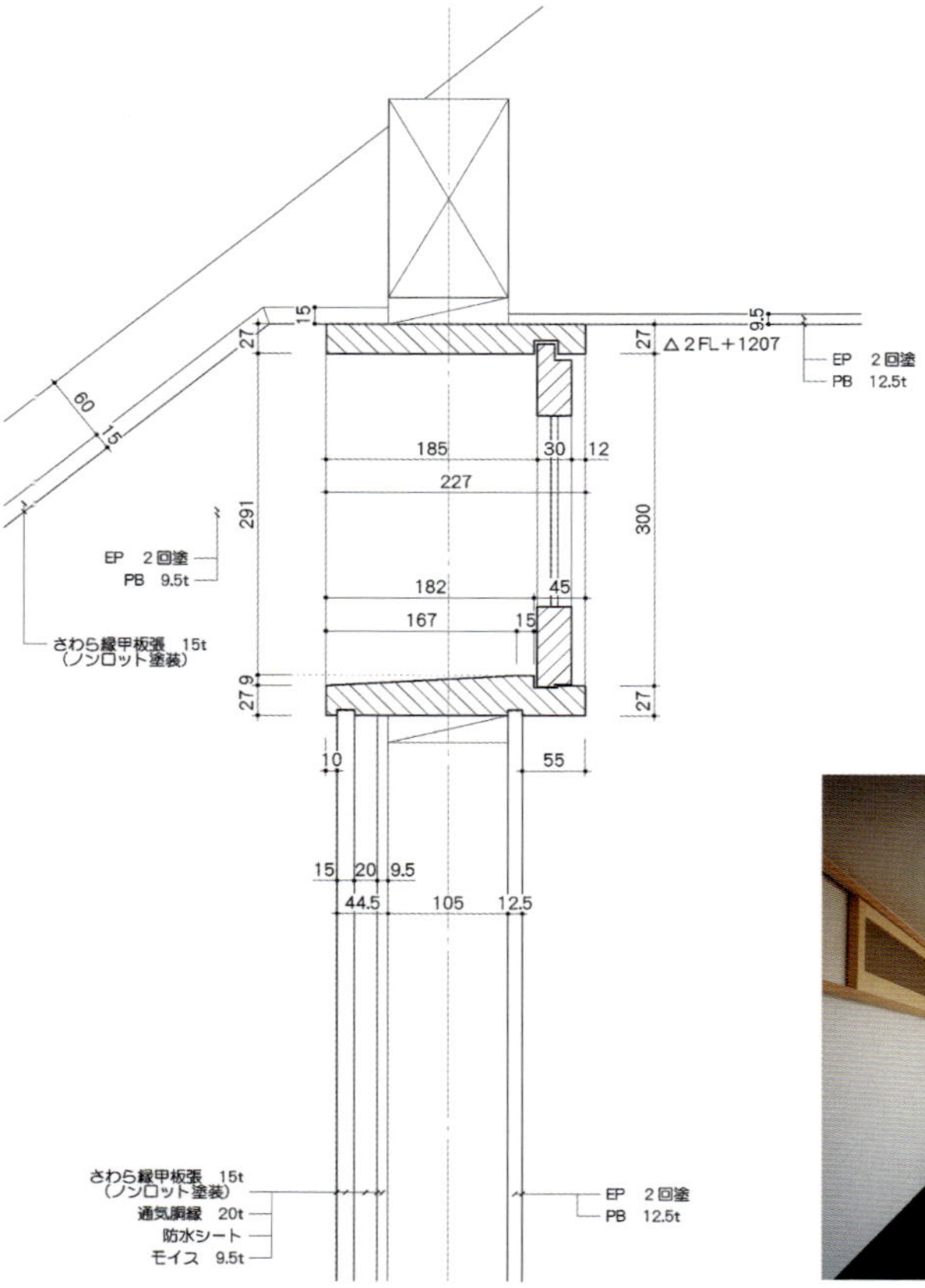

小さな建具を設けたのは浴室の換気扇のメンテナンスのため。ロフトの熱気を洗面室上部のトップライトから抜くためにも働く

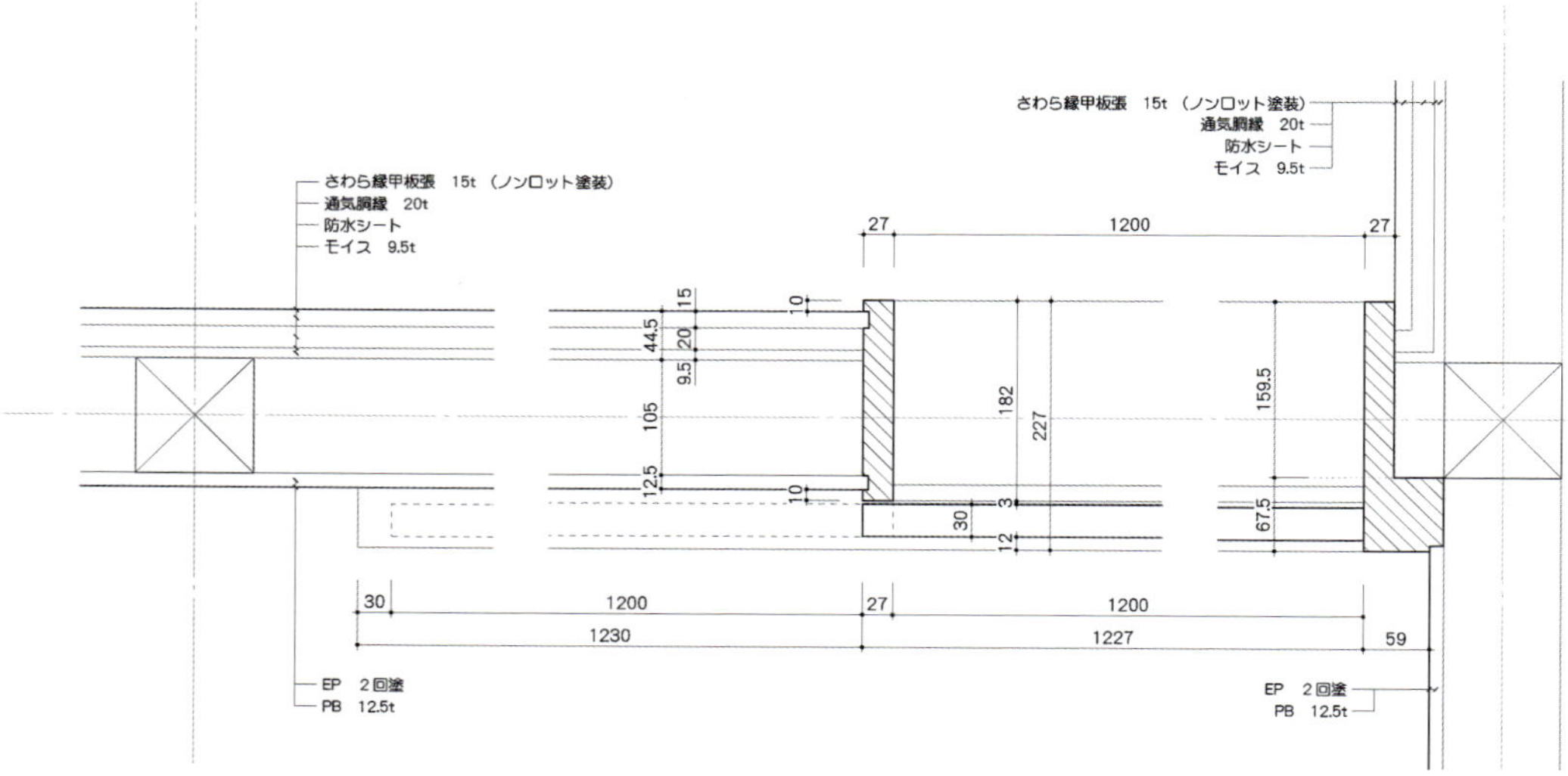

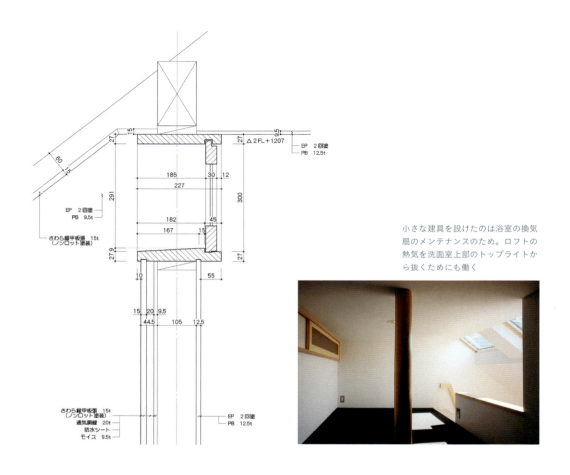

天井を見上げたくなる吹き抜けた
浴室の気持ちよさと開放感

イラスト:福井典子(伊礼智設計室)

Q.

伊礼智設計室は設計事務所のオフィスというよりも住宅のように思えます。設計事務所にとって働く場のあり方をどのように考えていますか?

A.

働く場が作風に繋がると思います。
伊礼智設計室にいらしていただければ、自ずと作風・価値観が伝わるようでありたいと願っています。

―39

19

96年に独立して、半年ほど自宅で仕事をしていたのですが、打ち合せでクライアントを呼べなくて、すぐに限界を感じました。

ちょうどそのとき、建築家の石田信男さんから一部屋空いているので借りないか？というオファーを受け、目白の石田さんの事務所の屋上、違法建築のペントハウス（笑）を借りて、少し改装して事務所としました。ちょっと手を入れただけですが、設計事務所らしい小さな空間の主となった気持ちは今でも忘れません。毎日、空の変化や夕焼けが楽しめるいい部屋でした。

その後、その部屋を出なければならなくなり、不動産屋さんから「近くに古い一軒家が出たのでどうですか？」と連絡をいただき、早速見に行きました。

床にちょっとガタがきているものの、状態はよさそう。茶色の柱と長押のライン、アンティーク硝子のラワンの建具、引き分け式の小さなガラス戸…なんとも「可愛い」。その上、大家さん宅の庭付き（借景）。早速、プラニングに入りました。

住宅建築家は、たとえオフィスといえども、天井に蛍光灯が並んでいるような空間ではなく、住宅のような空間で仕事をするべきだとずっと考えていたので、ここでそれを具現化しようと思いました。

天井にはいつもの設計通り照明はほとんど付けず、棚下の手元灯で対処し、住宅のような落ち着いた空間をつくりました。さらに、小さいながらもキッチンをつくり、余裕があるときは事務所でお昼ご飯をつくり、みんなでご飯を食べています。「働くことが暮らすこと」であり、ごはんをつくり、いっしょに食べることは暮らすことの基本であり、それがチームワークを育むと考えたのです。できるだけ元の可愛らしさを残すために、手を加えた部分は白木、元の素材は茶色と一目で分かるようにしました。

あえて、色を合わせず、対比したままで組み立ててみたのですが、それが古さと新しさの面白い対比を生んだと思います。

さらに天井縁を消して壁と天井が繋がるようにして、長押の高さの水平ラインが強

調されることを狙いました。実際の天井は高いのですが、長押ラインが強調され、重心が下がり、落ち着いた空間となりました。

昭和中期に建てられたこの家は「古くて新しい事務所」と呼ぶにふさわしい、昭和の匂いがプンプンする自分らしい働く場となったのではないかと思います。

こんな古びた事務所であっても、クライアントをここに招き、この空気に触れていただくことが、自分のプレゼンテーションの一端を担っているのだということを強く感じます。冬寒くて、夏暑い環境…快適とは言い難くも（笑）、愛おしい働く場だと感じています。

上／改装前に事務所のスタッフで下見しているところ。みんな可愛らしい、古い平屋を気に入ったようだ
下／大家さんの庭を借景できる、昭和の匂いが広がる事務所

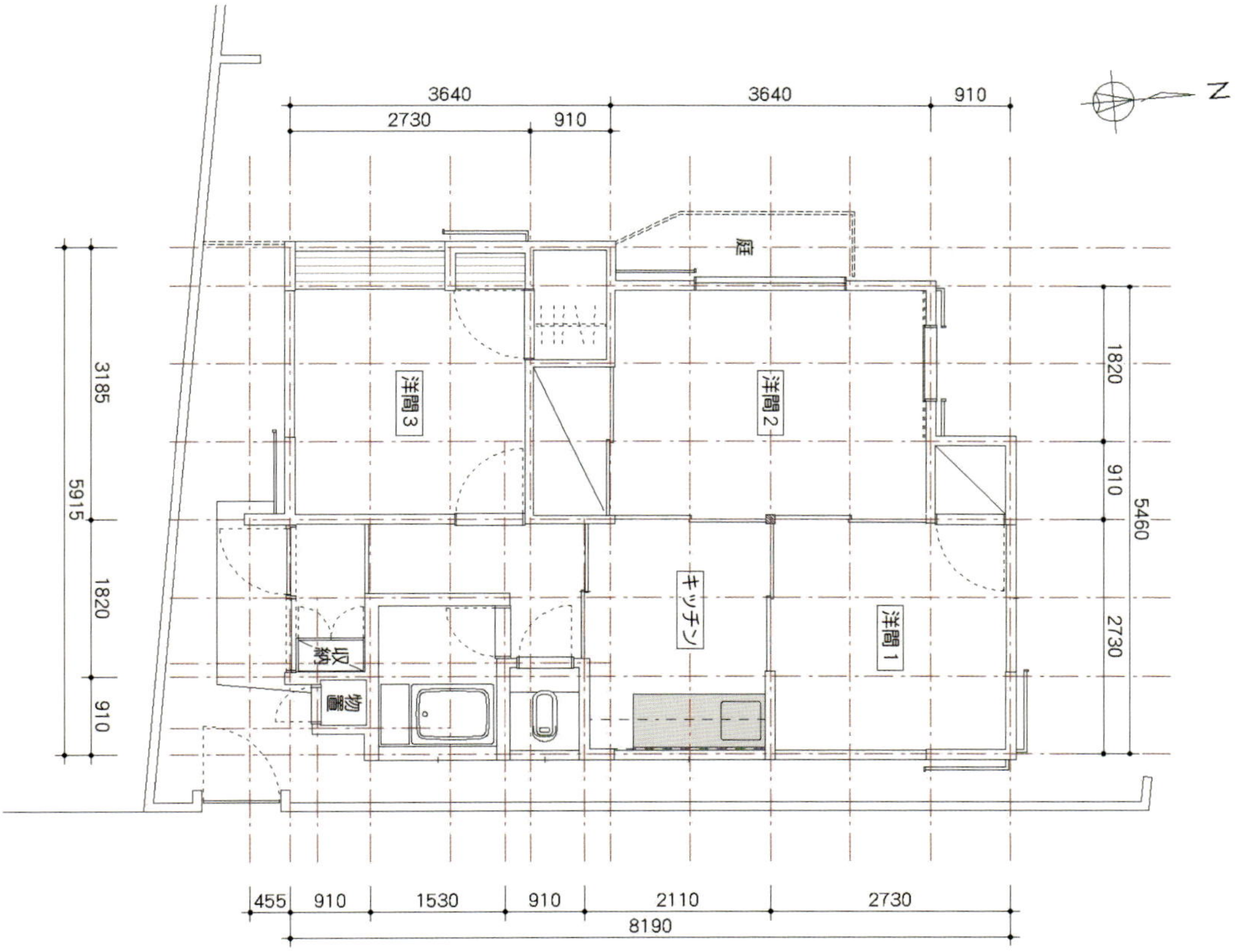

ジェットウィング ライトハウス

（スリランカ）

インド洋に対峙するかのように建つホテルです。レセプションからスリランカの戦いの歴史を表す階段（デザイン：ラキ・セナナヤケ）を上がるとインド洋を一望できるメインフロアに出ます。広大に広がる水平線と、岩に打ち付けられる波が、大自然への畏敬の気持ちを抱かせてくれます。

案内された部屋はバワのオリジナルデザインが残る「デラックスルーム」（名前とは違ってスタンダードな部屋のようです）。中庭を挟んで海に向かう部屋です。ゆったりした広さを持ち、ベッド脇から水廻りにアプローチできる動線、バルコニー側に飛び出すように組み込まれたデスク、内開きのターコイズブルーの遮光窓が印象的で、早速実測!!

部屋の巾が内々で5030ミリ。これだけあるとこれほどゆったりと家具が置けて、おおらかな気持ちにさせてくれることを再認識しました。日頃の切り詰め、削ぎ落とすことに終始している自分の設計に、少し反省（笑）。水廻りとベッドの関係も秀逸。

しなやかなグリーン色の扉が特徴の室内。ベッド脇からアプローチする水廻りとの関係がいい

たてもの情報

ジェットウィング ライトハウス
所在地：スリランカ・ゴール
設計：ジェフリー・バワ
竣工：1997年

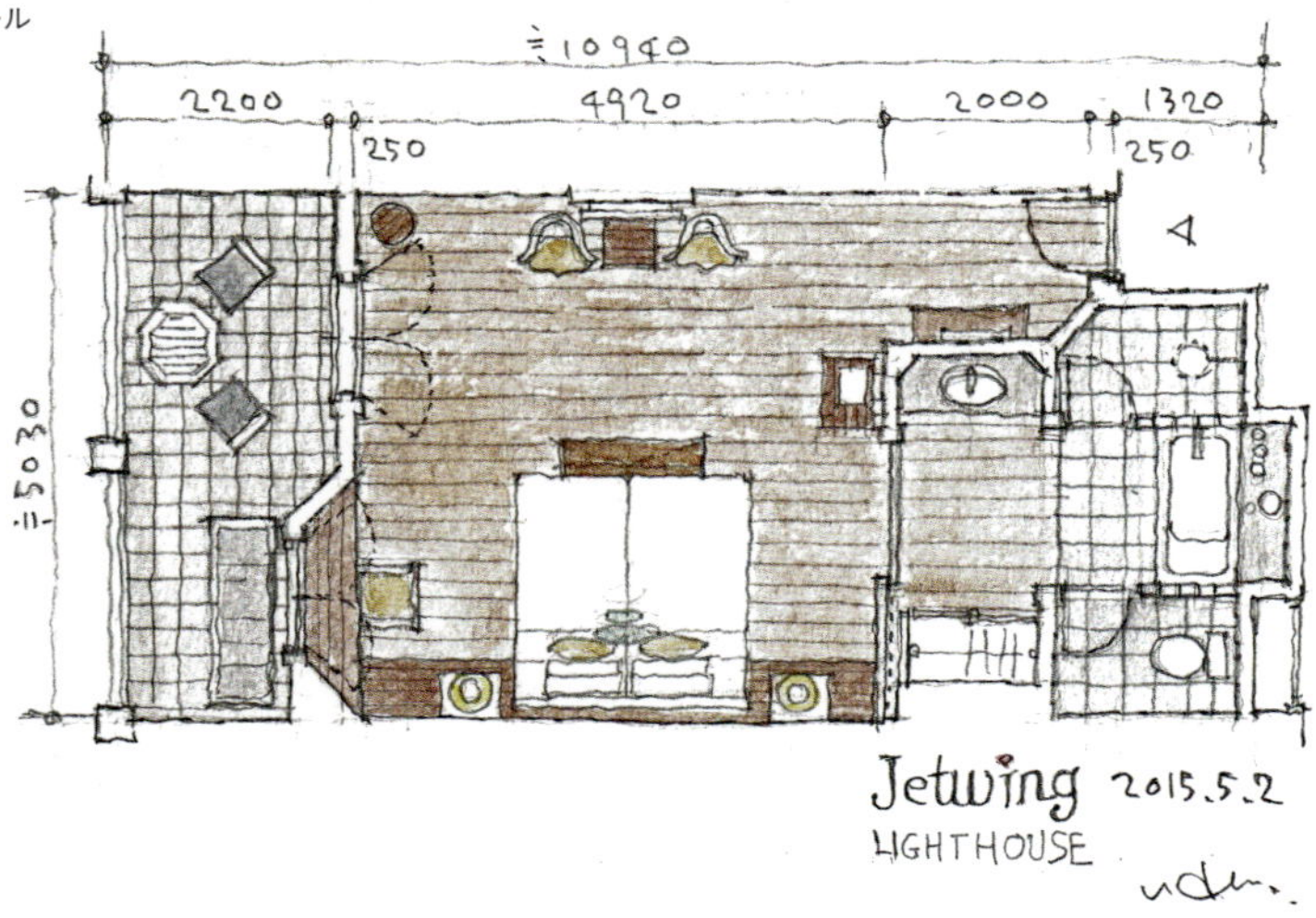

第6章

Irei Satoshi's
House Design
RULE II

Q/A
40→44

CASE
23→33

多義的な居場所を考える

「京都サロン」の2階リビング。開口部近傍にデイベッドを仕込み、ソファとして昼寝コーナーとして、または景色を楽しみ、読書を楽しむ居場所として多義的に使う。2帖の和室とダイニングが一体に繋がり、おおらかな空間となっている

Q.

居間ってなんだと思いますか？
「居場所をつくる」ために、具体的にはどのような設計をされていますか？

A.

何でもやっていい場所、誰でも居ていい場所が
「居間」ではないでしょうか？
家族がダラダラするところ、お互いに気遣いながらも干渉せずに
居られる居場所を、思いつきではなく、
体験してきた心地よい居場所を再現するようにしています。

40

居間

というのはよく考えてみると不思議な場所です。キッチンや浴室のように具体的な行為が定まっているわけではないので、設計しにくい場であるとも言えます。居間とは何をするところなのか?テレビを見る、家族同士で話をする、あるいはお客様を招く…いくつか思い浮かびますが、必ずしも居間という部屋がなくても住まいは成立します。居間のない住まいは、それはそれでシンプルでいいと思うのです。ダイニングでご飯を食べながらテレビを見て、それを肴に会話が生まれるという家族も多いと思います。

ぼくが育った家では小さな和室でご飯を食べ、テレビもあり、近所の方々がやってきて長居したり、昼寝もすれば、宿題もそこの座卓でやっていました。家族がいつも居る場であり、ご近所の人たちが集まる場、接客の場が4畳半程度の空間で済んでいました。

何でもやっていい場所、誰でも居ていい場所を「居間」と呼んでいいのではないでしょうか。そうすると、キッチンもダイニングも含めて「居間」と考えてもいい。様々な居場所があっていい場所…そうでなければならない場所だと思えば、自由に設計できそうです。住まい手も輸入物のソファがポンと置いてある居間のイメージ(たいていそれは雑誌の広告で見かけた写真)にとらわれすぎて、居間に関する具体的な要望があまり出てこないことが多いように思います。「居間の広さは○帖くらいで」というのがほとんど!

居間は家族がダラダラするところ、広くなくてもいいけれど、できればお互いに気遣いながらも干渉されずに居ることもできるように、あちこちに居場所が散りばめられている、というのがいいのでは?と思っています。

育った環境とその後の経験、考えてきたことが住宅の設計に大きく影響し、価値観をつくり上げるはずです。

ぼくはたまたま小さな家で4人の兄弟とともに育ちましたが、それをネガティブに受け止めるのではなく、その後の経験でそれを生かすことができたと信じています。これまでの経験を掘り下げていけば、楽しい居間のあり方、居場所の提案が可能です。ただし、自分がそれを気持ちいい、楽しいと思っていることが大事です。思いつきでなく、体験に裏付けされた居場所を提案する…その可能性がたくさんある場所が「居間」でもあると思います。

表からは平屋に見える。フルオープンできる木製建具でデッキとほとんど段差なしで繋がる。「できるだけ長く、若々しく暮らしてもらううえで、デザインのチカラは大事だと思う」

CASE 23

小金井の家

バリアフリーを考慮したご年配の夫婦のためのリビングルーム

1階で基本的な生活が営めるように考えられた、年配のご夫婦のためのバリアフリーの住まいです。中央に階段を設け、その周りに動線を設け、廊下をなくしています。キッチンの奥が水廻り、寝室から直接トイレにアクセスでき、そのまま水廻りに繋がること、寝室脇にご主人の小さな書斎を設けたりと、階段周りの動線の近くにすべての生活を配置するような設計の組み立てです。

手が届く範囲で暮らすような「終の住み処」であるので、リビングの中にキッチンがあるのが特徴。キッチンの壁の仕上げはリビングと同じ珪藻土、キッチンのコンロの前の壁には同色のタイルを見切りなしで貼って汚れ止めとし、フードも壁排気として、リビングと一体な空間にしています。動線を詰め、コンパクトに納めつつも伸びやかな空間でありたい、全体がゆるやかに繋がった居間（居場所）となるよう、ディテールを工夫してみました。

バリアフリーとは、段差がないだけでなく、より小さく、最短でまとめる（距離のバリアフリー）、熱的なバリアフリーなど、まだまだ工夫すべきことがある…独立前に担当した仕事で「年寄りの住まいだけれど、ちょっときれいにしてね…」と言われたことを思い出しながら設計しました。若々しい心で暮らすことも大事だと思います。

居場所をつくる動線と家具

子育てを終えた、ご夫婦の「終の住み処」というテーマで設計を進めた、ある工務店の社長の自宅でありモデルハウスです。

コンパクトでありながらも、これから先の、活力ある人生の後半を楽しめる住まいの提案です。

1階で生活が完結でき、中央の階段をぐるっと廻ると各部屋に最短距離でアプローチできるプランとなりました。階段下の書斎を抜けるとさらにショートカットできます。

普段は2人だけの住まい、必要最小限の大きさの家具で暮らし、必要な時に家具が増えたり、広がったりできるように、家具は家具デザイナーであり、富山大学教授（現在は名誉教授）の丸谷芳正さんに担当していただきました。

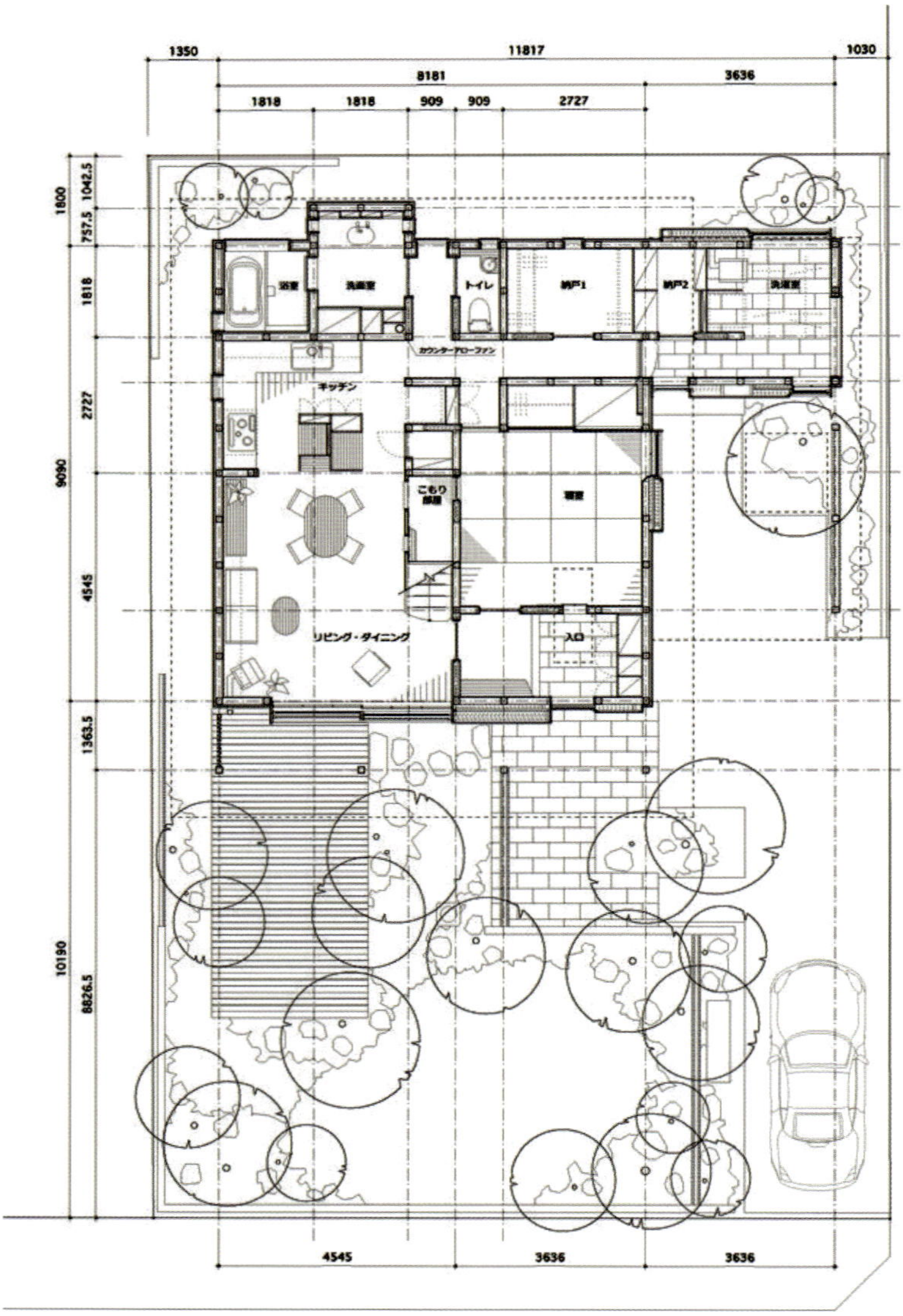

CASE 24

上／ストーブの熱を、吹き抜け上部で軸流ファンで回収し、床下へ送り込み床下の底冷えを少しでも解消しようという工夫をしている。終の住み処は熱的なバリアフリーも大事
下／キッチンも廻れる動線を導入、動きやすい住まいを心がけた。中央の造り付け収納は4面から使える

フロアスタンドは吉村順三さんの山荘のスタンドを復活、ダイニングテーブルは普段は小さなラウンドテーブルですが、必要に応じて楕円形に伸び縮みします。ここではあえて、開口部もキッチンも浴室も職人の手仕事を生かすように造作でつくり込み、リビングの天井は大梁を避けるように木のアールの天井とし、居場所を暗示するかのように柔らかく包み込むような空間をつくりました。

葉山の家

風景に向けて居間を開く

（事例紹介）

CASE 25

ご夫婦と愛犬で暮らす住まいです。敷地の東面に素晴らしい景観が拡がります。敷地より1メートルほど上がった道路から橋を渡るように木のデッキでアプローチし、奥に行くに従って段々と床が下がってリビングに至る…そこには葉山（神奈川県）らしい風景が拡がっている、という設計の組み立てです。

広がる景色のすぐ近く、外部と内部の境界である開口部近傍にソファを配置、30ミリ上げたデッキはベンチ代わりにもなり、そこに居場所ができます。ソファの正面にはテレビがあり、その脇の階段下が愛犬の居場所とライティングデスク、そして薪ストーブ。それらを景色の邪魔にならないように配置、断面的にはストーブ上部に小さな吹き抜けがあり、寝室から

上／写真左奥が「人の入り口」、右の開口が「犬の入り口」。ダイニングテーブルの右側には小さなライティングデスクがあり、その手前の格子部分が犬の部屋
下／ダイニング脇に薪ストーブを配置し、ストーブの暖気を上部の吹き抜けを通して寝室に導くように設計している

そこを通してソファが望めます。

キッチンに立っていても景色に向かうようになっています。この土地の最大のご馳走は景色。景色に向かって暮らすことがこの住まいのテーマだと思いました。

一般的に住まいの中心には居間があるのですが、この家の中心はリビングからサッシュをフルオープンにして繋がるデッキ空間だと思います。このデッキは建物の北東に位置し、お昼過ぎになると陽が当たりません。夏の昼下がり、陰になったデッキで西日の当たる風景を見る。デッキの下は崖になっていて、涼しい風が吹き上がり、リビングを駆け抜け、「人の入り口」と「犬の入り口」から抜けていきます。このデッキで夏の午後ビールを飲むとどれほど旨いだろうと引き渡し前に実行しました。外部で飲むビールは格別。もちろん、住まい手とともにその旨さを分かち合う。設計ってそんな経験の積み重ねかもしれません。

（事例紹介）

幕張本郷の家

廻れる動線の先々に小さな居場所を配置する

1階に音楽室を持つひとり住まいの家です。1階のジャズを楽しむ部屋がリビング代わりと言ってもいい住まい方だと思います。2階は趣味の電車ウォッチングができ、得意の料理の腕が振るえるよう大きめのキッチンがあります。

リビングの構成要素は対面式のキッチンとラウンドテーブルのダイニングテーブル、太陽熱利用システムのダクトと温風の送り込み先を切り替えられるダンパーを収納した造り付けの家具、ソファと3畳の和室（お仏壇あり）。ラウンドテーブル周りの動線とキッチンの廻れる動線、さらに造り付けの家具周りの動線が絡まって、単純なプランながらも複雑な動きが可能です。

CASE 26

キッチンを通り抜けたところからソファ方向を見る。ソファの正面にはテレビが取り付けられている。右手には一段上がった3帖の和室。吊り押し入れの下には小さなジャロジーの開口部があり、2階の部屋でも床面に開口部があると心地よい

よくやることなのですが、腰窓を背にして、メインの開口部の際にソファを置く…昔見学させていただいた吉村順三さんの軽井沢の山荘のソファの配置が開口を背にしていました。

まるで外部（ここでは森の中）に居るような感覚、ヨーロッパのオーニング（日除け）がかかっただけのオープンテラスにも似た感じです。

外部のような内部に居ながらテレビに向かうというパターンが気持ちいいという経験からなのです。もちろん、開口部は温熱的に変動が激しいところなので、建具の構成にも気を配り、居心地を担保するために、外部からやってくる光や風、熱や音などを制御できるようにしておきます。

変化がある程度ある場所であるということが気持ちいいとも思います。

このソファの背後には庭に植えた大きなシマトネリコがあり、2階であるにも関わらず、掃き出し窓（落下防止付き）にした大きな開口部はバルコニーがないので、より一層開放感が高くなっています。網付きのガラリ戸は鍵付きにしてあり、さらなる落下防止策にもなります。

「長岡・前川東の家」のリビングからデイベッドコーナーを見る。デスクも備え付けられていて、床はテラコッタタイル敷き。天気のよい日に建具を開放すると屋根付きのアウトドアにいる感覚

41

Q.

「小さな居場所」という言葉が似合う、
本当に小さな空間が伊礼さんらしい設計と感じています。
どのような考えで、小さな空間を設計しているのですか？

A.

「nLDK」に当てはまらない、
小さな空間・居場所をあちこちにつくりたい。
自分が体験してきた心地よい小さな居場所を
再現しようとしているのかもしれません。

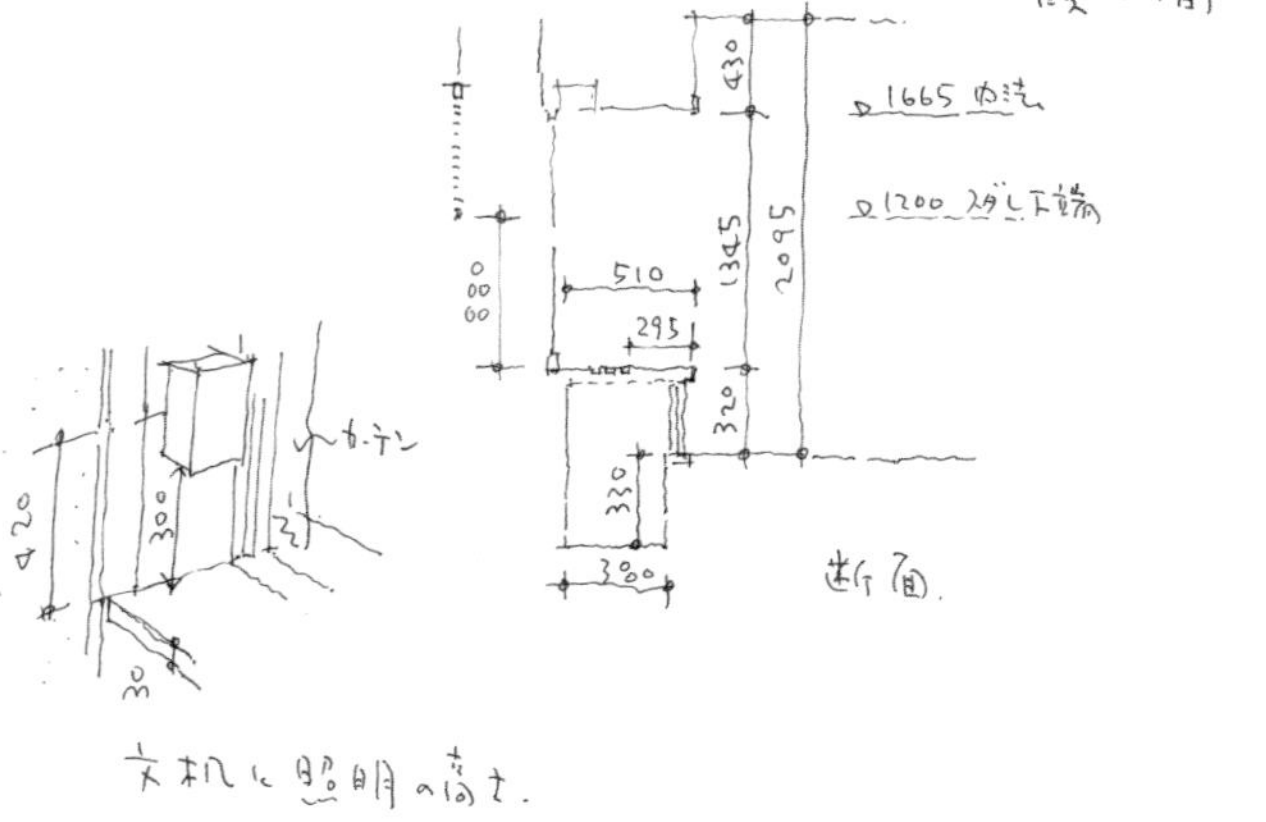

今でも住宅設計の世界を支配している価値は「nLDK」という概念だと思います。住宅のプラン・価値が「3LDK」「2LDK」のような記号でくくられてしまう、それが不動産の価値として流通していることに、建築家は反発するのです。住まいの価値は「nLDK」（nは寝室）では決まらないことは、住宅の設計

者誰しもが分かっているはずなのに、その枠組みに流されてしまいがち…。

一方で「ｎＬＤＫ」の概念を吹き飛ばすような斬新な設計を見かけると、どう暮らすのだろう?と困惑してしまう。僕は斬新なスタイルの設計を提案することを目的としていません。よく練られて、丁寧に設計された住宅、総合的にクオリティの高い、時流に流されない仕事をしたいと思ってきました。ですから、ぼくの設計する住宅は、プランだけを見ると「ｎＬＤＫ」で表現できるような単純なものに見られるようですが、実物をご覧いただいた方々には「普通のようで普通でない」という評価をいただいています(笑)。もちろん褒め言葉らしいのですが…。設計に対する姿勢を正しく評価していただいていると思うことにしています(笑)。

その理由が何かを自分で語るのはかなり難しいことですのでここではやめておきますが、「普通のようで普通ではない」理由をひとつだけ言えるとすれば、「ｎＬＤＫ」に当てはまらない、小さな空間・居場所があちこちにあることだと思います。目的がよく分からないような空間だったり、常識よりぎゅっと小さくてかわいい空間であったり、外部と内部の境界があいまいな場所であったり…。「普通のようで普通でない」という感覚は、そんな不思議な場所に惹かれ、そこを心地よいと感じるということではないでしょうか?

より多くの人たちが住みやすい、分かりやすい住まいの形としての「ｎＬＤＫ」という概念を、否定はしません。ただ、それを共通言語として、「ｎＬＤＫ」の価値観を少しでも脱却したいという気持ちを、多くの人と共有できればと思います。

「リビング」という名称を他の名前に置き換えただけで住宅の質が変化するとも思えません…。ネーミングだけで新しい住まい方を提案したように思わせる手法に魅力を感じないのです。

ぼくの場合は自分が体験してきた心地よい小さな居場所を再現しようとしているだけなのかもしれません。しかし、それが「ものつくり」の基本だと思っています。

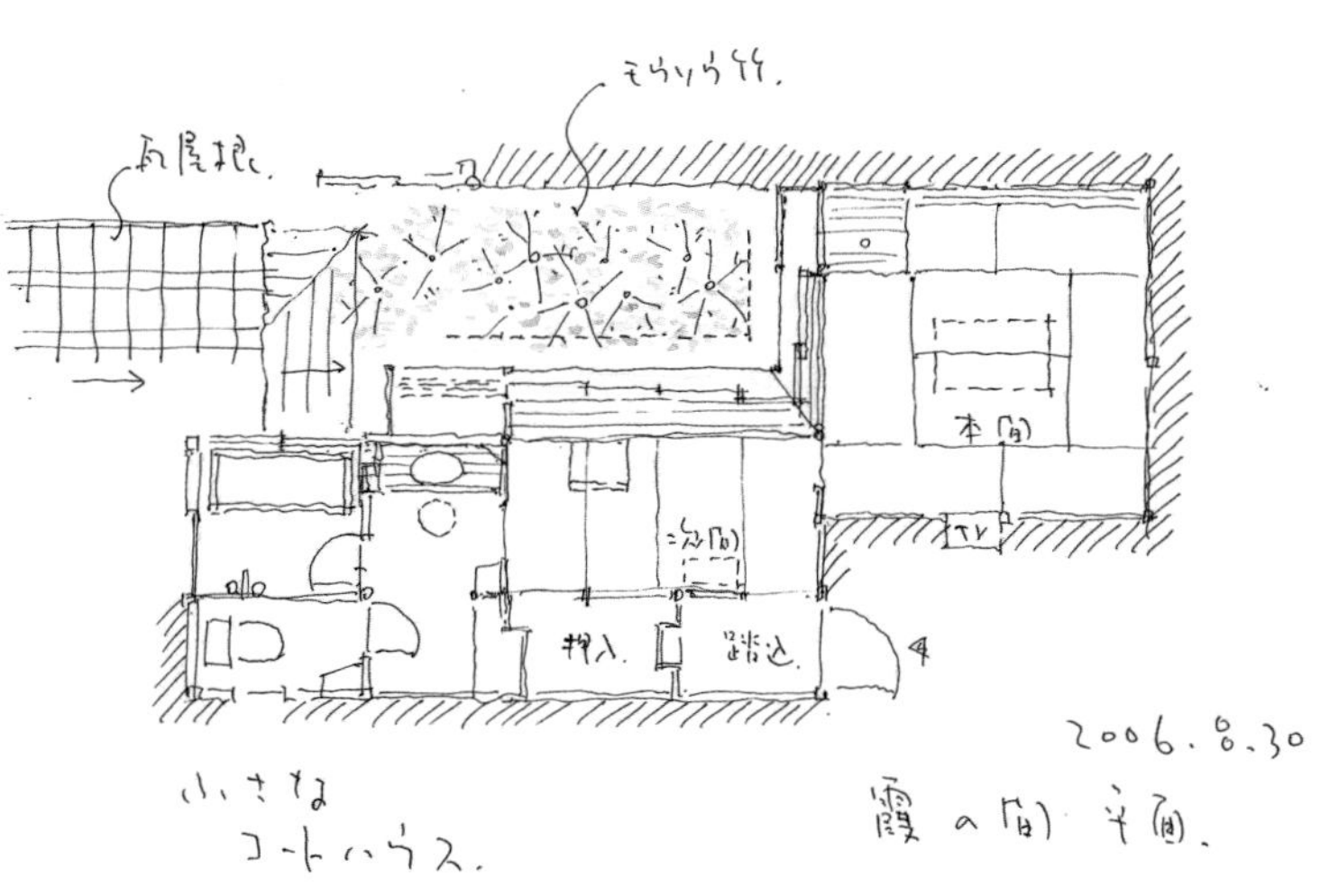

東京町家・あずきハウス

小さな住まいの中のさらに小さな2帖の和室

京都の俵屋旅館で、次の間として使われている2帖の畳間を体験しました。座椅子に腰掛け、床が掘り下げられた小さな出窓に足を伸ばして、庭を眺めたり、お茶を飲んだり、昼寝もできるようにシエスタマットもあるコーナーでした。それ以来、小さな和室の魅力に取り憑かれています。

「あずきハウス」では2階の寝室の横に2帖の和室を設えています。2階床より一段上げて、より天井の高さをおさえています。小さな空間では空間のボリュームをおさえることが大事なように思います。また、開口部も小さく絞って、お茶室のように明かり障子を入れています。

CASE 27

階段側に付けた開口部は階段の窓のオペレートのためだが、階段を通して1階の気配を呼び込む役割もある

(事例紹介)

CASE 28

東京町家・9坪の家length

階段の踊り場から出入りする1帖の書斎

子どもの頃、押し入れの中に入って遊んだ記憶がある人は少なくないと思います。布団の中に潜り込んだときの柔らかさに包まれた心地よい感覚を、宮崎アニメの「となりのトトロ」の猫バスに乗るシーンを見る度に思い出します。

この家の1帖の書斎はご主人のために提案しました。奥様と子どもたちの居場所をつくり出すことで精一杯だった家づくりでしたが、ひとつ隠し部屋的に用意したのです。ロフトへ上がる階段の踊り場から垂直ハシゴで出入り、小さな窓から吹き抜けを通して2階と繋がる愉しい居場所となりました。しかし、引き渡し当日、愉しそうだということで、奥様に押さえられました（爆笑）。

CASE 29

あやさやハウス

建坪9坪の中の囲われた2帖の和室

リビングとダイニングの間に囲われた2帖の和室を置いてみました。ダイニングとは両面使いの家具で仕切られて、リビング側に設けられたにじり口のようにうがたれた穴から出入りします。

家具の一部にも小さな穴がうがたれていて、キッチンからも中の様子がうかがえます。

（事例紹介）

CASE 30

はりまの杜・庭座

床を下げ庭を楽しむための3帖の和室…「庭座」

京都の俵屋旅館に、庭とガラス1枚で仕切られ、床と中庭が同レベルの部屋があります。「庭座」と呼ばれ、室内でありながら庭の中にいるかのような錯覚を起こさせる部屋でした。

これをタタミで考えてみました。タタミだからと小上がりにするのでなくて、逆に床を下げたところが愉しいと思います。

15坪の家

部屋と部屋の間に設けた文机

CASE 31

座の空間に設けられたスタディコーナー（文机）は、だらしなくなりがちな座の生活を少し引き締めてくれます。押し入れを諦めて、廻れる動線をつくり、子供部屋と主寝室の間に設けてあります。

あやさやハウス

「猫バス」の中に潜り込むような子どもたちの遊び場

（事例紹介）

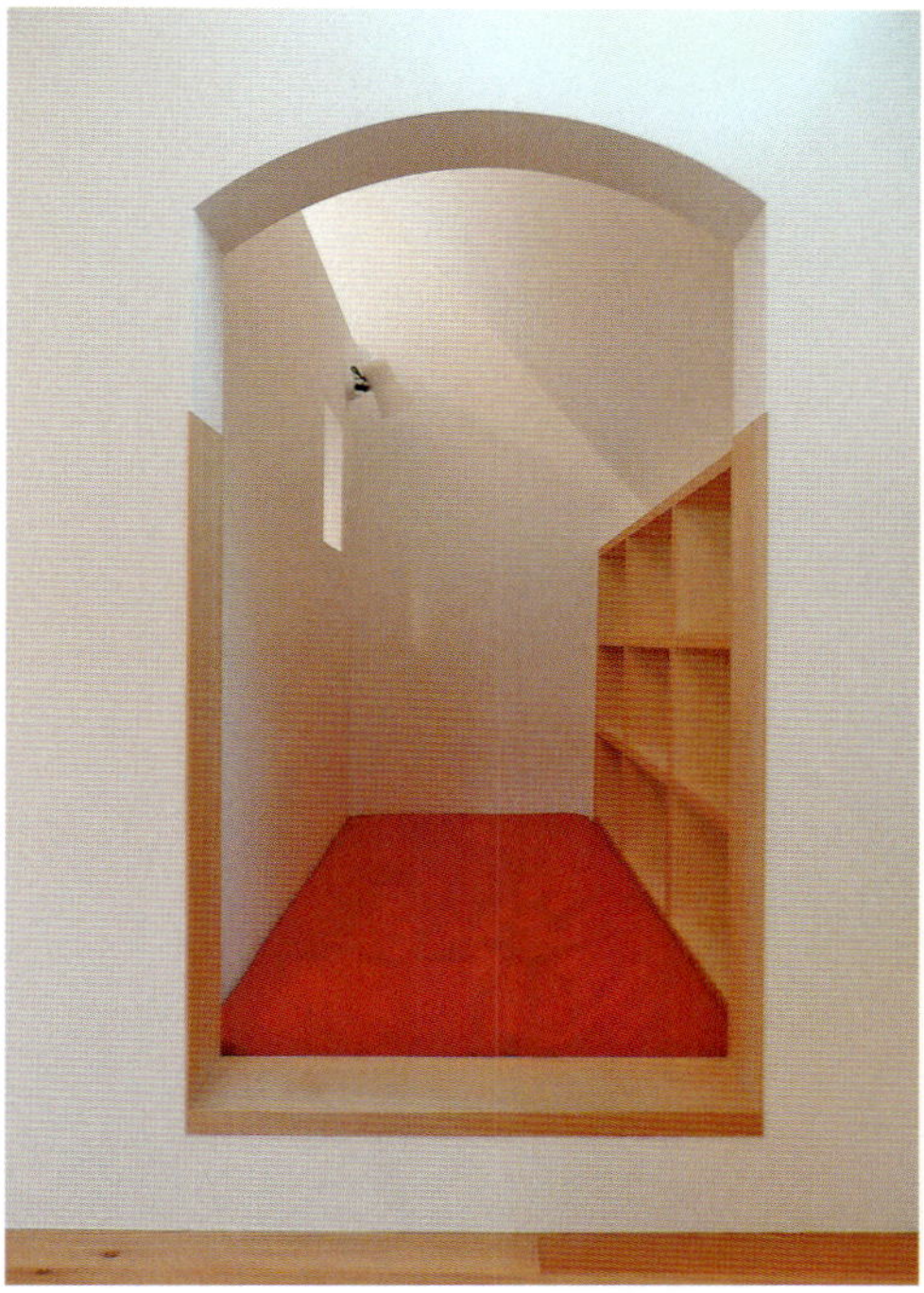

CASE 32

「あやかちゃんとさやかちゃんの家」は建坪9坪の木造3階建て。まるで縦に暮らすようなものです。その上、北側斜線で削り取られて、十分に部屋の高さも取れない、斜めの鋭い屋根の下に暮らすことになりました。この姉妹にのびのびと楽しく暮らしてもらいたいと提案したのがこの1帖ちょっとの遊び場。

小さな入り口をくぐると、ソファのクッションを床材としたフワフワの空間。天井は吹き抜けていて、斜めの屋根が階段室と繋がっていきます。

このような空間に籠もって絵本を読んだりするのも楽しいだろうなと…。大人になってもここで昼寝するのも気持ちいい（笑）。

CASE 33

「i-works・15坪」。開けた景色に向けて足を伸ばして昼寝でもしたくなる

「松林が見える家」。2階の寝室の一角に設けたデイベッド。小さなバルコニーの先には松林が見える

小さな森の家・松林が見える家

リビングでもダイニングでもない窓際のデイベッドコーナー

開口部の近傍に心地よさが宿る、と考えています。外でも内でもない、曖昧な空間が気持ちいい居場所をもたらすと思っているのです。だから、できることなら木製建具でフルオープンにし、窓際に

デイベッドがあって、ダラダラと行儀悪く、好きな本を読んだり、ビールを飲んだりしたいと…(笑)。

タタミの間であっても一段上げてソファ仕立てとすることで、特別な居場所に変えることができます。

佇まいを考える

Q.

目立たないように設計しているというお話を聞いたことがありますが、外観は気にしないということでしょうか？外観も大事だと思いますがどうまとめていますか？

A.

もちろん、かなり気にして時間を掛けて操作します。単に外見のことでなくて、外観を操作することは設計自体を操作すること…。平面と断面と立面の三者が揃ってはじめて空間が立ち上がるからです。

—42

外見

より内部が大事？外観という言葉がいまひとつ好きではありません（笑）。「目立とう」とか、「格好いいものをつくろう」とか、操作すればするほど、内部空間を犠牲にしてしまうように思えます。あるいは、内部と関係なく外部の形や色を操作することはやってはいけないこと…。それはデザインとは言わないのでは？と思っています。

外観のデザインが、グラフィカルな処理、デコレーションになっている例をよく見かけますが、そのような操作をデザインだと思い込んでいる方々こそ「外観」を気にしているようにも思えます。

吉村順三さんは「外見より内部が大事、内部が自然に外へ表出したものが外観だ」とおっしゃっていたと聞いています。それが誠実な設計のアプローチであろうと思います。

「外観」という概念はもう古い価値基準なのかもしれませんね。外と内は連動していなければならない…。その点では吉村先生のおっしゃることはしっくりくるのです。でも、外と内が連動して、どちらも申し分なく納まっているというのはかなり難しい。あり得ないくらい難しい…。だから、外見と中身を、何度も、何度も、行ったり来たりしながらまとめています（笑）。

独立前に10年修行させていただいた丸谷博男さんに教わったことは今でも忘れません。「プランはプランで一番いいと思うように描く。立面は立面でこうありたいと思ったように開口の位置を描いてもいいんだよ！つじつまが合ってなくてもいい…それを詰めていくといい方向でまとまるから」

今でも時々、思い出す言葉です。

外観（外側からの視点）は大事ではないということではなくて、どの視点から見ても心地よく、嫌みなくまとまっているようにしたい。そのために悶々と苦しみながら詰めていくのだ、と教えてくれたのです。

実際、外観を詰める際には、開口部の位置や大きさの調整だけでなく、設備機器の位置はもちろん、断面（高さ）を詰めることをよくやります。表層的な操作でなく、プロポーションの調整という意味合いも強いのです。その際の目標が「嫌みのない佇まい」「感じのよい空間」なのでしょう。つくり手の嫌み、住まい手の嫌みを消す…。それは外観の操作ではなくて佇まいの操作だと思います。ぼくにとっては、外観を気にすること＝設計自体を考え直すこと。さらに佇まいを気にすることであり、周辺との関係を気にすることです。「建築という難しい全体」に直面し、自分の設計力の不十分さと担当者に対するもどかしさで落ち込むことでもあるのです（笑）。落ち込んだ後に、延々と粘りますが…。

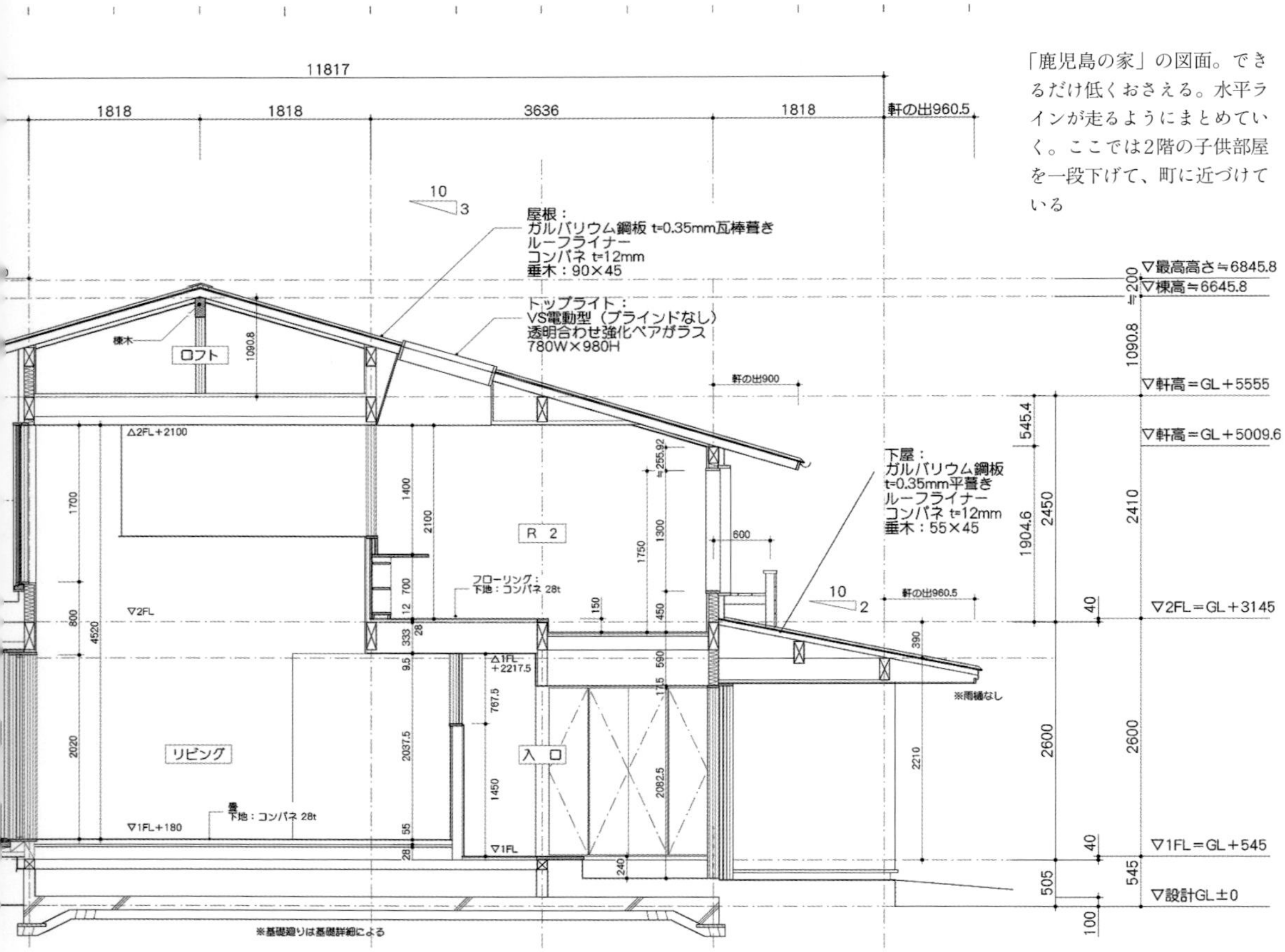

「鹿児島の家」の図面。できるだけ低くおさえる。水平ラインが走るようにまとめていく。ここでは2階の子供部屋を一段下げて、町に近づけている

43

Q. 外壁の仕上げはどのようなものを選択していますか？その理由も教えてください。

A. よく使うのは、シラス製品、ガルバリウム鋼板、杉などの板材…ほぼこの3種類。いつの時代も安定的に手に入る自然な素材で、耐久性が高く、メンテナンスがしやすいものを選びます。

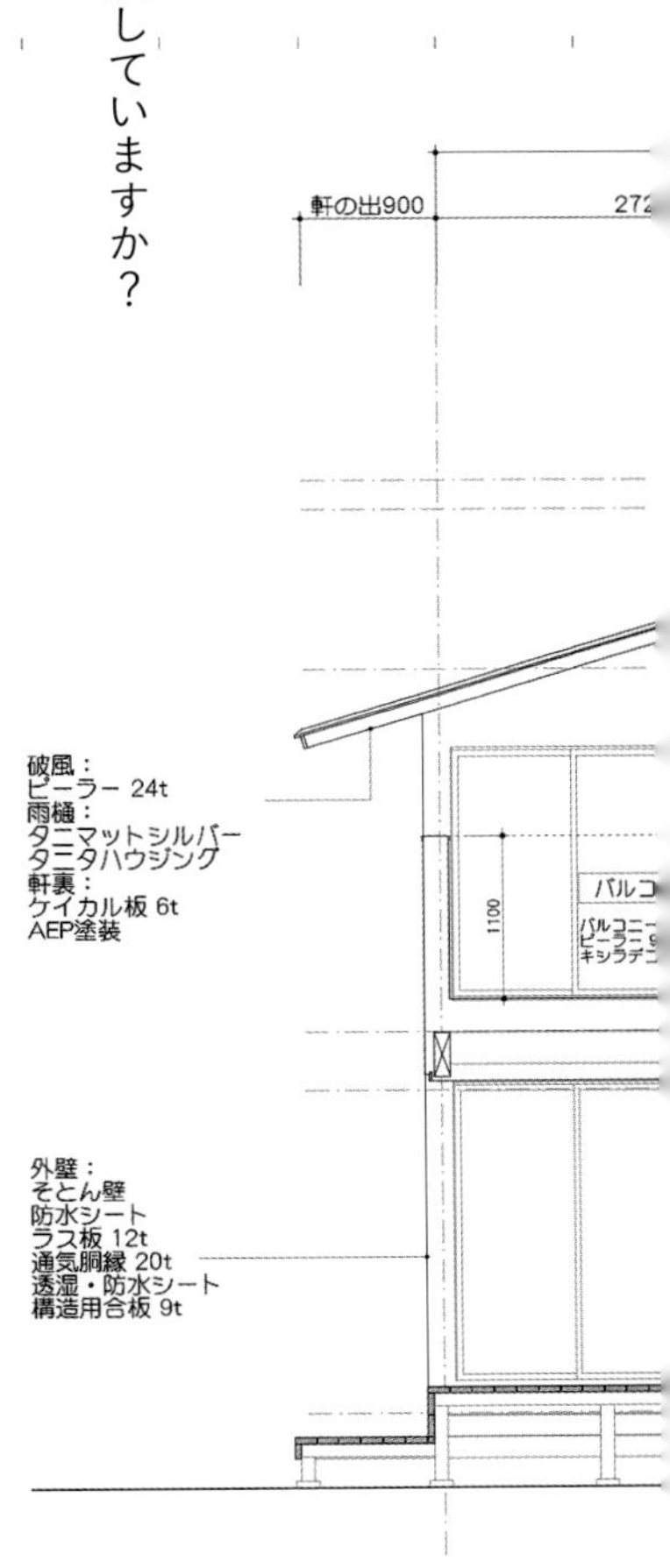

外壁は予算や耐久性、屋根の形状（耐久性に関わる）、住まい手の好みで決めています。使う素材は絞っていて、自然な素材で耐久性が高くて、古くからあったもの、メンテナンスがしやすいもの、廃番を頻繁に行わないメーカーのものにします。開発にも関わり、よい製品（というよりも、自分が使いたいと思える製品）をつくり出していく活動も行っています。

高千穂シラスの「そとん壁」（自然素材100％のシラス製品）の開発をお手伝いしたことがきっかけで、予算があれば「そとん壁」をよく使用します。おかげで、いつも使う品番は「伊礼色」と呼ばれるくらい、「そとん壁」はぼくの設計の代名詞のようになりました。

これまでは「掻き落とし」だけでしたが、最近は、軒が出ていないときは「スチロゴテ仕上げ」を選択します。「掻き落とし」は材料がパラパラと落ちやすいので、耐久性を考えた結果です。「そとん壁」で仕上げると、どこか懐かしい佇まいになる。流行廃りに流されない、時間に耐えられる素材ではないかと思います。

予算がないときはガルバリウムを。アルミと亜鉛の合金ですが、錆が出にくく、現在の素材では最もコストパフォーマンスの高いものだと認識しています。予算によって、安価な「小波」と、ちょっとコストがアップする「角波」を使い分けます。

「小波」は全体が柔らかい感じがします。出隅部分に役物を使わず、出隅から折り曲げてすっきりと納めるのがいつものやり方。ただし、表からビス留めにしなければならないので、どうしても安っぽく感じてしまうことは否めません。

一方、「角波」はカチッと堅い感じになります。サイディング状になっていて、ビスが表から見えないのでバラックな感じがしません。出隅部分の役物を角波の幅で納めて（役物を小さくする）、できる限りシンプルにします。ガルバリウムのデザインの要は役物のデザイン、納まりでしょう。出隅の役物をなくせる「小波」のよさと、カチッとした「角波」のよさを備えた「三角波」は2013年「ZiG」の名称でタニタハウジングウェアより発売されました。

また、防火性能を要求されない地域でゆったりした環境では「板張り」をすすめることも多い…。木々に囲まれていると、木の素材がいいなあと思ってしまいます（笑）。

木はいつの時代にも安定的に手に入る素材です。腐るからと敬遠される方もいますが、手入れしやすく、取り替えのしやすい素材で、廃番の恐れもなく、ずっと昔からリーズナブルな外壁材であったはず。軒をちゃんと出せば、メンテナンスの範囲は低い位置に絞り込めると思います。

「田園調布本町の家」。外壁を、開発のお手伝いをしたタニタハウジングウエアの「ZiG」で仕上げている。陰影がシャープで同メーカーの雨とい「スタンダード半丸」と色を揃えることができる

「熊本・龍田の家」。そとん壁（伊礼色と呼ばれるW-129B）掻き落とし仕上げ

「京都サロン」。そとん壁の白を欠き落とし、酸化チタンを吹き付けて汚れ止めとしている。白い壁は清々しく、樹木と呼応して美しい風景をつくり出す

「9坪の家・length」。ガルバリウムの外観は役物のデザインで決まると思う。役物が建物全体の品格を決める

Q.

外観をまとめ上げるコツはありますか？

—44

A.

建物の高さを低くおさえる努力をすることや開口のあり方を考え直すことのほかに、「水平ライン」を意識するクセがあると思います。水平ラインが出せると落ち着いた佇まいになります。軒の水平ラインと開口部の内法高さの関係が大事だなと思うようになりました。

外観

だけでなく、内部のシナベニヤの使い方でも、木目を横張りに使用することを意識しています。そうすることで安定して見えるのです。図面には「木目横使い」と明記してあります。

エレベーション（立面）をまとめるときは、開口部をできるだけひとつにまとめて（庇を通すなど）、水平ラインを出すようにしています。まずは水平線を気にしているようです（笑）。屋根付近では軒先と開口部の位置関係を気にして調整しています。たとえば、神社仏閣を図面で見ると屋根の大きさに驚きますが、実際に目の高さで見るとしっくりしていて、逆に驚いたことがあります。図面だと頭でっかちなのに、目の高さで見るとちょうどいい…「そのギャップを計算して設計しているんだよ」と学生時代に奥村昭雄先生から教えてもらったことを思い出します。

屋根と下屋《げや》の勾配を変えることも、実際の目の高さからの見えがかりを計算してのことです。そう考えると、見た目を気にすることも悪くなさそうで（笑）、これも佇まいを整えることだと理解しましょう！

そのときの基準が軒の水平線ではないでしょうか？住宅の場合は、屋根よりも軒先のラインと開口部の高さ関係が大事だと考えています。開口部上部、軒との間の壁を大きく残さない…。「額を広くしない」「内法と軒先が同じくらいの高さに」とスタッフには言っているのですが、簡単そうで、身につきにくい感覚なようです。スタッフと感覚を共有するためにも、手早く模型をつくって確認しています。

また、これもインテリアをまとめるときと同じなのですが、外壁に何もない壁面を残すことも大事だと思います。その壁面は内部の暮らしをしっかりと守る壁になっているはずですから。そうすると、佇まいもノイズの少ない落ち着きがでます。

「東近江の家」の模型。手早く作成してスタッフと納まりなどを確認する

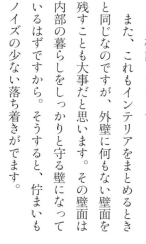

「南与野の家」。水平ラインだけではなくて、壁を残すようにまとめた例。町に対して閉じるところは閉じ、カーポートのガラリを通して開くところは開くようにまとめた

ロンシャンの礼拝堂

（フランス）

コルビュジエの代表作中の代表作であり、近代建築の5原則の先を試みた意欲作です。コンクリートのつくり出す形態の柔らかさや自由さを最大限に活かした彫刻のような建築…建築のプロだけでなく、一般の方々にも建築の魅力と感動が伝わる傑作と言えるでしょう。丘の上に建つ自由な形態の外観も魅力的ですが、入り口のドアを開けて内部に入ったときの光の魅力（宗教建築は光が命ですね？）に、誰もが建築の虜になることでしょう。

内部に差し込む、様々なステンドグラスを通した光と、外部から見た分厚い壁に自由にうがたれた窓を重ね合わせるようにスケッチを描いてみました。

外部からのスケッチに、内部のステンドグラスの色をのせてみました(笑)。

小さな窓から様々な色のステンドグラスを通した光が内部空間に溢れ出す。「建築は光なのだ」という感覚を再認識させてくれて、建築に対する知識に関係なく感動させてくれる。

たてもの情報

ロンシャン礼拝堂
所在地：フランス・ロンシャン
設計：ル・コルビュジエ
竣工：1955年

第7章

Irei Satoshi's
House Design
RULE II

Q/A
45→51

CASE
34→36

設計力

工務店の社屋とモデルハウスの新しいあり方を提案した「はりまの杜」(山弘の新社屋とモデルハウス)。写真は新社屋。住宅のようにまとめられた社屋はイベントスペースであり、もうひとつのモデルハウスでもある

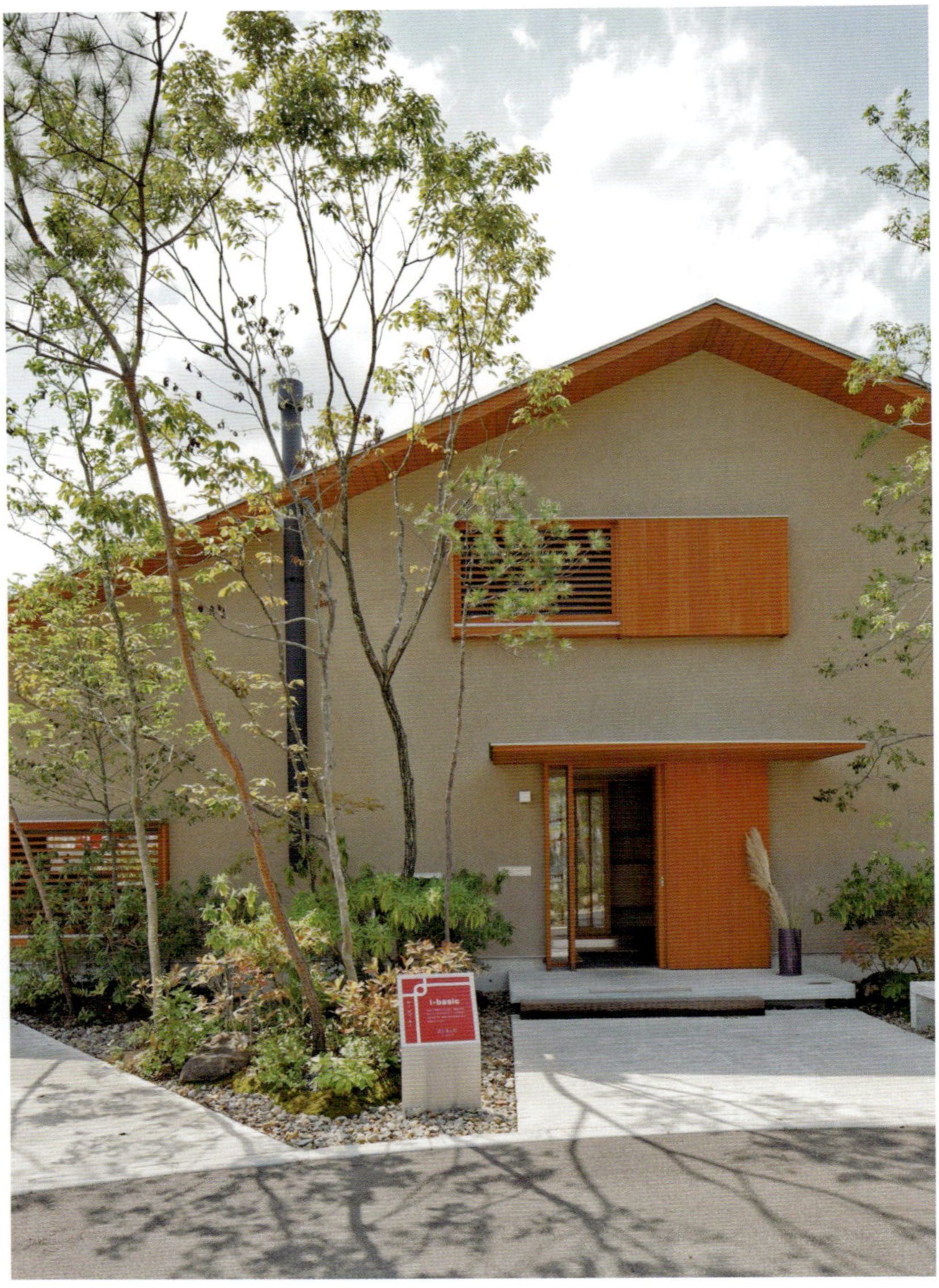

Q. 45

Q. 工務店の設計で「ここを変えたらもっとよくなる」という点を教えてください。

A. 階高・天井高を低く、窓数を絞る、天井に照明をつけない、の3つです。

あくまでぼくの価値観・スタイルですが、

①階高・天井高を低くおさえる
②窓をたくさん設けない
③天井に照明をつけない

この3つでずいぶん変わると思います。階高・天井高を低くおさえるだけで、プロポーションはぐっとまとまります。「明るく風通しよく」というクライアントの要望を真に受けると窓をたくさんつけることになりますが、そうすると守ってくれる壁がなくなり、空間の安定を失います。積極的な意味を見いだせない窓はつけないことです。照明は数を減らしたうえで低い位置にもってくると、すっきりしますし空間の重心が下がって落ち着きがでます（もちろん間接照明を担保しておきます）。

もうひとつは、表現したいこと、実現したい空間のために見えない部分でも工夫をすることです。工務店の設計は真壁構造のために柱や梁をすべてみせる傾向がありますが、もう少し空間への工夫があってもいい。かといって建築家の小さなこだわりのために現場の職人が泣くというこだわりも意味がない。まずは上記した3点に挑戦してみてください。ただし、この3点こそが住まい手が納得しにくいことらしいですが（笑）。

社屋のリビングルーム。セミナー会場としても機能、中庭をリビングとダイニングで囲むように設計され、庭に繋がる暮らしを提案している。いろんなイベントを企画中

Q.

そもそも工務店の設計力をどう見ていますか?

A.

がんばれば上手くなることに気づいた工務店が増え、実際に水準も上がっていると思います。

—46

少し前までは、工務店があきらめていた部分があるように思います。いい設計スタッフを採用できない、なかなか設計が上手くならない、と。

でも今は、がんばったら設計は上手くなるということに気づいている工務店が増えたように見えますし、水準も上がっていると思います。

いま注目を集めている建築家の中には、現場監督出身の人、学校できちんと建築の教育を受けてこなかった人も少なくありません。こういう人たちの自由な建築を見ていると、建築をもっと自由に考えてもいいのかなと感じます。工務店の設計も、もっと自由でいいのではないでしょうか。

Q.

伸び代のある設計スタッフをどう採用するか、またどう伸ばしていくかも課題です。

A.

自分たちの価値観・スタイルを決めた上で、現場のスタッフに任せていくことが重要です。

—47

重要なのは経営者の考え方、会社の基本方針だと思います。受注や利益率優先でいい建築をつくることが後回しになっている会社には、いい設計者は集まらないでしょうし、たとえ来てもいろんなことで板挟みになって苦しむでしょう。

ぼくは工務店からモデルハウスの設計を頼まれた場合、ぼくのスタイルを全部受け入れてくれることを条件にしています。自社の商品オプションのひとつとして伊礼の家を、というお話もいただきますが、過去の経験ではうまくいきませんでした。

どんなスタイルにしても、自分たちはこの価値観でいくんだと思い定め、標準化を行い、ブレずに徹底する。そのうえで現場のスタッフに任せていく。そうすれば、若いスタッフは特に伸びていくと思います。ただし、きちんと建築と設計がわかっているベテランがいないと、間違った意味での自由さが生まれ、基礎が崩れてしまうことも少なくありません。先達の言葉や顧客の要望を翻訳して若い設計スタッフに伝えることができる、また若いスタッフの仕事に添削・ダメだしをできるベテランがいれば理想的です。

Q. 48

設計者の育成については学校教育の問題も大きいように見えます。

気になるのは、建築学生の就職先として工務店という選択肢がすっぽり抜けていること。工務店は地元の大学と連携して、イベントをしたり、オープンデスク生を積極的に受け入れたらどうでしょうか。

A.

ぼくも大学で教えていますが、よくも悪くも先生たちは「おもしろい」案をつくることを建築学生に求めるところがある。学生の発想に教えられることも少なくなくありませんから。でも、その分、法規や現実の家づくりについてはほとんど無視しています。これが、学生が社会に出ても即戦力として使えない一因になっているように見えます。もうひとつ気になるのは、建築学生の就職先として工務店という選択肢がすっぽり抜けていること。最近でこそ新卒で工務店に就職するケースを見ますが、数からすると圧倒的に少数派です。その意味でも、工務店は地元の大学と連携して、イベントをしたり、オープンデスク生を積極的に受け入れたらどうでしょうか。その点、建築家は大学ときちんとつながっていて、就職のルートもできています。ここは真似ればいいと思いますし、今後は工務店の現場監督や設計スタッフが大学で教える機会があってもいいでしょう。単純に学生からすると面白いと思いますし、カリキュラムに欠けている実学の部分を補ってもらえるはずです。

プロダクト住宅「小さな家計画」、「i-works　project」のベースとなった「小さな森の家」。延床15坪は特殊すぎた。しかし、小さな家の可能性を伝えられた仕事だった

—49

Q. 工務店と一緒に「i-works」と呼ぶプロジェクトを進められていますね。

A. 全国33社の工務店が参加する、「プレタポルテ住宅」プロジェクトです。

i-works1.0の原型となった「小田原の家」。4間角のシンプルなプラン。

「i-works」は、ぼくと工務店・資材メーカーによる「プレタポルテ住宅」プロジェクトで、現在33社（2017年4月現在）の工務店が参加しています。

プレタポルテは「質の高い既製服」を意味するアパレル用語です。フルオーダーの「オートクチュール」の上質さを維持しながら、手の届く価格で提供するこの手法は、ぼくが目指す「標準化」に重なるところがあると、ずっと考えていました。

「標準化」をもう一歩進め、あたかも「質の高い既製服」のように、質の高い住宅を手の届く価格で提供する―。これがこのプロジェクトの狙いです。

まず29・3坪の4間角の小さな家のプランを用意しました。参加する資材メーカーにこのプランを実現する標準部材を提供いただき、参加工務店がエスクロー方式で建築します。プランは順次増やしていきます。

プランは変更せずそのまま施工することで、設計・施工・資材コストを低減。これによってぼくが通常設計しているオートクチュールの注文住宅よりも低コストでお届けできるようになります。

そこで生まれた余裕を植栽や家具に充てることで、トータルで上質な暮らしを楽しんでいただきたいという思いもあります。

— 50

Q. 「i-works」のプランは全国統一で提供するわけですね。住宅の地域性をどう考えますか？

A. プロジェクトが目指すのは、地域性を超える、多くの人が心地よいと思えるスタンダードな住まいです。

確かに、ひとつのプランを全国で施工することは簡単ではありません。「i-works」でも、地域で求められる法規制に対応するための工夫をしています。また、温熱環境の測定を行うなど、性能面についてもカイゼンを続けていきます。

「i-works」は、参加工務店・資材メーカーでプランのカイゼンを続けていくプロジェクトだと位置づけています。そもそも「標準化」自体、カイゼンを積み重ね磨き上げていくプロセスですから。

もうひとつ言えば、ぼくが目指してきたのは、地域性を超える、誰もが心地よいと思えるスタンダードな住まいです。地域や住まい手ごとに特殊解を用意するのではなく、一般解を提示したい。ずっとこんなスタンスで設計をしてきたので、「i-works」みたいな全国プロジェクトもそう違和感なくやれるのだと思います。

２０１７年4月現在でi-worksは1.0、2.0、4.0をリリースしています（3.0は調整中）。バリエーションを増やしながら工務店、メーカーとともに進化していきたいと思っています。

つくばi-works1.0

郊外型のプレタポルテ（規格型）の家

「i-works1.0」は郊外型の日本的なエコハウスを目指す。季節のいいときには開口部をフルオープンできて外部と繋がり、冬には断熱性能を発揮できるバランスのよさを併せ持つ

CASE 34

これまで設計の標準化に取り組んできました。その標準化されたパーツ（浴室、洗面所、玄関、）をパッケージ化し、4間角のプランにまとめたのがi-works1.0です。4間角のプランには歴史上名作が多い（吉村順三さんの軽井沢の山荘など）こと、様々なプランのバリエーションがつくりやすいこともあり、スタンダードなプランとしてふさわしいと考えたからです。

プロポーションや納まりはいつも通りの伊礼智設計室のやり方でまとめ、それを構造材はもとより、造作材までプレカットして提供するプロジェクトです。

建築家と工務店、建材メーカーが手を組み、自然素材に包まれ、デザインと温熱環境のバランスが取れた設計、さらには性能表示された構造材でつくられる住宅です。日本らしいエコハウスをリーズナブルなコストで手に入れることができる…そんなチャレンジングなプロジェクトだと思っています。

置き家具も伊礼智のデザインでそろえることができる。注文住宅よりもリーズナブルなコストで建築家の考えた住まいを手に入れることができる。このモデルハウスはOMクワトロソーラーを搭載し、ZEH（ゼロエネ住宅）を達成している

i-works2.0

i-worksの狭小地バージョン

（事例紹介）

CASE 35

「i-works2.0」は狭小地バージョン。延床面積23坪で4人家族が暮らせることを目指している

「i-works1.0」が郊外型の住宅なら、「i-works2.0」は都心型の狭小家バージョンと言えます。延床面積23坪、狭小地対応のため軒が出せず、外壁はオリジナルのガルバリウム鋼板で仕上げます。タニタハウジングウェアと開発した「ZiG」という、三角波で陰影がシャープなガルバリウム鋼板です。同じくタニタハウジングウェアと開発した「雨とい」の色（4色）と揃えることができます。

「i-works1.0」が「小田原の家」を原型としているなら、「i-works2.0」は「東京町家・9坪の家」を原型としています。これまで設計した住まいを改善し、スタンダード化していくことで確かな住宅となっていると思います。

小さいながらも伊礼智設計室らしいスタンダードな家ができ上がりました。

開口部は外からガラリ戸、網戸、ガラス戸、障子の構成。季節に応じて、住まい手の気分に応じて制御できることが住み心地に関わる

（事例紹介）

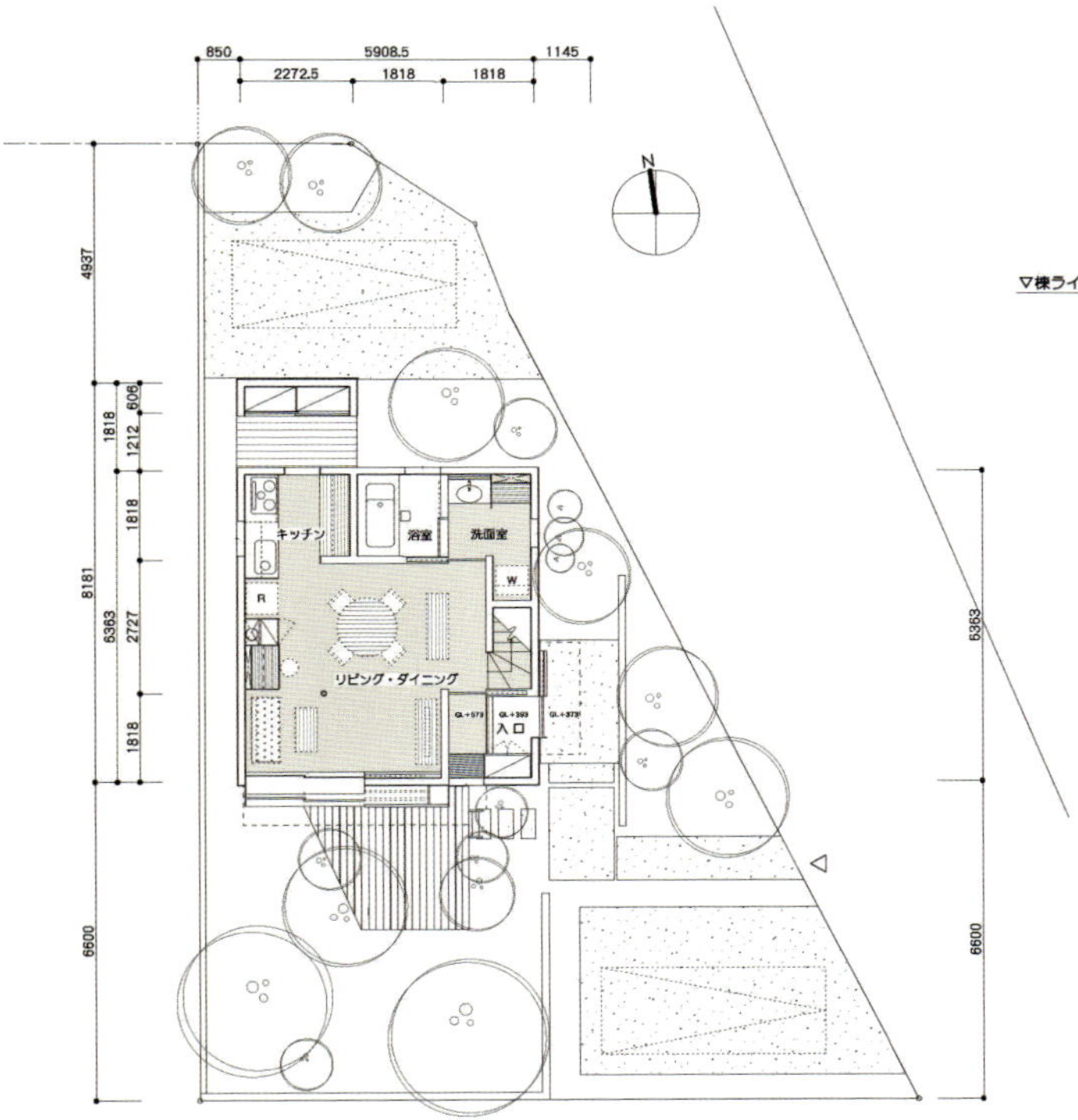

配置兼1階平面図

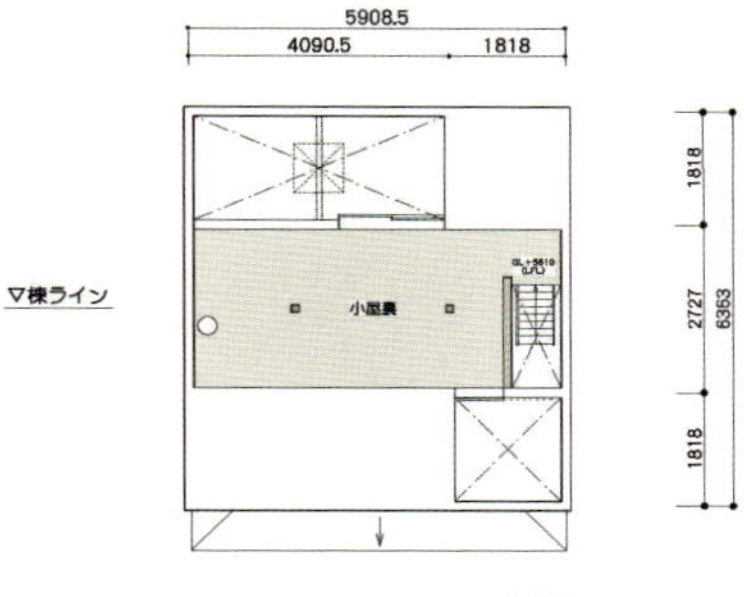

小屋裏平面図

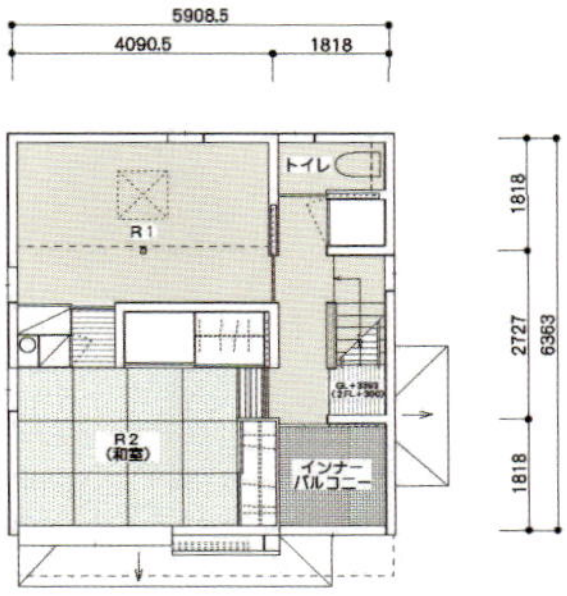

2階平面図

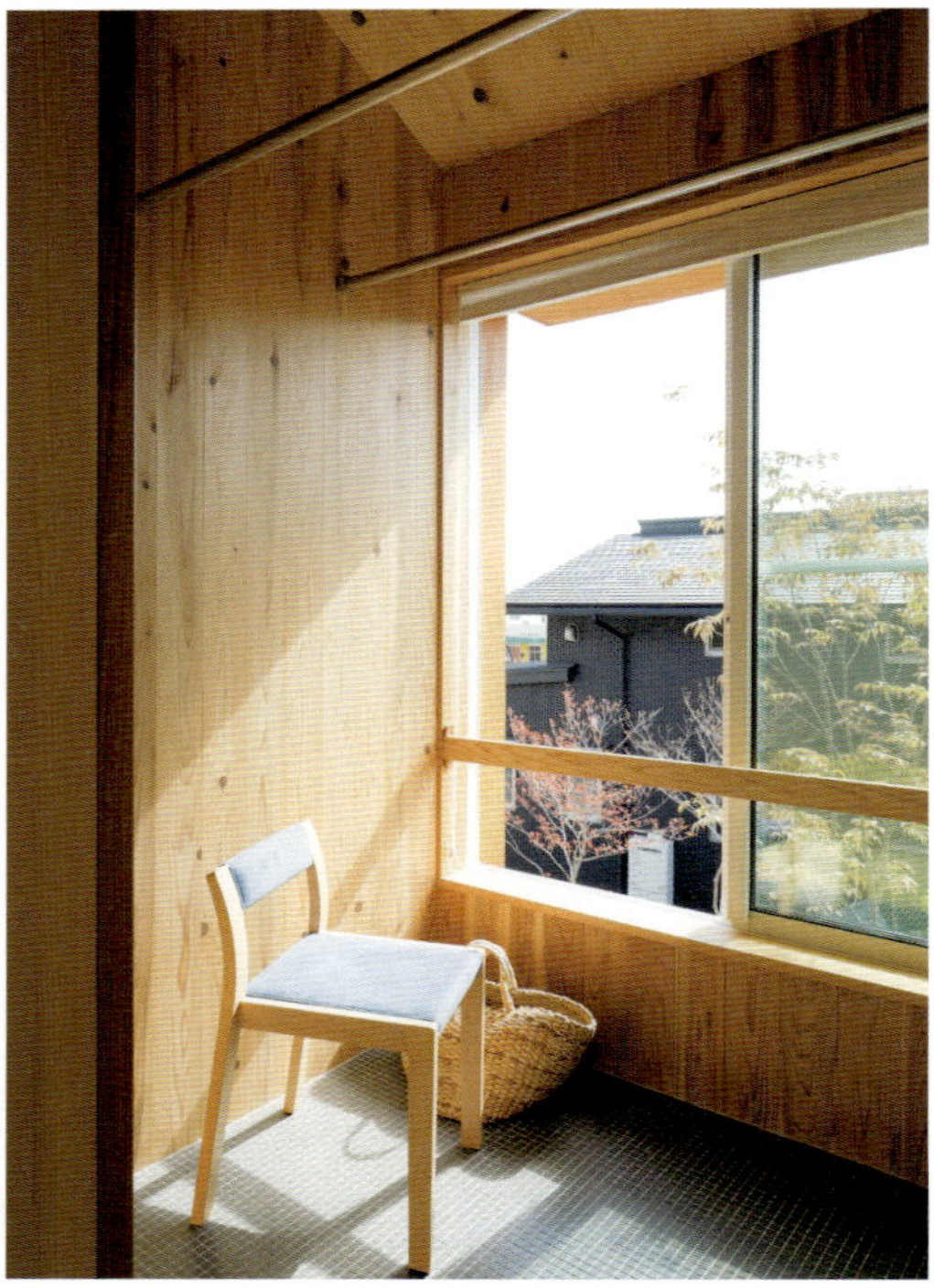

延床面積23坪ほどの小さな家。室内干しコーナーやコンパクトにまとめられたキッチンなど、子育て世代の若い住まい手に向いている

i-works4.0

1階で生活が完結する住まい

（事例紹介）

4畳半の空間を自分の生活に割り当ててカスタマイズできるプラン。その4畳半の空間が真壁構造で「見える化」されている

平屋バージョンを提供したいとずっと考えていました。

「終の棲家」として1階廻りで生活が完結するプラン。梁で区切られた4畳半のスペースが繋がっていくプランです。

伊礼智設計室としては珍しい、内部に真壁構造（木の構造が露出している）と、断熱材がぎっしり詰まっている外壁は大壁（壁で覆われ、構造材が見えない）で構成されています。

平屋+ロフトで考えていたのですが、ロフト部分も背が立つ高さを確保するとちゃんとした個室が生まれるということで、2階建てに変更、平屋風の2階建てとなりました。そうすることで個室が設けられ、ご年配の方だけの「終の棲家」というだけでなく、子育て期の若い家族にも対応できることが分かりました。

また、2階部分は巣立っていった子どもたちの予備室にも使えます。

1階廻りがワンフロアで生活が完結できることは、どのような家族形態にも向いていることが分かりました。

CASE 36

外物置きはオプション、母屋と水廻りユニットで構成されている。4畳半の空間を自分の暮らしに合わせてプランニングしていく

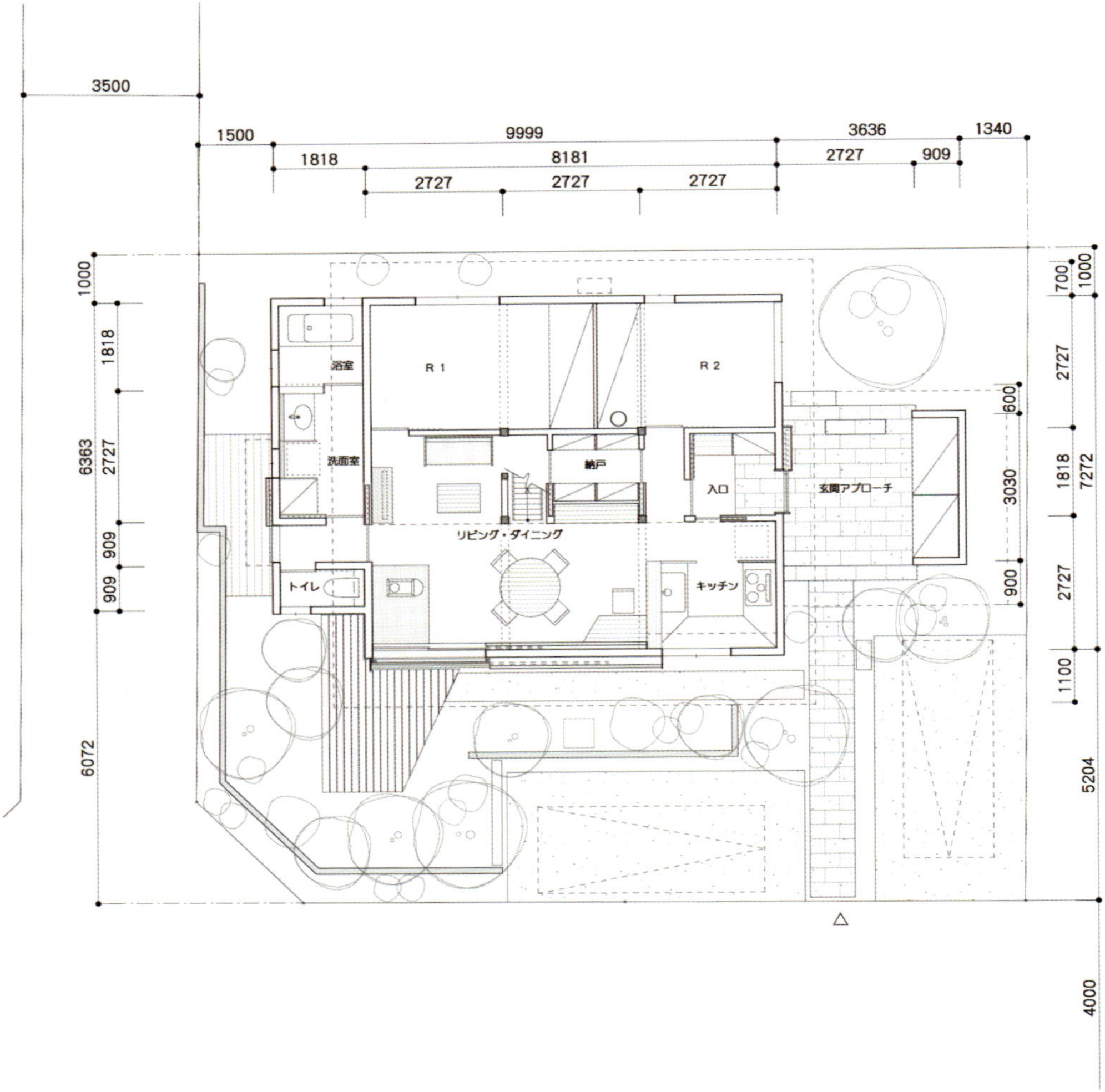

開口部は断熱性・気密性に優れるアイランドプロファイルウインドウを選択、大きな開口部であっても手軽に開け閉めできる

規格型住宅の設計の要は町とどう馴染ませるかである。外構・植栽のデザインが重要となる

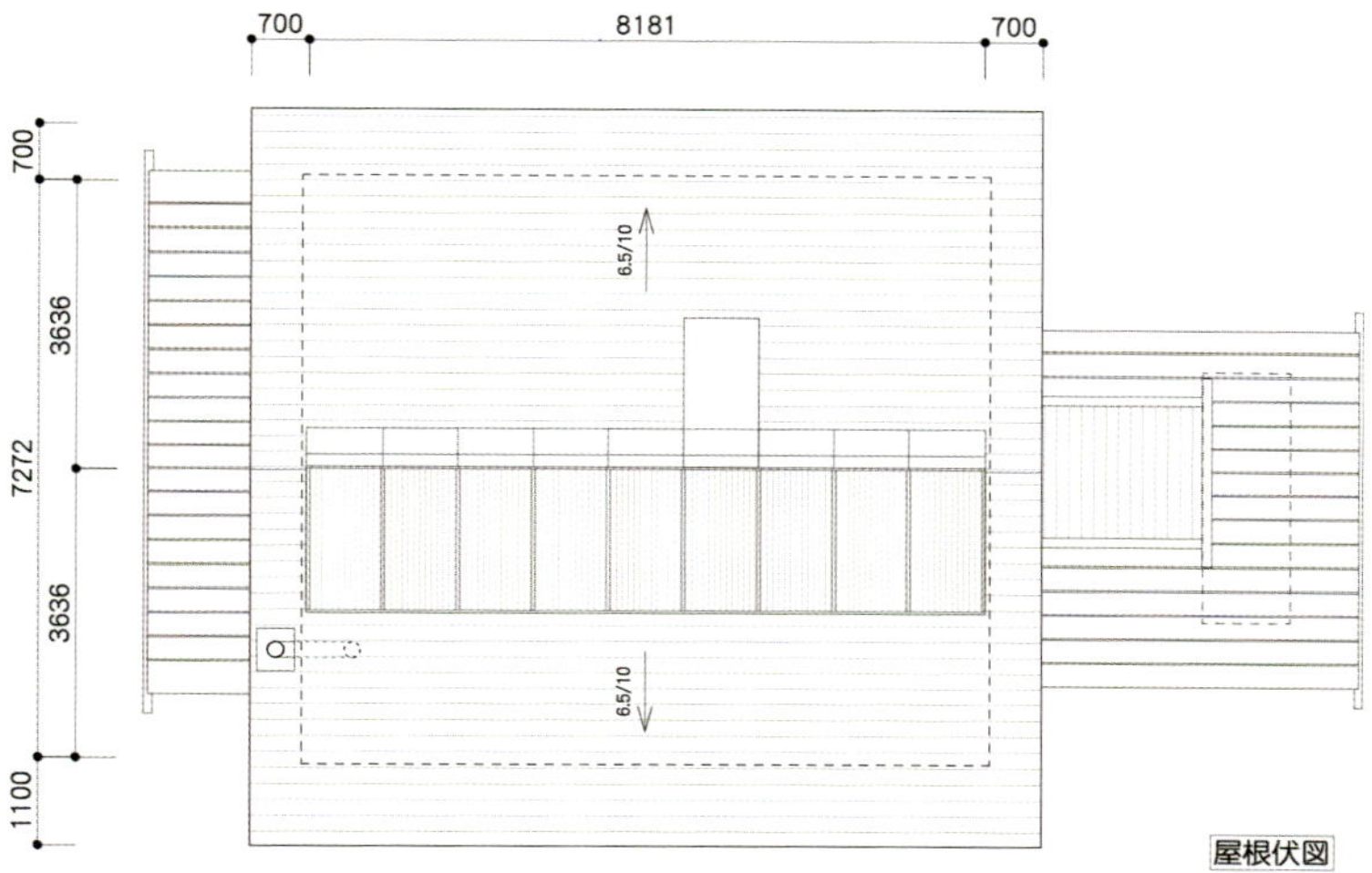

屋根伏図

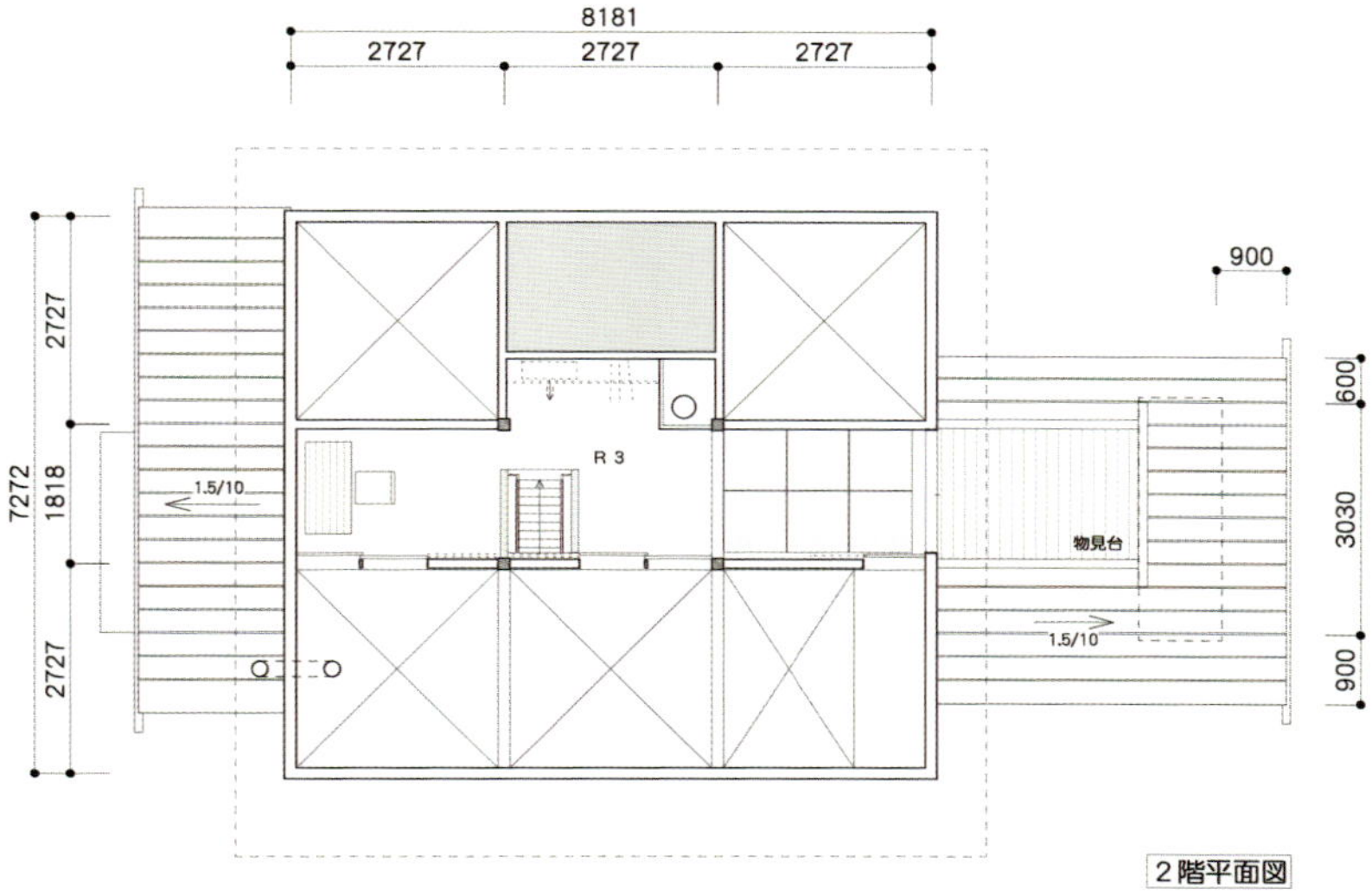

2階平面図

（事例紹介）

51

Q. 主催されている「住宅デザイン学校」について教えてください。

A. 基本的にはぼくの設計を学びたい方々が参加してくださいますが、
ゲスト建築家もお迎えして複眼でアドバイスしていくようにしています。
眼を養い、手を練り、よく飲んで（宴会多い）、
よく話し、学んだことを即、実践することを伝えています。

「伊礼智の住宅デザイン学校」は社会人向けの住宅設計スクールです。大学でも教えていますが、学生にしても社会人にしても、伸び悩む人は少なくありません。

大学教育は1000人に1人のスターを育てる教育と言ってよい…コンセプチャルで新しいアイディア、面白い提案が求められます。そうすると生真面目な学生ほど萎縮して、迷い、自信をなくしてしまうことが少なくありません。普通によくできたものは評価されず、現状に対する批評性が期待されます。

しかし、社会に出ると学校で叩き込まれたコンセプトありきの「ものつくり」は通用しないので、一部の才能ある学生を除き、多くの学生は社会に出ると現実の壁にぶち当たることとなります。

一方で、最近の工務店は、設計部があることも珍しいことではなくなってきたのですが、まともに建築教育を受けたことのない人が設計に携わっていることも少なくなく、工務店は設計が下手だと言われる原因のひとつとなっています。設計は好きだけ

ど、自分でどうしていいか分からない。そのような迷える子羊たちのための駆け込み寺が住宅デザイン学校のようです（笑）。

工務店を中心に若い設計者に自分なりの設計の価値・手法のみを伝えてきました。自分だけの価値観だとすべての迷える子羊を導けないので、多彩なゲスト講師も招き、複眼で生徒に向き合うようにしています。

そのような活動の中から、急速に上達していく工務店がいくつか出てきました。彼らはみんな、眼を養い、手を練り、よく飲んで、よく話し、学んだことをすぐに実践（真似）し、繰り返し、繰り返し改善して、自分の世界をつくり上げていっています。人を育てるということは、自分のライバルを育てることでもあります。

それでも住宅デザイン学校を続ける意味は何か？

それは自分の精神的なリハビリと言えると思います。共感してくれる方々に自分が体得した大事なものを分け与えることは、自分が浄化され、また新しいチャレンジができるように思え、結局、自分のためでもあるのだと思うようにしています。

2017年からは即日設計を中心としたカリキュラムとしている。ぼくの設計した住宅を見学した後、初めて見る敷地で、初めて見る課題に3時間で取り組む。何とも過酷なトレーニング（笑）となっている

Q.52

最後に住宅設計を志す人へメッセージをお願いします。

ずっと目標にしてきたのは吉村順三さんの建築です。日々の暮らしを丁寧に設計し、地域性を生かしながらも、でき上がった建築は地域性を超え、何十年経とうと古びない魅力を持っています。それはプロポーションの美しさ、丁寧な設計による居心地のよさ、気持ちのよさ、華美ではないが品格のある空間によるものだと思います。吉村作品のそんなところに強く惹かれます。

最終的には地域性を超え、時間を超える建築に到達できればと悪戦苦闘中。

自分だけではなく、世の中の多くの建築が、特に住宅が、吉村先生のような嫌みのない、バランスのいいものになってほしいと願います。そのためには美しいものを感じる心と知性を鍛えておかなければなりません。まずは「眼を養い、手を練る」ことだと思います。

いい建築を見て、感じ、眼を養う。

いいなあと思ったら、スケッチを描き、時には寸法を採り、なぜいいか？を考える。理解できたら、即、自分の仕事に取り入れてみる。真似することは決して悪いことではなくて、上達の基本です。

上辺だけの真似でなく、本質を理解して徹底的にやってみる。ただし、真似したものに対するリスペクトは忘れないことが礼儀。そうやっているうちに自分らしい切り口が見つかってくるはずです。

もともと高尚な言葉や知識は持ち合わせていませんが、できるだけ言葉に「体温」を感じてもらえるように気を使ったつもりですが…『伊礼智の住宅設計作法Ⅰ、Ⅱ』がその道しるべとなり、手助けとなれば幸いです。

A.

いい建築にたくさん出会うこと…
眼を養い、手を練ることが
設計上達の王道だと思います。

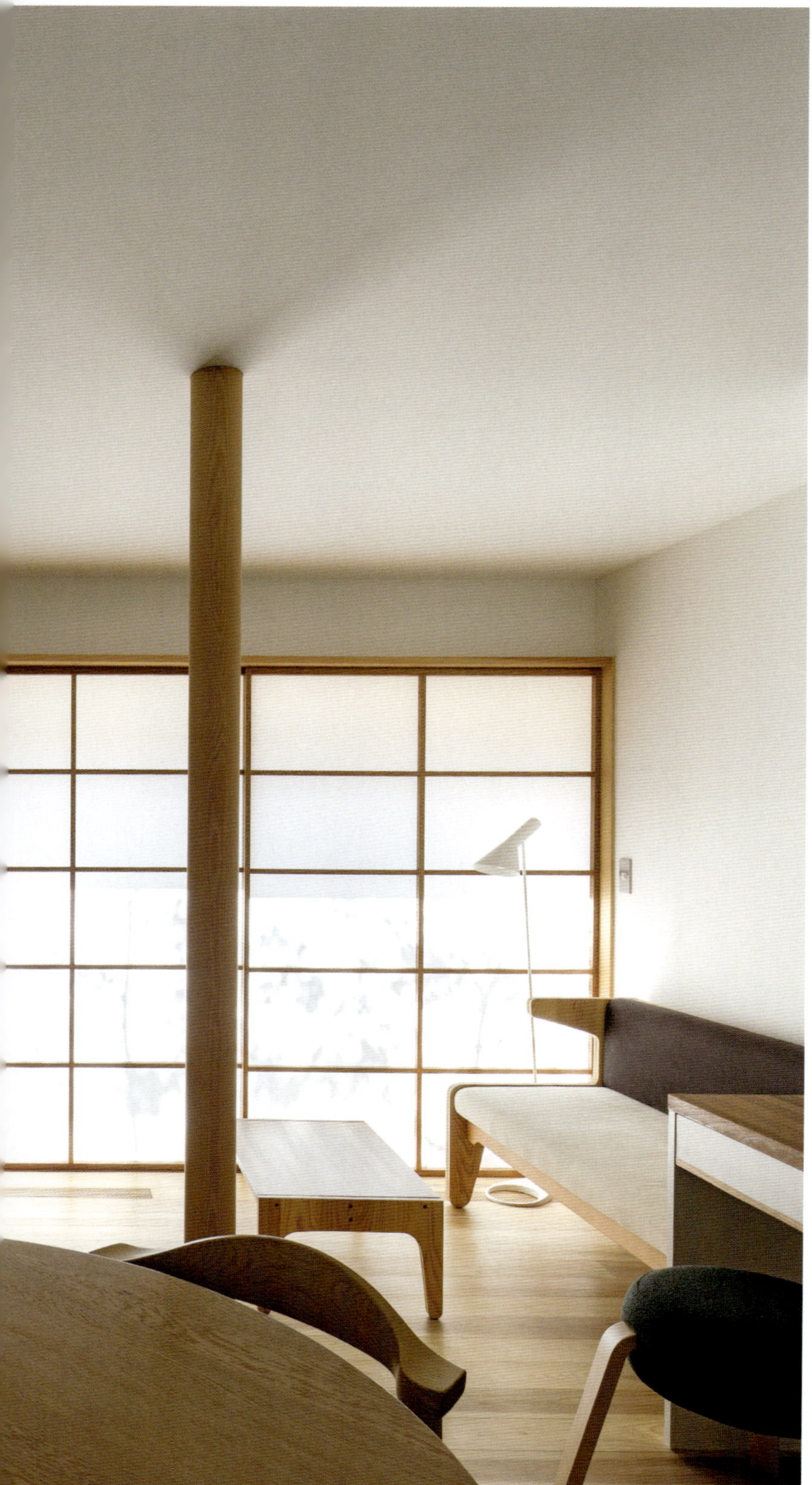

むすびに

本書は、私たち新建新聞社で出す2冊目の伊礼智さんの書籍です。当社では住宅のプロ向け専門紙「新建ハウジング」を発行しているのですが、そこで伊礼さんに連載いただいていた内容をベースに整理・加筆してできたのがこの本です。

1冊目の『伊礼智の住宅設計作法』も同様に連載をまとめたもの。2冊とも伊礼さん自身に、設計作法だけでなくその根底にある価値観・哲学も含めて綴っていただきました。そこからはあたたかでユーモアのある人柄、設計に対する真摯な姿勢、そしてきちんと伝えたいという思いを感じ取っていただけるはずです。

伊礼さんとエリック・クラプトン

本書でもそうですが、伊礼さんは培ってきた設計作法をどんどん伝えてくださいます。図面まで惜しみなく。こんな建築家は稀有ですが、伊礼さんは「自分も先輩方から教わってきたから」と言います。

伊礼さんのお話には、自身が学ばれ今は講師をされている東京藝術大学の先輩方、吉村順三さんや奥村昭雄さん、宮脇檀さん、永田昌民さんといったお名前とエピソードが出てきます。若い頃はそんな先輩方の作風やディテールを「眼を養い、手を練る」（宮脇檀さんの名言ですね）ことで学び、自らの作風を確立されたとのこと。その後は基本的な価値観や作風はそのままに進化を続けられています。

そんな伊礼さんの軌跡に、ぼくはロックの系譜と進化を重ねてしまいます。ロック好きのギター弾きだからでしょうが。

「ギターの神様」と呼ばれるエリック・クラプトンは、ロックのルーツにあたるブルースに学び、そのフレーズや情感を自身の音楽に取り入れて独自の作風を確立、幅広いリスナーに受け入れられ、ブルースの裾野を広げることに貢献しました。プロからもリスペクトされ、多くのフォロワーを生み続けています。リスペクトの連鎖の中でルーツが受け継がれ、進化を遂げ、裾野＝市場が広がったということで、クラプトンの影響でルーツを遡りブルースにハマった、というリスナーも少なくありません（ぼくもその1人です）。

伊礼さんは建築界におけるエリック・クラプトンだ、などと言うと大上段かもですが、ぼくは近しいものを感じています。ルーツ＝藝大の先輩方をリスペクトしながら作風を完成、進化しながら発信し続けることで良質な住宅の裾野を広げ、実務者の技量を底上げし、フォロワーを生み出している。本書もそんなリスペクトの連鎖の中で活用されていけばいいな、と思っていますし、ルーツを遡って学ぶきっかけになれば嬉しいです。

伊礼さんと土井善晴さん

伊礼さんが設計した住宅はどれも佇まいが魅力的で、嫌いな人がいないのではと思います。

伊礼さんは自身の設計をフレンチではなく家庭料理だと言いますが、そんな価値観、さらに言えば「人格」的なものが佇まいにも表れています。これ見よがしの主張する佇まいではなく、風景や街並みに違和感なく溶け込む奥ゆかしさと一目で伊礼さんとわかる個性を両立している。多くの日本人の心の奥底・原点に訴えかける、ああこれだ、という感じの「持続的ひと目惚れ」感。佇まいだけでなく内部空間にもそれがあるように思います。

伊礼さんが気になる人の1人が料理家の土井善晴さんだそうです。土井さんは、一汁一菜で充分、和食の原点に戻ろう、と提唱されていて、ああこれだ、と共感が広がっています。一汁一菜という「型」を持っていれば、悩むことなく毎日の食事をきちんとすることができる。その際は素材を活かすために下ごしらえを大切に、でも必要以上に手をかけないこと、と土井さんは言いますが、確かに価値観を含め伊礼さんと通じるところがあります。

伊礼さんの価値観・人格が表れている本書を参考に、自身の価値観を見つめ、それを設計の「型」に落とし込んでいただけたらと思います。

伊礼さんと松尾芭蕉

伊礼さんが設計した住宅や家具はどれも美しい。しかもどこか愛らしく、でも甘くなく品がいい。そんな感想を聞きますし、ぼくもそう思いますが、これは伊礼さんのもつ絶対音感ならぬ「絶対寸法感」みたいなものによるところが大きいように思います。

伊礼さんの寸法感がわかりやすく表れているのが天井高で、伊礼さんはできるだけ低くおさえましょう、とよく言います。それ以外にも、天井に照明をつけない、窓を取り過ぎない、廊下を設けない、といった料理の「さしすせそ」的な原則で住宅設計の基本をわかりやすく説くこともあります。

こうした原則を標準化しながら徹底する一方で、伊礼さんは進化を続けています。一例が温熱性能で、現在の伊礼さんの設計は数値で見ると高性能住宅と呼べるレベルにあります。時代の要請や顧客満足を考えて性能向上を図っている面もあるのでしょうが、決して性能値優先ではなく、あくまで伊礼さん、そして先輩方が大切にしてきた原点＝「心地よさの追究」の延長線にある取り組みなのだと思います。

温熱性能だけで真の心地よさをつくることはできません。佇まいや空間の魅力、そして心地よい居場所を絶妙な距離感でつなぐ伊礼さんの設計作法など、様々な要素のバランスが大事です。伊礼さんの設計はデザインと性能をはじめとするバランスがどんどん最適化されていて、その進化が本質的で新しい心地よさを生み出しているように見えます。そのバランス感覚も伊礼さんの人格の大きな要素なのでしょう。

伊礼さんは、心地よさといった原点を追究するため、必要なら最新技術を導入し、さらには部材までパートナー企業と一緒に開発しています。伊礼さんの師匠・奥村昭雄さんも心地よさを追究するなかで自ら空気集熱式ソーラーを開発され、伊礼さんもそれを活用しています。師から受け継がれたとも言えるこうした姿勢は、松尾芭蕉が提唱した俳句の本質「不易流行」に通じるものがあります。

「不易」（変わらない原点）を持たず「流行」だけを追っていても、長く愛されるスタンダードにはなれず、一時のトレンドで終わります。逆に言えば、変わらぬ本質・自身の原点を追究するためには進化を続ける必要がある。本書から伊礼さんのそんな姿勢を感じ取っていただければと思いますし、先ほどの絶対寸法感も本書に掲載した図面等から感じ取っていただければと思います。

伊礼さんと吉村順三さん

心地よい場所に動物は集まり、機嫌がよくなります。人も動物ですから同じ。心地よい家には、家族が、友人が集まり、機嫌がよくなり、仲良く素敵な時間を過ごすことができるはずです。

伊礼さんの大先輩の吉村順三さんはこんな有名な言葉を残しています。

「建築家として、もっとも、うれしいときは、建築ができ、そこへ人が入って、そこでいい生活がおこなわれているのを見ることである。日暮れどき、一軒の家の前を通ったとき、家の中に明るい灯がついて、一家の楽しそうな生活が感ぜられるとしたら、それが建築家にとっては、もっともうれしいときなのではあるまいか」

なんのために設計作法を学びスキルを高めていくか。そもそも住宅とはなにか。その答えがこの言葉に凝縮されているように思います。伊礼さんも同じ思いだと思いますし、本書の最終目的もここにあります。

最後になりましたが、伊礼さん、本当にありがとうございました。さらなる進化を期待し、またその進化を追い続けたいと思います。ご協力いただいた伊礼智設計室の所員の皆さんにも感謝です。デザイナーの川島卓也さんには期待以上の本に仕上げていただきました。

本書が設計実務者の悩みの解決に、さらには日本の住宅設計の底上げに貢献できたらうれしいです。

新建新聞社　代表取締役社長　三浦祐成

・掲載住宅データ・

○ タタミリビングの家
設　計　伊礼智設計室
　　　　（伊礼智／一場由美）
施　工　住宅工房
所在地　東京都昭島市
構　造　木造2階建て
竣工年　2010年
⇒ p96-97・p144-151
p162-163

○ 東京町家　町角の家
設　計　伊礼智設計室
　　　　（伊礼智／島華子）
施　工　田中工務店
所在地　東京都中野区
構　造　木造2階建て
竣工年　2006年
⇒ p98-99

○ 浜松　大蒲町の家
設　計　伊礼智設計室
　　　　（伊礼智／一場由美）
施　工　スローハンド
造　園　ハウズ（鈴木勝三）
所在地　静岡県浜松市
構　造　木造2階建て
竣工年　2010年
⇒ p100-101

○ i-works 2008
設　計　伊礼智設計室
　　　　（伊礼智／島華子）
施　工　相羽建設
所在地　東京都東村山市
構　造　木造2階建て
竣工年　2008年
⇒ p102-105・p164・p193

○ つむぐいえ
設　計　伊礼智設計室
　　　　（伊礼智／小倉奈央子）
施　工　国興
造　園　荻野寿也
所在地　長野県松本市
構　造　木造2階建て
竣工年　2014年
⇒ p106-107

○ 15坪の家
設　計　伊礼智設計室
　　　　（伊礼智／小倉奈央子）
施　工　国工務店
所在地　東京都江戸川区
構　造　木造2階建て
竣工年　2009年
⇒ p59・p198-203
p226

○ 小田原の家
設　計　伊礼智設計室
　　　　（伊礼智／一場由美）
施　工　安池建設工業
所在地　神奈川県小田原市
構　造　木造2階建て
竣工年　2007年
⇒ p83・p191・p248-249

○ 沖縄　与那原の家
設　計　伊礼智設計室
　　　　（伊礼智／島華子）
施　工　大興建設
所在地　沖縄県与那原町
構　造　木造2階建て
竣工年　2010年
⇒ p87

○ 白馬山荘
設　計　伊礼智設計室
　　　　（伊礼智／森泉綾）
施　工　杉野建築店
所在地　長野県白馬村
構　造　木造2階建て
竣工年　2010年
⇒ p89・p170-171

○ 志木の家
設　計　伊礼智設計室
　　　　（伊礼智／大原麻里）
施　工　相羽建設
所在地　東京都東村山市
構　造　木造2階建て
竣工年　2002年
⇒ p91

○ 琵琶湖湖畔の家
設　計　伊礼智設計室
　　　　（伊礼智／一場由美）
施　工　木の家専門店 谷口工務店
造　園　荻野景観設計
所在地　滋賀県彦根市
構　造　木造2階建て
竣工年　2016年
⇒ p18-19・p21-25

○ 元吉田の家
設　計　伊礼智設計室
　　　　（伊礼智／伊原未祐希）
施　工　亀山建築
造　園　荻野寿也
所在地　茨城県水戸市
構　造　木造2階建て
竣工年　2014年
⇒ p26-33

○ 守谷の家
設　計　伊礼智設計室
　　　　（伊礼智／一場由美）
施　工　自然と住まい研究所
所在地　茨城県守谷市
構　造　木造2階建て
竣工年　2009年
⇒ p36-40・p45
p67・p79-80・p117-121
p134-141・p165

○ 幕張本郷の家
設　計　伊礼智設計室
　　　　（伊礼智／一場由美）
施　工　田中工務店
所在地　千葉県千葉市
構　造　木造2階建て
竣工年　2008年
⇒ p48-50・p53・p66
p91・p93・p95
p166・p192・p218-219

○ 葉山の家
設　計　伊礼智設計室
（伊礼智／澤口和美）
施　工　安池建設工業
所在地　神奈川県葉山町
構　造　木造2階建て
竣工年　2011年
⇒ p192·p216-217

○ 京都サロン
設　計　伊礼智設計室
（伊礼智／島華子）
施　工　松彦建設工業
造　園　荻野寿也
所在地　京都府京都市
構　造　木造2階建て
竣工年　2014年
⇒ p210-211·p236·p265

○ 小金井の家
設　計　伊礼智設計室
（伊礼智／島華子）
施　工　ネクストワン
所在地　栃木県栃木市
構　造　木造2階建て
竣工年　2008年
⇒ p213

○ 高岡の家
設　計　伊礼智設計室
（伊礼智／小倉奈央子）
施　工　ミヤワキホーム
造　園　荻野寿也
所在地　富山県高岡市
構　造　木造2階建て
竣工年　2012年
⇒ p214-215·p273

○ 前川東の家
設　計　伊礼智設計室
（伊礼智／小倉奈央子）
施　工　フラワーホーム
所在地　新潟県十日町市
構　造　木造2階建て
竣工年　2011年
⇒ p220-221·p278-279

○ 南与野の家
設　計　伊礼智設計室
（伊礼智／小倉奈央子）
施　工　自然と住まい研究所
造　園　荻野寿也
所在地　埼玉県さいたま市
構　造　木造2階建て
竣工年　2012年
⇒ p152-157·p239

○ 那珂湊の家
設　計　伊礼智設計室
（伊礼智／森泉綾）
施　工　自然と住まい研究所
所在地　茨城県ひたちなか市
構　造　木造2階建て
竣工年　2007年
⇒ p160·p167-169

○ 秩父の家
設　計　伊礼智設計室
（伊礼智／一場由美）
施　工　小林建設
所在地　埼玉県秩父市
構　造　木造2階建て
竣工年　2010年
⇒ p172-179

○ 小さな森の家
設　計　伊礼智設計室
（伊礼智／小倉奈央子）
施　工　杉野建築店
所在地　長野県山形村
構　造　木造2階建て
竣工年　2010年
⇒ p180-187·p228-229
p230·p246-247

○ 与那原の家2
設　計　伊礼智設計室
（伊礼智／島華子）
施　工　大興建設
所在地　沖縄県与那原町
構　造　木造2階建て
竣工年　2010年
⇒ p192

○ 下田のゲストハウス
設　計　伊礼智設計室
（伊礼智／一場由美）
施　工　谷口工務店
家具デザイン　伊礼智
造　園　荻野寿也
所在地　滋賀県湖南市
構　造　木造2階建て
竣工年　2012年
⇒ p108-109

○ 大阪 豊中の家
設　計　伊礼智設計室
（伊礼智／一場由美）
施　工　ソーラーコム
造　園　荻野寿也
所在地　大阪府豊中市
構　造　木造2階建て
竣工年　2015年
⇒ p110-111

○ 9坪の家 length
設　計　伊礼智設計室
（伊礼智／森泉綾）
施　工　創建舎
所在地　東京都世田谷区
構　造　木造地下+2階建て
竣工年　2009年
⇒ p112-116·p142·p225·p237

○ i-works 2015 つむじ
設　計　伊礼智設計室
（伊礼智／福井典子）
施　工　相羽建設
造　園　小林賢二
所在地　東京都東村山市
構　造　木造2階建て
竣工年　2015年
⇒ p122-129

○ 江戸川ソーラーキャット
設　計　伊礼智設計室
（伊礼智／梅田冴子／島華子）
施　工　田中工務店
所在地　東京都江戸川区
構　造　木造2階建て
竣工年　2004年
⇒ p132

○ 熊本・龍田の家
設　計　伊礼智設計室
　　　　(伊礼智／本田恭平)
施　工　すまい工房
造　園　荻野寿也
所在地　熊本県熊本市
構　造　木造地下+2階建て
竣工年　2013年
⇒ p235

○ つくばi-works1.0
設　計　伊礼智設計室
　　　　(伊礼智／一場由美
　　　　福井典子／島華子)
施　工　柴木材店
造　園　荻野景観設計
所在地　茨城県つくば市
構　造　木造2階建て
竣工年　2013年
⇒ p250-253

○ i-works2.0
設　計　伊礼智設計室
　　　　(伊礼智／福井典子)
施　工　阿部建設
造　園　荻野景観設計
所在地　愛知県小牧市
構　造　木造2階建て
竣工年　2012年
⇒ p254-257・p266-267

○ i-works4.0
設　計　伊礼智設計室
　　　　(伊礼智／福井典子)
施　工　牧田工務店
造　園　荻野景観設計
所在地　栃木県栃木市
構　造　木造2階建て
竣工年　2017年
⇒ p258-261

○ 東京町家 あずきハウス
設　計　伊礼智設計室
　　　　(伊礼智／森泉綾)
施　工　相羽建設
所在地　東京都練馬区
構　造　木造2階建て
竣工年　2007年
⇒ p224

○ あやさやハウス
設　計　伊礼智設計室
　　　　(伊礼智／小倉奈央子)
施　工　田中工務店
所在地　東京都世田谷区
構　造　木造3階建て
竣工年　2010年
⇒ p225・p227

○ はりまの杜
設　計　伊礼智設計室
　　　　(伊礼智／一場由美)
施　工　山弘
造　園　荻野寿也
所在地　兵庫県姫路市
構　造　木造2階建て
竣工年　2012年
⇒ p226・p242-243

○ 松林が見える家
設　計　伊礼智設計室
　　　　(伊礼智／小倉奈央子)
施　工　相羽建設
所在地　東京都東久留米市
構　造　木造2階建て
竣工年　2010年
⇒ p229

○ 田園調布本町の家
設　計　伊礼智設計室
　　　　(伊礼智／鈴木信介)
施　工　創建舎
所在地　東京都大田区
構　造　木造2階建て
竣工年　2012年
⇒ p234

・施工工務店・

（五十音順）

株式会社 木の家専門店
谷口工務店
〒520-2531
滋賀県蒲生郡竜王町山之上3409
電話：0120-561-099
https://taniguchi-koumuten.jp/

株式会社 ネクストワン
〒328-0012
栃木県栃木市平柳町1-2-23
電話：0282-22-8001
http://next-one-net.co.jp/

株式会社 フラワーホーム
〒949-8615
新潟県十日町市中条甲921-1
電話：025-752-5477
http://flower-h.com/

株式会社 牧田工務店
〒328-0074
栃木県栃木市薗部町2-6-6
電話：0282-22-3316
http://www.makita-komuten.co.jp/

株式会社 松彦建設工業
〒610-1121
京都府京都市西京区
大原野上里北ノ町1228-7
電話：075-335-5077
http://www.matsuhiko.co.jp/

株式会社 ミヤワキ建設（ミヤワキホーム）
〒933-0826
富山県高岡市佐野1400-1
電話：0766-26-2581
http://www.miyawakihome.com/

株式会社 安池建設工業
〒256-0816
神奈川県小田原市酒匂5-5-17
電話：0465-47-5722
http://www.yasuike.co.jp/

株式会社 山弘
〒671-2533
兵庫県宍粟市山崎町須賀沢704
電話：0790-63-0063
http://www.yamahiro.org/

株式会社すまい工房
〒862-0950
熊本県熊本市中央区
水前寺1-5-10-2F
電話：096-241-7555
http://www.sumaikoubou.net/

スローハンド 有限会社
〒434-0041
静岡県浜松市浜北区平口1955-1
電話：053-443-9781
http://slow-hand.co.jp/

株式会社 杉野建築店
〒390-0847
長野県松本市笹部4-12-8
電話：0263-25-2657

株式会社 住宅工房
〒205-0011
東京都羽村市五ノ神3-16-9
電話：042-579-7770
http://www.j-koubou.com/

株式会社 創建舎
〒146-0092
東京都大田区下丸子1-6-5
電話：03-3759-6462
http://www.soukensya.jp/

株式会社 ソーラーコム
〒577-0061
大阪府東大阪市森河内西1-18-2
電話：06-6788-1085
http://www.solarcom.jp/

株式会社 大興建設
〒904-0204
沖縄県中頭郡嘉手納町
字水釜364-2
電話：098-956-5111
https://www.taiko-c.co.jp/

株式会社 田中工務店
〒133-0057
東京都江戸川区西小岩3-15-1
電話：03-3657-3176
http://www.tanaka-kinoie.co.jp/

相羽建設 株式会社
〒189-0014
東京都東村山市本町2-22-11
電話：042-395-4181
http://aibaeco.co.jp/

阿部建設 株式会社
〒462-0841
愛知県名古屋市北区黒川本通4-25
電話：052-911-6311
http://www.abe-kk.co.jp/

有限会社 亀山建築
〒310-0836
茨城県水戸市元吉田町1993-2
電話：029-291-5850
http://plusk.co.jp/

株式会社 国工務店
〒134-0081
東京都江戸川区北葛西2-24-13
電話：03-3688-1876
http://www.kuni-koumuten.co.jp/

株式会社 国興
〒399-0026
長野県松本市
寿中1-9-25 COCONOMA
電話：0263-58-2095
http://www.coccohome.jp/

株式会社 小林建設
〒367-0212
埼玉県本庄市児玉町児玉2454-1
電話：0495-72-0327
http://www.kobaken.info/

有限会社 自然と住まい研究所
〒302-0102
茨城県守谷市松前台3-21-5
電話：0297-20-0155
http://www.na-style.co.jp/

株式会社 柴木材店
〒304-0031
茨城県下妻市高道祖4316
電話：0296-43-5595
http://www.shiba-mokuzai.com/

図面
伊礼智設計室

イラスト
福井典子（伊礼設計室所員）
p204-205「伊礼設計室事務所」
伊礼智（上記以外のすべて）

写真
伊礼設計室　伊礼智
p12-13「銘苅家」／p17「多良間島」
p34「アマンダリ インフィニティプール」
p60-61「銘苅家」
p70「ルヌガンガ シナモンヒルハウス」
p86「識名園」／p93「パンテオン」
p113「世田谷の家（建具）」
p130「ヘリタンス・カンダラマ」
p145「タタミリビングの家」
p149「南与野の家（階段）」
p158「ラ・トゥーレット修道院」
p186「小さな森の家（キッチン）」
p196「アマンダリホテル」
p197「俵屋」
p208「ジェットウィング ライトハウス」
p216-217「葉山の家」
p234「田園調布本町の家」
p240「ロンシャンの礼拝堂」

塚本浩史
p263「住宅デザイン学校」

垂水孔士（垂水写真事務所）
p235「熊本・龍田の家」

新建築社
p98「東京町家・町角の家」

西川公朗（上記以外の写真すべて）

協力
伊礼智設計室スタッフ
福井典子／多田彩美／中山梓

元所員
森泉 綾／一場 由美／小倉 奈央子
伊原未祐希／島華子／澤口和美
大原麻里／梅田冴子／本田恭平

伊礼智（いれい・さとし）
1959年沖縄県生まれ。1982年琉球大学理工学部建設工学科計画研究室卒業。1983年同研究室研究生修了。1985年東京藝術大学美術学部建築科大学院修了。丸谷博男＋エーアンドエーを経て、1996年伊礼智設計室を開設。2005年〜日本大学生産工学部建築工学科「居住デザインコース」非常勤講師。2016年より東京藝術大学美術学部建築科非常勤講師。

伊礼智の住宅設計作法Ⅱ
2017年10月20日　初版第一版発刊

著者　伊礼智
発行者　三浦祐成
発行　株式会社 新建新聞社
　東京本社　東京都千代田区紀尾井町3–27
　　剛堂会館ビル5階
　電話　03–3556–5525
　長野本社　長野県長野市南県町686–8
　電話　026–234–4124

印刷　図書印刷株式会社
デザイン　川島卓也　大多和 琴（川島事務所）

ISBN 978-4-86527-071-6　Printed in Japan